P. C. Planta

Das alte Raetien

Staatlich und kulturhistorisch dargestellt

P. C. Planta

Das alte Raetien
Staatlich und kulturhistorisch dargestellt

ISBN/EAN: 9783337412012

Hergestellt in Europa, USA, Kanada, Australien, Japan

Cover: Foto ©ninafisch / pixelio.de

Weitere Bücher finden Sie auf **www.hansebooks.com**

DAS

ALTE RAETIEN

STAATLICH UND KULTURHISTORISCH

DARGESTELLT

VON

DR. P. C. PLANTA,

MITGLIED DER SCHWEIZERISCHEN BUNDESVERSAMMLUNG UND DES BÜNDNERISCHEN
OBERGERICHTES, PRÄSIDENTEN DER HISTORISCH-ANTIQUARISCHEN GESELLSCHAFT
IN CHUR.

HIERZU ZWEI TAFELN.

BERLIN.
WEIDMANNSCHE BUCHHANDLUNG.
1872.

DEN

SCHWEIZERISCHEN KANTONEN

GRAUBUENDEN UND ST. GALLEN

ALS ALTRAETISCHEN LANDSCHAFTEN

GEWIDMET.

DEN HERREN

Professor und Bibliothekar **SCHÄLLIBAUM** in Chur,

Professor Friedr. v. **WYSS** in Zürich,

Oberbibliothekar **HORNER** in Zürich,

Professor Dr. **HIDBER** in Bern,

alt Minister und Ritter v. **TOGGENBURG** in Bozen,

Professor **GREIFF** in Augsburg,

Professor Dr. **MOMMSEN** in Berlin

statte ich hiermit öffentlich meinen verbindlichsten Dank ab für die bereitwillige und freundliche Unterstützung, die sie mir bei meiner Arbeit angedeihen liessen.

INHALTSVERZEICHNISS.

ERSTER ABSCHNITT.
Rätien in vorrömischer Zeit.

	Seite
I. Das Land	1
II. Die Abstammung der rätischen Völkerschaften	4
III. Kulturstand	13
IV. Staatswesen	43

ZWEITER ABSCHNITT.
Rätien unter den Römern.

I. Bildung der Provinz Rätien	54
II. Die Kolonie Augusta Vindelicorum	67
III. Der Provinzialboden	70
IV. Strassen	73
V. Der Grenzwall	95
VI. Festungswerke	106
VII. Militärwesen	126
VIII. Provinzialeinrichtungen	157
IX. Theilung der Provinz	183
X. Gemeindewesen	189
XI. Römisches Leben	214
XII. Christenthum	220

DRITTER ABSCHNITT.
Rätien unter den Ostgothen.

I. Begrenzung Rätiens	234
II. Fortdauer der römischen Staatseinrichtungen	239
III. Besonderes über Rätien	246

VIERTER ABSCHNITT.

Currätien unter den Merovingern.

I. Uebergang Currätiens auf die Franken 255
II. Verfassung und Begrenzung Currätiens 263
III. Das Bisthum Chur 274

FÜNFTER ABSCHNITT.

Currätien unter den Carolingern.

Seite

I. Testament des Bischofs Tello 284
II. Diplom Karls des Grossen 300
III. Das Strafgesetz des Bischofs Remedius 309
IV. Das römische Rechtsbuch für Currätien 327
V. Die Einführung der Gauverfassung in Currätien 354
VI. Das Bisthum Chur 374

SECHSTER ABSCHNITT.

Currätien unter Conrad I. und den sächsischen Kaisern.

I. Currätien wird dem Herzogthum Alemannien einverleibt 394
II. Fortdauer des römischen Rechts für die Romanen Currätiens . . 397
III. Das Bisthum Chur 401
IV. Die Stadt Chur 431
V. Schluss 433

BEILAGEN.

I. Karte von Rätien
II. Auszug aus der Peutingerschen Tafel
III. Auszug aus dem Itinerarium Antonini 439
IV. Auszug aus der Notitia Dignitatum 442
V. Testament des Bischofs Tello 443
VI. Diplom Karls des Grossen 448
VII. Strafgesetz des Bischofs Remedius 449
VIII. Rechtsbuch für Currätien 452
IX. Diplom Ludwig des Frommen . . . 517
X. Einkünfte-Rodel des Bisthums Chur . . . 518

ERSTER ABSCHNITT.
RAETIEN IN VORRÖMISCHER ZEIT.

I. DAS LAND.

Derjenige Theil des Alpenlandes, der von dem Gotthardstock ostwärts bis ungefähr zur Ziller im Tirol oder bis zur Grenze des heutigen Salzburger Bisthumsprengels sich erstreckt, wurde von den Römern Raetia genannt, — ein Name, der auch bald Rhaetia, bald Retia geschrieben wurde. Die Bewohner dieses Gebirgsstriches hiessen Raeter (Rhaeti, Raeti, Reti).

Zuerst kommt der Name in dem griechischen Schriftsteller Polybius vor, der um die Mitte des II. Jahrh. vor Christi Geburt lebte.[1])

Woher diese Benennung des Landes und Volkes stammt, und ob der Name des Landes von demjenigen des Volkes oder umgekehrt abgeleitet wurde, lässt sich so wenig sicher ermitteln, als dieses bei vielen alten Länder- und Völkernamen möglich ist.

Da indess unter dem Namen der Räter oder Rätier eine grosse Zahl Völkerschaften zusammengefasst wurde, wovon keine ihn besonders führte, so ist es wahrscheinlich, dass er ein Sammelname war, der von dem Namen des Landes abgeleitet wurde. Und was den letzteren betrifft, so liegt die Vermuthung nahe, dass er ursprünglich Retia lautete und die Bedeutung hatte,

---

[1]) Strabo IV, 6 zitirt nämlich eine Stelle aus einem verloren gegangenen Buche der Geschichte des Polybius, worin dieser sagt, dass vier Pässe über die Alpen führen, wovon der eine „διὰ Ῥαιτῶν".

welche der ostgothische König Theoderich ihm später beilegte, nämlich „Netze", hergenommen von den überaus verschlungenen Thälern und Gebirgen dieser Gegend.¹) In der That ist die Schreibart Retia und Reti in Inschriften die gewöhnliche und mag die Schreibart Rhaetia und Rhaeti (mit h) aus der griechischen des Polybius ('Ραιτοί) rühren, in welcher das R nothwendig aspirirt sein musste.

Die Begrenzung dieses Landes tritt begreiflich erst nachdem dasselbe durch die Römer unterworfen (15 v. C.) und zur römischen Provinz gemacht worden, deutlicher an den Tag. An dieser Stelle mag es genügen zu bemerken, dass die Römer früher sowol die südlich als die nördlich abfallenden Thäler des erwähnten Theiles des Alpengebirgs zu Rätien rechneten, so dass, nachdem der nördlich vom Po gelegene Theil der heutigen Lombardie (die damals Gallia Cisalpina hiess) von den Römern unterworfen und zu Italien gezogen worden (85 v. C.), die südliche Grenze Rätiens durch die nördliche der Gallia Cisalpina oder Italiens bestimmt wurde, so zwar, dass sie, wie sich später klar ergeben wird, den heutigen Kant. Tessin (wenigstens bis Lugano), die Umgegend von Chiavenna, das Valtellin nebst Val Camonica und das Etschthal in sich schloss. Ebenso war dessen westliche Grenze durch das, seit 58 v. C. römisch gewordene, Helvetien bestimmt. Das nördlich des Saumes des rätischen Hochgebirges gelegene Land, das den Römern, bevor sie es eroberten, wenig bekannt war, nannten sie bis an die Donau Vindelicien. Oestlich endlich grenzte Rätien in der oben erwähnten Gegend des Ziller-Flusses an die Gebirgslandschaft der Noriker.

Ueber das Innere Rätiens in vorrömischer Zeit haben wir von Zeitgenossen keine Nachrichten. Doch erfahren wir aus dem römischen Schriftsteller Plinius, der sein naturgeschichtliches Werk um 77 n. C. vollendete, im Allgemeinen, dass die Alpen damals noch reich waren an Wild jeder Art, namentlich an Gemsen, Stein-

---

¹) In der Formula ducatus Retiarum (Cassiodorus VII, 4) sagt Theoderich „quae (munimenta Italiae) non immerito sic (sc. Retiae) appellata esse indicamus quando contra feras et agrestissimas gentes velut quaedam plagarum obstacula disponuntur." Rausch, Geschichte der Literatur des rätoromanischen Volkes S. 30, bringt, wol zu künstlich, die Sylbe re oder rhe (in Rhetia) in Zusammenhang mit dem in Rhenus (Rhein) wiederkehrenden keltischen Stamm rhe (verwandt mit dem griechischen ῥέειν, fliessen) in der Bedeutung eines stillen, seichten Fliessens.

böcken, Rehen, Hasen[1]), dass der Dreimonatweizen, dessen Hülse dem Frost widerstand[2]), und der Buchweizen in denselben wuchsen[3]) und dass in Rätien insbesondere der Ahorn[4]) und die Lärche[5]) ausgezeichnet gediehen, endlich dass der Bodensee eine mit Seefischen wetteifernde Gattung von Fischen (mustelae) erzeugte, die ohne Zweifel unsere heutigen Rheinlachse waren.[6]) Ferner ist uns sowol aus einem Schriftsteller, der kurz nach der römischen Eroberung Rätiens schrieb (Strabo), als aus einem andern, der im IV. Jahrh. n. C. lebte (Ammianus Marcellinus) bekannt, dass der Bodensee sich damals weiter in das Rheinthal herauf erstreckt und dass der Rhein vor seiner Einmündung in denselben bedeutende Sümpfe erzeugt haben muss.[7]) Auch waren die Bodensee-Ufer damals bewaldet und rauh.[8])

---

[1]) Plinius, hist. nat. VIII, 53. Capreae in plurimas similitudines transfigurantur. Sunt capreae, sunt rupicaprae, sunt ibices pernicitatis mirandae; quamquam onerato capite vastis cornibus gladiorumque vaginis . . . Sunt et oryges . . . et damae . . et strepsicerotes multaque alia haud dissimilia. Sed illa Alpes, haec transmarini situs mittunt. — ibid. 55. et leporum plura sunt genera. In Alpibus candidi.

[2]) Plinius XVIII, 7. „trimestria" nennt ihn Plinius und bemerkt, dass dieser Weizen „totis Alpibus notum" sei.

[3]) Plinius XVIII, 49.

[4]) Plinius XVI, 15. Alterum (aceris) genus crispo macularum discursu, qui cum excellentior fuit, . . . in Istria Rhaetiaque praecipuum.

[5]) Plinius, hist. nat. XVI, 39.

[6]) Plinius IX, 17. Proxima est his mensa generis duntaxat mustelarum, quas mirum dictu inter Alpes quoque lacus Rhaetiae Brigantinus aemulas marinis generat.

[7]) Strabo IV, 3: καὶ ὁ Ῥῆνος δὲ εἰς ἕλη μεγάλα καὶ λίμνην ἀναχεῖται μεγάλην und VII, 1: ἔστι δὲ πλησίον αὐτῆς ἥ τε τοῦ Ἴστρου (so nannten die Griechen die Donau) πηγὴ καὶ ἡ τοῦ Ῥήνου καὶ ἡ μεταξὺ ἀμφοῖν λίμνη καὶ τὰ ἕλη τὰ ἐκ τοῦ Ῥήνου διαχεόμενα.

[8]) Ammian. Marcell. XV, 4. Rhenus lacum invadit rotundum et vastum, quem Brigantiam accola Rhetus appellat, perque quadringenta et sexaginta stadia longum parique pene spatio late diffusum, horrore silvarum squalentium inaccessum . . . barbaris et coeli inclementia refragante. Hanc ergo paludem amnis irrumpens . . . . .

II. DIE ABSTAMMUNG DER RAETISCHEN VÖLKERSCHAFTEN.

Ueber Herkunft und Abstammung der Völkerschaften, welche die rätischen Gebirge, bevor Rom sich ihrer bemächtigte, bewohnten, geben uns theilweise einige römische Schriftsteller Bericht, nämlich **Livius** (welcher von 59 v. C. bis 23 n. C. lebte), **Plinius** (um die Mitte des I. Jahrh. n. C.) und **Justinus** (um die Mitte des II. Jahrh. n. C.). Sie knüpfen ihre bezüglichen Mittheilungen an den Einfall der Gallier in das Po-Thal und an die Vertreibung der Etrusker aus demselben.

Bevor Rom gross wurde, waren nämlich die Etrusker das mächtigste Volk in Italien. Ihren Hauptsitz hatten sie in Etrurien, ungefähr in der Gegend des heutigen Toscana. Sie bildeten hier eine Eidgenossenschaft von zwölf Städten mit zugehörigen, denselben mehr oder weniger unterworfenen Stadtgebieten — vergleichbar den ehemals von ihrer Hauptstadt beherrschten Schweizer-Kantonen.

Diese zwölf Städte, deren Verfassung durchaus aristokratisch war, hatten im Po-Thal eben so viele von ihnen abhängige Kolonieen angelegt, welche hinwieder auch ihrerseits ganze Gebiete daselbst beherrschten, so dass die Etrusker, wie in Mittelitalien, so auch in Norditalien das herrschende Volk wurden.

Die Etrusker (auch Tusker genannt) waren ein gebildetes Volk, errichteten grossartige Bauwerke, obwol sie den Mörtel nicht kannten, waren geschickt in Bearbeitung der Metalle, hatten eine Schrift und gemünztes Geld und einen ausgebildeten Kultus. Ihre Sprache soll anfänglich weich und wohlklingend, dann aber durch Wegwerfung der Vokale hart geworden sein; doch genügen die wenigen auf uns gekommenen etruskischen Inschriften nicht, um daraus ihre Sprache kennen zu lernen. Auch weiss man nicht, woher das Volk stammte, namentlich nicht, ob es der grossen sog. indogermanischen Völkerfamilie angehörte oder nicht. Immerhin nimmt man an, dass es ein in Italien eingewandertes Volk war und dass es seinen Weg dahin über die Alpen genommen habe.[1]

---

[1] Niebuhr, röm. Gesch. I. S. 120; Mommsen, röm. Gesch. S. 121.

Nun berichten die genannten römischen Schriftsteller, dass die benachbarten Gallier (Bewohner des heutigen Frankreich), angelockt durch die Fruchtbarkeit der Po-Gegenden, ungefähr 500 J. v. C. über die westlichen Alpen in dieselben eingefallen seien und die Etrusker daraus vertrieben haben. Von den letzteren sei der grössere Theil südwärts nach Etrurien, der kleinere in die rätischen Alpen geflohen, wo von ihnen, nach dem Namen ihres Führers, Rhaetus, das Volk der Rätier begründet worden, in deren Mund die etruskische Sprache allmälig ganz verderbt wurde.[1]) Auch Strabo, welcher über Rätien im Jahre 33 n. C. schrieb, bemerkt, nachdem er einige rätische Völkerschaften benannt, dass dieselben in früheren Zeiten Italien besessen[2]), womit er natürlich nichts anders als ihren etruskischen Ursprung andeuten will.

Wenn nun auch von obigen römischen Berichten so weit abzusehen ist, als sie sich auf den angeblichen Anführer der flüchtigen Etrusker, Rhaetus, beziehen, indem diese Angabe offenbar nur auf einer nachträglich zu Erklärung des Namens der Rätier entstandenen Sage beruht — so beweisen doch jene übereinstimmenden Mittheilungen die fest ausgebildete historische Ueberlieferung, dass viele Etrusker sich vor den eindringenden Galliern in die benachbarten, damals wahrscheinlich schwach bevölkerten rätischen Alpenthäler flüchteten und fortan hier den vorherrschenden Volksstamm bildeten.

An der Wahrheit dieser Ueberlieferung ist um so weniger zu zweifeln, als dieselbe durch etruskische Funde im Tirol, in Val Camonica, ganz besonders aber durch etruskische Inschriften im Kanton Tessin und im Valtellin eine Bestätigung erhalten hat.[3])

---

[1]) Livius V, 33: Alpinis quoque ea gentibus haud dubie origo est, maxime Raetis, quos loca ipsa efferarunt, ne quid ex antiquo, praeter sonum linguae, nec eum incorruptum, retinerent. Plinius, hist. nat. III, 20: His contermini Rhaeti et Vindelici . . . . . Rhaetos Tuscorum prolem arbitrantur, a Gallis pulsos duce Rhaeto. Justinus XX, 5: Tusci quoque, duce Rhaeto, avitis sedibus amissis, Alpes occupavere, et ex nomine ducis gentes Rhaetorum condiderunt.

[2]) Strabo IV, 6: ὑπέρκεινται δὲ τοῦ Κώμου πρὸς τῇ ῥίζῃ τῶν Ἄλπεων ἱδρυμένου τῇ μὲν Ῥαιτοὶ καὶ Οὐέννωνες ἐπὶ τὴν ἕω κεκλιμένοι, τῇ δὲ Ληπόντιοι καὶ Τριδεντῖνοι καὶ Στόνοι καὶ ἄλλα πλείω μικρὰ ἔθνη, κατέχοντα τὴν Ἰταλίαν ἐν τοῖς πρόσθεν χρόνοις.

[3]) Der an etruskischen Alterthümern in Rätien reichste Fundort sind zwei Begräbnissplätze bei Matrey am Nordabhang des Brenner (Giovanelli, le antichità rezio-etrusche scop. presso Matrei). Sodann fanden sich solche be-

Obwol indess, wie die Funde in Matrey beweisen[1]), die Annahme gerechtfertigt erscheint, dass einzelne etruskische Kolonieen auch in den nördlichen Alpenthälern sich ansiedelten, so spricht doch kein genügender Grund dafür, dass eine massenhafte Einwanderung der an den italienischen Himmel gewöhnten Etrusker sich bis in dieselben erstreckt habe. Jedenfalls sind die Berichte der römischen Schriftsteller zunächst nur auf die südlichen rätischen Alpenthäler zu beziehen, worüber der Zusammenhang der gerufenen Stelle Strabo's kaum einen Zweifel lässt. Denn alle von ihm dort benannten rätischen Völkerschaften, von denen er aussagt, dass sie einst Italien besessen, waren, zufolge seiner unzweideutigen Beschreibung, Bewohner südlicher Thäler (des Tessin, des Veltlins, der Val Camonica und des Etschthales), während er von den rätischen Völkerschaften der nördlichen Alpenthäler ohne jenen Zusatz berichtet. Zur Zeit des Livius aber (welchem Plinius und Justinus ohne Zweifel nachschrieben) mochten die rätischen Völkerschaften des nördlichen Gebirgsabhanges ohnehin noch wenig bekannt sein, so dass was er von der Sprache der Rätier berichtet, sich schon desshalb vermuthlich nur auf die, ohnehin zahlreicheren Bewohner der südlichen Alpenthäler beziehen konnte.

Was dagegen die Bewohner des Nordabhanges der rätischen Alpen betrifft, so sprechen mehrfache Inzichten dafür, dass derselbe vorherrschend von **Kelten** oder Galliern, somit von dem

---

sonders in Bozen (Orgler, Programm des Gymnas. zu Bozen 1866). Im Tessin fanden sich etruskische Inschriften in der Umgegend von Mendrisio und Lugano, in Val Colla und in Val Magliacina (Lavizzari, escursioni S. 245, 246, 281. Keller und Meyer in den Mittheil. der zürch. antiq. Ges. Bd. XV. Mommsen, die nordetrusk. Alphabete ebendas. Bd. VII). Ziegel mit etruskischer Inschrift fanden sich in Val Camonica und am Garda-See (Mommsen a. a. O.), und endlich wurde eine etruskische Inschrift im Frühling 1871 in Valtellin unweit Sondrio entdeckt.

[1]) In Matrey sind es hauptsächlich die in den Gräbern gefundenen thönernen Aschenkrüge, wie solche in Etrurien vorzukommen pflegen, sowie Fragmente von Metallplatten mit etruskischen Figuren, sodann kupferne Geräthschaften, welche den etruskischen Ursprung dieser Ansiedler beurkunden. Dagegen übergehe ich hier einige angeblich etruskische Funde von Chur und Umgegend, theils weil ihr Ursprung mir nicht sicher genug ermittelt scheint, theils weil Erzeugnisse des etruskischen Gewerbfleisses schon früh durch den Handel weithin gebracht wurden, daher sich solche auch in andern Gegenden der Schweiz gefunden haben (s. Meyer, etrusk. Alterthümer in der Schweiz, in den zürch. antiq. Mitth. Bd. VII). Immerhin ist es nicht unwahrscheinlich, dass auch in den milden Thälern von Chur und Domleschg (wo der Name Thusis lebhaft an die Tusker erinnert) etruskische Kolonieen sich niederliessen.

nämlichen Volksstamm bewohnt war, der nach Ueberwindung der Etrusker der in Norditalien herrschende wurde.

Die Kelten, von ihrem Hauptsitze Gallien (dem heutigen Frankreich) auch Gallier und von den Griechen Galater (Γαλάτοι) genannt, werden als ein Zweig des grossen sog. indogermanischen Volksstammes angesehen, der in vorgeschichtlicher Zeit muthmasslich in Mittelasien seinen Sitz hatte und sich hier vorerst in zwei Hauptäste schied, von denen der eine in Ostindien sich festsetzte und in den, meist religiösen Schriften des sog. Sanskript die Vermächtnisse seiner Sprache niedergelegt hat; der andere aber nach Europa zog und sich hier, wie man annimmt, in verschiedene Zweige theilte, aus welchen später die europäischen Kulturvölker hervorgingen, namentlich in den griechischen, italischen, germanischen und keltischen — eine Annahme, die sich auf die Verwandtschaft der Sprachen der letztgenannten Völker sowol unter einander als auch, in entfernterem Grade, mit dem Sanskript gründet.

Diese Kelten nun hatten, vielleicht von den nachrückenden Germanen gedrängt, ihren Hauptsitz ursprünglich im nördlichen Gallien genommen und sich von hier aus einerseits nach Britannien und Irland und anderseits in das nördliche Spanien verbreitet. In der Folge aber bemächtigte sich dieses Volkes — durch welche Ursachen ist nicht ermittelt — eine rückgängige Bewegung, derart, dass eine Masse desselben, wie es scheint in verschiedenen auf einander folgenden Stössen, nach Italien und sodann theilweise von hier aus über die illyrischen Alpen nach Ungarn, in die griechische Halbinsel, ja bis Kleinasien drang. Ein anderer Strom aber ergoss sich über den Oberrhein und besetzte unter dem Namen der Helveter (die sich in der Folge ganz in die heutige Schweiz zurückzogen) das südliche Schwaben nebst einem Theil der heutigen Schweiz, und unter dem Namen der Bojer die südlichen Donau-Gegenden bis nach Böhmen hin.

Zur Zeit als Rätien von den Römern unterworfen wurde, treten die Bojer in dem heutigen südlichen Baiern als Vindelicier auf[1])

---

[1]) Tacitus (Germ. 28) sagt: Inter Hercyniam silvam Rhenumque et Moenum (Main) Helvetii, ulteriora Boji, Gallica utraque gens, tenuere. Tacitus (der im J. 98 sein Buch über Deutschland schrieb) bezeichnet somit die Bojer als an die Helvetier angrenzend, obwol die keltischen Bewohner des Donau-Thales von früheren Schriftstellern Vindelicier genannt worden waren. Das beweist, dass die Vindelicier Bojer waren.

— ein keltischer Name, der unzweifelhaft von dem Lande, das sie bewohnten (Vindelicia), hergenommen ist.[1])

Es fragt sich nun, ob dieser letztere Strom nicht auch, wenn gleich vielleicht erst später und durch unbekannten Druck von Norden her (wie dieses bei den Helvetiern der Fall war) in die rätischen Thäler gedrungen sei und hier fortan die vorherrschende Bevölkerung ausgemacht habe.

Verschiedene Umstände scheinen nun die Bejahung dieser Frage zu rechtfertigen.

Vorerst viele Orts- und Gebirgsnamen sowol in Graubünden als im Tirol, die ihren keltischen Ursprung verrathen[2]), wozu noch einige Worte des rätoromanischen Idioms gerechnet werden mögen, die mit Wahrscheinlichkeit auf keltische Wurzeln sich zurückführen lassen.[3])

---

[1]) Raiser (die röm. Alterth. zu Augsb. S. 7) leitet den Namen Vindelicia ab von den angeblich keltischen Worten licus, reissender Fluss (daher Licus, der Lech) und vindo oder virdo, grünes Wasser. Thatsache ist, dass die Wurzel in verschiedenen keltischen Namen wiederkehrt, als: in Vindonissa, Vindobona, Vindomar.

[2]) Pallioppi, in seinem noch nicht edirten Werk über Lokalnamen (Perscrutaziuns da noms locals) führt namentlich eine Reihe bündnerischer Gebirgsnamen auf das Keltische zurück, z. B. Badus (kelt. düster), Dödi oder Tödi (aus Deöthi, kelt. zwei Spitzen), Adula (aus Adulla, kelt. Knoten), Beverin (aus pefrin, glänzend), Cambrena (aus cambren, Legföhre), Gunkels (aus cuinghel, Schlucht, Pass), Julier (von iul, Strasse). Mit Bezug auf das Tirol s. die Abhdlg. v. Thaler in der Zeitschr. des Ferdinandeums zu Innsbruck Bd. XII. Nicht minder bezeichnend ist die unverkennbare Verwandtschaft vieler Ortsnamen in Graubünden und Tirol mit dem Keltischen, z. B. Mals und Mels von mála (maol, moel), Höhe, Hügel (O'Reilly, irish-english dictionary S. 297; Spurrell, dictionary of the welsh. language S. 223); Salez von sal, Unrath (O'Reilly S. 371); Tavetsch (in Urkunden auch Divez), bekanntlich der Name des ersten Thales am Vorderrhein, von deweth oder divez, Grenze; Maggia (einer röm. Station an der Chur-Bregenzer Strasse) von magus, Feld, Fläche (O'Reilly, S. 297; Spurrell S. 223); Teirolis, die Burg Tirol, von tir, Erde, Acker, Grund (Zeuss, Grammat. celt. II. S. 1099; Spurrell S. 278); Matrey, wol von mathir, Mutter. Ist letzteres keltisch, so beweist dies, dass die etruskische Einwanderung hier der keltischen vorangieng. Steub seinerseits hat in seinen zwei Schriften „Die Urbewohner Rhätiens" und „Zur rhätischen Ethnologie" vielen Scharfsinn aufgewendet, um die etruskische Herkunft einer Reihe von Ortsnamen darzuthun. Der Versuch musste aber schon desshalb scheitern, weil die etruskische Sprache so zu sagen gar nicht bekannt ist, daher genügende Anhaltspunkte zur Vergleichung fehlen.

[3]) Ich weiss, dass man sich bei diesen, oft in Spielerei ausartenden Ableitungen leicht irren kann. Doch lohnt es sich, aus dem, ebenfalls noch un-

Ferner eine Reihe **keltischer** Funde, die besonders im nördlichen Tirol, aber auch auf der nördlichen Abdachung des westlichen Rätien gemacht wurden.[1])

Endlich mag noch der Thatsache erwähnt werden, dass neuere Untersuchungen von Beinhäusern des bündner Vorderrheinthales und des Sarganser Landes ergeben haben, dass darunter nahezu 50 % der auch in keltischen Gräbern der Schweiz vielfach vorkommenden **Schädelform** angehören.[2])

Die Annahme, dass Rätien in seinen nördlichen Abhängen vorzugsweise von Völkerschaften keltischen Stammes bewohnt wurde, gewinnt an Wahrscheinlichkeit dadurch, dass es nicht nur

---

gedruckten rätoromanischen Wörterbuch des nämlichen **Pallioppi** (Dizionari dels idioms retoromauntschs congualos con linguas parentedas e condots a lur provenienza) einige der weniger zweifelhaften Beispiele solcher Ableitungen aus dem Keltischen anzuführen, als: **s'affanar**, sich abmühen, von afan (Streit); **avira**, Bubenstreich, von aviras (muthwillige Streiche spielen); **bren**, Kleie, von brenn (mit nämlicher Bedeutung); **bulscha** oder buscha, lederner Ranzen, von bulgas (lederner Sack); **claffa**, Unkraut, von claf (krank) und claffet (Krankheit); **barigl**, Legel, von baril (Fass, Gefäss); **benna**, ein Kastenwagen, von benna (mit nämlicher Bedeutung); **badugn** oder vduogn, Birke, von bedwin (mit nämlicher Bedeutung). Einzelne gallische Worte mögen freilich sich in die römische Volkssprache allgemein eingebürgert haben, und es leuchtet ein, dass solche alsdann für die keltische Herkunft rätischer Völkerschaften keinen Beweis leisten würden. In diese Klasse gehört z. B. das gallische Wort **benna**, das sogar in die lateinische Schriftsprache übergegangen ist.

[1]) Dahin gehören namentlich zahlreiche keltische Gräber im Inn-Thal, besonders in der Umgegend von Innsbruck (s. **Giovanelli**, über alterthümliche Entdeckungen im Südtirol, in der Zeitschr. des Ferdinand. Bd. V); sodann auch verschiedene in den bündner Gebirgen gefundene bronzene Waffen von wahrscheinlich keltischer Herkunft; endlich ein im J. 1870 in Mels aufgedecktes keltisches Grab mit unzweifelhaft keltischen Geräthschaften. Keltisch sind auch in der Umgegend von St. Gallen im XV. Jahrh. entdeckte, daher wol noch als eigentlich rätisch anzusehende Schmucksachen (gravis ponderis fibulae, aureae armillae quoque), s. **Arx**, Gesch. des Kant. St. Gallen I. S. 7.

[2]) Das Nähere ist zu ersehen in **His**, über die Bevölkerung des rätischen Gebirgs (Vortrag in der schweiz. naturf. Ges. 1864). Diese Untersuchungen sind freilich nicht weit genug gediehen, um zuverlässige Schlüsse darauf bauen zu können. Am allerwenigsten kann zugegeben werden, dass die im Vorderrheinthal bis nach Disentis hinauf ungefähr eben so zahlreich, wie die **langen**, vorkommenden **kurzen** Schädeltypen von dem **oberrheinischen** Stamme herrühren, denn die alemannische Einwanderung in diese Gegenden ist jedenfalls so schwach gewesen, dass sie nur ein kaum spürbares Element der dortigen Bevölkerung ausgemacht haben kann. Eher müsste, falls weitere Forschungen dieses Ergebniss bekräftigen sollten, an einen von dem keltischen verschiedenen **einheimischen** Volksstamm gedacht werden.

im Nordosten und Westen keltische Stämme (die Vindelicier und
Helvetier) zu Nachbarn hatte, sondern dass auch im östlich angrenzenden Noricum Kelten die vorherrschende Bevölkerung gewesen zu sein scheinen.[1])

Da indess, wie oben bemerkt, einzelne etruskische Einwanderungen ohne Zweifel auch in die Thäler der nördlichen Gebirgsabhänge erfolgten[2]), und anderseits zu vermuthen ist, dass durch die wiederholten Kriege der Römer mit den cisalpinischen Galliern manche der letzteren in die südlichen Alpenthäler getrieben wurden[3]); so mögen die Römer, als sie Rätien eroberten, an beiden Seiten der Alpenzinnen eine mehr oder minder gemischte und dadurch eigenthümlich ausgeprägte Bevölkerung angetroffen haben, wesshalb auch später, nachdem Rätien und Vindelicien in Eine Provinz vereinigt worden, von ihnen noch immer zwischen rätischer und vindelicischer Bevölkerung unterschieden wurde.[4])

Die Zeit anlangend, in welcher jene Einwanderung der Kelten in das nördliche Rätien erfolgte, so scheinen die hier gefundenen bronzenen Waffen und Werkzeuge[5]), welchen eine keltische Herkunft zugeschrieben werden darf, die Ansicht zu rechtfertigen, dass jenes Ereigniss auf eine Periode zurückzuführen sei, in welcher

---

[1]) Niebuhr, röm. Gesch. II S. 578. Strabo V, 1.

[2]) Mit Rücksicht auf die etruskischen Elemente in der rätischen Bevölkerung vermuthen Niebuhr a. a. O. I S. 120 und Ottfr. Müller, die Etrusker, I S. 153, dass Rätien die ursprüngliche Heimath der Etrusker gewesen, die sich von dort über Italien ergossen hätten. Mommsen, röm. Gesch. I, S. 121, seinerseits neigt sich zur Annahme, dass die Etrusker über die Alpen in Italien eingewandert und dass die rätischen Etrusker Trümmer dieses Durchzuges seien.

[3]) Z. B. von den von den Römern im J. 283 v. C. bei Picenum, i. J. 222 v. C. bei Mediolanum und im J. 191 v. C. bei Mutina geschlagenen Galliern flohen sicher Manche in das Alpengebirge.

[4]) Unter den von der Provinz Rätien gestellten Truppen erscheinen nämlich, wie wir später sehen werden, sowol rätische als vindelicische Kohorten — Wenn freilich Zosimus I. 52 diese Truppen schlechtweg als keltisch bezeichnet (ἔτι γε Νωρικοῖς καὶ Ῥαιτοῖς ἅπερ ἐστὶ Κελτικὰ τάγματα), so mag das seinen Grund darin haben, dass theils die Vindelicier (die ja im allgemeinen Sinn auch Rätier hiessen) reine Kelten waren, theils das keltische Element auch im eigentlichen Rätien als vorherrschend erschien.

[5]) Selbst auf bündnerischen Bergübergängen fand man solche, z. B. auf dem Flücla-Pass eine bronzene Lanzenspitze und auf dem Uebergange zwischen Vals und Saficu einen bronzenen Dolch und einen bronzenen Wurfspiess. Es beweist dies, dass diese Gebirge schon damals, wenigstens von Jägern, stark begangen waren.

die Bearbeitung des Eisens unbekannt oder wenigstens dasselbe für Waffen und Werkzeuge noch nicht in Gebrauch war.

In der That scheinen die Sprachen der abendländischen Kulturvölker nicht darauf hinzuweisen, dass sie die Kenntniss des Eisens schon aus ihrer asiatischen Heimath mitbrachten, wol aber will man aus jenen Sprachen schliessen, dass sie, als sie Asien verliessen, schon das Silber und das Kupfer gekannt haben müssen.[1]) In Italien selbst hat man Spuren, dass der Ackerbau anfänglich mit kupfernem Pflug getrieben wurde[2]) und dass sogar zur Zeit der römischen Könige die Verarbeitung des Eisens noch nicht recht einheimisch war.[3])

Nichtsdestoweniger darf wol mit Sicherheit angenommen werden, dass den Galliern sowol als den Germanen die Kenntniss des Eisens erst aus Italien kam, wo sich im westlichen Europa die Kultur zuerst entwickelte. Wenn daher, wie die römischen Schriftsteller annehmen, die Gallier sich schon zur Zeit des älteren Tarquinius (somit um das J. 600 v. C.) in die Lombardie und in das Donau-Thal ergossen haben sollten, so wäre es sehr begreiflich, dass sie damals noch zwar die Verarbeitung des Kupfers, welche derjenigen des Erzes (einer Mischung von Kupfer und Zinn)[4]) jedenfalls vorausging[5]), nicht aber die Verarbeitung des Eisens kannten.

Den Zeitpunkt aber, in welchem das Eisen auch bei den Kelten einheimisch wurde, sowie das Alter ihrer aufgefundenen bronzenen Waffen und Werkzeuge, genau anzugeben ist um so weniger möglich, als von ihnen das Erz — vielleicht weil es leichter zu giessen war — selbst für Waffen und Werkzeuge noch lange nachdem ihnen das Eisen bekannt geworden, verwendet wurde,

---

[1]) Mommsen, röm. Gesch. I S. 16.
[2]) Ottfr. Müller, die Etrusker, S. 220. Auch Mommsen a. a. O. I S. 190 erinnert an das in Latium lange bestandene Ritual, in welchem ein aus Kupfer verfertigter heiliger Pflug verehrt wurde.
[3]) Unter den zur Zeit des Numa Pompilius in Rom bestandenen Handwerken werden zwar Gold- und Kupferschmiede, nicht aber Eisenschmiede genannt (Mommsen a. a. O. I S. 190).
4) Im keltischen Erz (Bronze) waren gewöhnlich ungefähr 10 % Zinn dem Kupfer beigemischt.
[5]) Im antiquarischen Kabinet zu Augsburg finden sich vorrömische kupferne Schildbeschläge aus dem ehemaligen Vindelicien, die schon ihrer Form nach ein sehr hohes Alter verrathen und vielleicht aus der Zeit herrühren, in welcher bei den Kelten selbst die Bronze noch nicht bekannt war.

was sich daraus ergibt, dass man in keltischen Gräbern bronzene und eiserne Waffen zugleich findet.[1]) Erst allmälig scheint für Waffen und sodann auch für Werkzeuge die Bronze dem Eisen gewichen zu sein. Aber selbst die Römer noch verfertigten manche Werkzeuge und Geräthschaften, die heutzutage eisern sind, aus Bronze.[2])

Es ist jedoch keineswegs anzunehmen, dass die Etrusker und Kelten die ersten und einzigen Bewohner des rätischen Alpengebirges waren. Vielmehr erscheint es durch antiquarische Funde[3]) festgestellt, dass wenigstens einzelne der milderen Thäler schon von Menschen jener tieferen Kulturstufe bewohnt wurden, auf welcher die Verarbeitung der Metalle noch nicht, oder wenigstens nur ungenügend bekannt war und man sich daher steinerner und knöcherner Werkzeuge bediente.[4])

Das Schicksal dieser, jedenfalls spärlichen, Urbevölkerung anlangend, so werde ich später den Grund angeben, wesshalb ich es für wahrscheinlich halte, dass dieselbe von den eingewanderten Etruskern und Kelten in die höheren und rauheren Gebirgsgegenden hinaufgedrängt wurde.

---

[1]) Einen schlagenden Beweis hiefür liefert das keltische Grabfeld von Hallstadt in Oberösterreich, in welchem Waffen zwar in überwiegender Zahl aus Eisen, theilweise aber auch aus Bronze oder aus Eisen mit bronzenem Griffe gefunden wurden (v. Sacken, das Grabfeld von Hallstadt in Oberösterreich). Auch werden in Baiern aufgefundene bronzene Kessel mit Eisenbeschlägen gewöhnlich den Kelten zugeschrieben.

[2]) So fand man in den ehmals römischen Niederlassungen auf dem linken Donau-Ufer (in Kösching, Pfinz u. s. w.) u. a. nicht nur bronzene Schlüssel und Nägel, sondern sogar bronzene Pfeile, und in der römischen Grabstätte zu Nordendorf bei Donauwörth auch einen bronzenen Dolch (Maier, über versch. im Königr. Baiern aufgefundene Alterthümer; und Jahresberichte des histor. Vereins im Oberdonau-Kreis 1842/43).

[3]) Namentlich durch eine Anzahl aus braunem Feuerstein gearbeiteter steinerner Messer, die in einer Höhle im Domleschg (Graubünden) gefunden wurden, und durch Spuren von Pfahlbauten, die man in der Gegend von Bregenz (das man wol noch zum eigentlichen Rätien rechnen darf) entdeckte.

[4]) Dass die sog. Stein- und die Bronze-Periode eben so wenig streng von einander zu scheiden sind, als die Bronze- und die Eisen-Periode, erhellt daraus, dass sowol in Pfahlbauten als in Gräbern neben steinernen auch bronzene Werkzeuge gefunden wurden (Keller, Pfahlbauten, in den Mitth. der zürch. antiq. Ges. Bd. XV, und Gümbel, die ältesten Kulturüberreste im nördl. Baiern).

III. KULTURSTAND.

Ueber den Kulturstand der Rätier zur Zeit, als die Römer mit denselben in feindliche Berührung geriethen, wird uns wenig berichtet. Aber dieses Wenige genügt doch, um mit Benutzung der Ergebnisse antiquarischer Forschungen und mit Hülfe allgemeiner Völkerkunde uns einigermassen ein Bild von demselben machen zu können.

a. METALLE.

Schon aus unsern obigen Bemerkungen ergibt sich die hohe Wahrscheinlichkeit, dass das Eisen und dessen Verarbeitung mehr oder weniger schon Jahrhunderte vor Christi Geburt in Rätien sowol als in Vindelicien müsse bekannt gewesen sein. Man hat aber auch bestimmte Nachricht, dass schon mehr als 100 Jahre v. C. etrurische Städte einen sehr bedeutenden Handel mit Roheisen sowol (das hauptsächlich von der Insel Ilva[1]) bezogen wurde) als mit eisernen Waffen trieben[2]), und es ist mit Sicherheit anzunehmen, dass diese Waaren mittelst Tauschhandels auch in die benachbarten Alpen gelangten. Wie verbreitet überhaupt lange vor Christi Geburt die Kenntniss und der Gebrauch des Eisens nicht nur bei den Kelten, sondern auch bei den Germanen gewesen sein muss, beweist schon die Thatsache, dass die aus dem hohen Norden herabgestiegenen Kimbern (113 v. C.) in eisernen Rüstungen erschienen.

Als ein direktes Zeugniss dafür, dass die Rätier, als sie von den Römern angegriffen wurden, mit eisernen Waffen, vielleicht auch mit eisernen Rüstungen versehen waren, mag angeführt werden, dass der römische Dichter Horatius, Zeitgenosse des Kaisers Augustus, in dem Gedichte, in welchem er die Eroberung Rätiens durch Drusus und Tiberius besingt, die rätischen Kriegsschaaren als „eiserne" oder vielmehr als „mit Eisen überzogene" bezeichnet.[3]) Auch hat man in Vilters und Mels Spuren, dass

---

[1]) Es ist dies ohne Zweifel die Insel Elba, wo auch noch zu Strabo's Zeit (ca. 18 J. n. C.) viel Eisen gewonnen wurde.
[2]) Ottfr. Müller, die Etrusker S. 21 und 240.
[3]) Horatius, Oden IV, 14:
    Ut barbarorum Claudius agmina
    Ferrata vasto diruit impetu.

hier schon in vorrömischer Zeit Eisenbergwerke betrieben wurden.[1]) Und gewiss ist, dass in Noricum (im heutigen Steiermark) schon bevor es römisch wurde Eisengruben bestanden.[2])

Aber ausser Kupfer, Erz und Eisen mussten frühzeitig auch die edeln Metalle, Silber und Gold, in Rätien bekannt sein, ganz besonders das Gold. Denn wir wissen, dass die Gallier viel Gold zu Schmuck und Zierrathen verwendeten; namentlich liebten es die cisalpinischen Gallier, sich mit goldenen Arm- und Halsbändern und ihre Feldzeichen mit goldenen Ornamenten zu schmücken.[3]) Von den Helvetiern weiss man, dass sie viel Gold besassen[4]), ebenso von den Vindeliciern, welche schon Jahrhunderte vor Christi Geburt aus Gold Münzen prägten.[5]) Jene und diese gewannen ohne Zweifel das Gold hauptsächlich aus dem Sande der Donau und des Rheins, denn es wird uns berichtet, dass beide Flüsse viel Gold mit sich führten, das von den Anwohnern gereinigt und namentlich zu Hals- und Fingerringen verwendet wurde.[6]) Ueberhaupt scheint das Gold dannzumal viel häufiger als heutzutage in den Alpen und deren Flüssen vorgekommen zu sein, denn es wird uns berichtet, dass in Noricum sowol als bei den Salassern (in den savoyischen Alpen) reiche Goldminen und Goldwäschereien bestanden.[7]) Waren somit die Rätier auf allen Seiten von Völkerschaften umgeben, welchen das Gold und dessen Verarbeitung bekannt waren, so darf man zuversichtlich annehmen, dass sie selbst damit ebenfalls vertraut waren und vielleicht gehörten sie auch zu denjenigen Anwohnern des Rheins, die dessen Goldsand sich zu Nutze zu ziehen wussten.

---

[1]) Keller, Statist. d. röm. Ansiedel. i. d. Ostschweiz (in den zürch. antiq. Mitth. Bd. XV).
[2]) Strabo V, 1.
[3]) Polybius II, 17, 31.
[4]) Strabo IV, 3.
[5]) Es sind dies die sog. Regenbogenschüsselchen, Goldmünzen, die ihren Namen von ihrer konkaven Form haben und die in Menge im Bereich der ehemaligen Wohnsitze der Vindelicier gefunden wurden. Ihr Alter wird, vielleicht allzu scharfsinnig, bis in das 5. Jahrh. v. C. hinaufgeführt (s. Streber, über die sog. Regenbogenschüsselchen).
[6]) Diodorus Siculus (bibl. hist. V, 27 u. 30) sagt nämlich, dass die gallischen Flüsse, zu welchen er namentlich auch den Rhein und die Donau rechnet, viel Gold führen, das oft in grossen Mengen an Krümmungsstellen sich am Ufer ablagere.
[7]) Strabo V, 1 und IV, 6.

Sehr selten dagegen scheint das Silber in der Nachbarschaft Rätiens, und somit auch in letzterem, gewesen zu sein, denn unter den vielen vindelicischen Münzen hat sich, nebst den goldenen, eine einzige silberne gefunden, und äusserst selten kommen silberne Zierrathen in keltischen Gräbern vor.[1]

Kannten aber die Rätier die Metalle und deren Verarbeitung, so hatten sie schon damit allein eine ansehnliche Sprosse der Kultur beschritten.

b. WIRTHSCHAFTLICHE VERHÄLTNISSE.

Von Strabo, der im 33. Jahre nach der Eroberung Rätiens über dieses Land schrieb, wird berichtet, dass die rätischen Gebirgsbewohner mit ihren Nachbaren, den Bewohnern des fruchtbaren Flachlandes, somit ohne Zweifel zumeist mit den cisalpinischen Galliern, lebhaften Tauschhandel trieben, indem sie Harz, Pech, Kienholz, Wachs, Käs und Honig an Lebensmittel und andere Gegenstände, deren sie bedurften, vertauschten.[2]

Wir wissen hieraus, dass die Rätier in vorrömischer Zeit Viehzucht und Bienenzucht trieben und die Produkte beider nach Aussen zu verwerthen wussten.

Nebst der Viehzucht muss aber in Rätien auch Ackerbau getrieben worden sein, denn der nämliche Schriftsteller sagt, dass sich dort „gut bebaubares Hügelland und wohlangebaute Thäler" befinden, fügt aber bei, dass der grösste Theil des Landes, ganz besonders um die Gebirgsspitzen, unwirthlich und unfruchtbar sei, theils wegen der Kälte, theils wegen der Rauhheit des Bodens.[3] Immerhin ist anzunehmen, dass Rätien nicht blos in seinen tieferen, sondern auch in seinen höheren Lagen be-

---

[1] U. A. fand sich eine mit Silber eingelegte Schnalle in einem keltischen Begräbnissplatz bei Rotweil (Alberti, die Alterthümer in der Umgegend von Rotweil).

[2] Strabo IV, 6. Die ganze wichtige Stelle lautet: κατὰ πᾶσαν δὲ τὴν τῶν Ἄλπεων ὀρεινήν ἐστι μὲν καὶ γεώλοφα χωρία καλῶς γεωργεῖσθαι δυνάμενα καὶ αὐλῶνες, εὖ συνεκτισμένοι, τὸ μέντοι πλέον καὶ μάλιστα περὶ τὰς κορυφάς, περὶ ὃ δὴ καὶ συνίσταντο οἱ λῃσταί, λυπρὸν καὶ ἄκαρπον διά τε τὰς πάχνας καὶ τὴν τραχύτητα τῆς γῆς. κατὰ σπάνιν οὖν τροφῆς τε καὶ ἄλλων ἐφείδοντο ἔσθ' ὅτε τῶν ἐν τοῖς πεδίοις, ἵν' ἔχοιεν χορηγούς· ἀντεδίδοσαν δὲ ῥητίνην, πίτταν δᾷδα, κηρὸν, τυρὸν, μέλι· τούτων γὰρ εὐπόρουν.

[3] s. die Stelle Strabo's in obiger Note (IV, 6).

völkert war; wenigstens wird berichtet, dass es, als die Römer es unterwarfen, von zahlreichen Völkerschaften[1]) und selbst bis zu den höchsten Alpen[2]) bewohnt war.

Jene Stelle Strabo's dürfte somit richtig dahin zu deuten sein, dass nur in tiefgelegenen und fruchtbaren Thälern eigentlicher Ackerbau, und auch hier nicht in dem Umfang, in welchem es möglich gewesen wäre, getrieben wurde[3]), somit das übrige Land, so weit es nicht etwa mit Wald bedeckt war (mit dessen Produkten die Bewohner ja auch Handel trieben), der Viehzucht als Weidetrift diente. Und dass die Viehheerden zahlreich gewesen seien, ist um so mehr anzunehmen, als römische Schriftsteller ausdrücklich sagen, dass in den Alpen viel Viehzucht getrieben wurde[4]), was ohne Anstand auch auf Rätien und dessen ausgedehnte Hochthäler bezogen werden darf, zumal beigefügt wird, dass die Rinder klein und zur Arbeit tüchtig seien[5]) — Eigenschaften, die heute noch namentlich der Viehrace des Kantons Graubünden und benachbarter Gegenden zukommen. Und wenn sodann einer dieser Schriftsteller zugleich als etwas Auffallendes hervorhebt, dass diese Rinder nicht am Nacken, sondern am Kopf angespannt werden[6]), so dürfen wir zuverlässig annehmen, dass dies ein altes Herkommen der Alpenbewohner, somit auch der Rätier, war, und dass letztere schon vor ihrer Unterwerfung Fuhrwerke hatten, an welche sie Rinder spannten, und die sie theils für die Landwirthschaft, theils für ihren Tausch- und Zwischenhandel mit Italien verwendeten.

Da aber die Betreibung der Viehzucht in Gegenden, welche einen Theil des Jahres unter Schnee liegen, nothwendig auch ein

---

[1]) Dio Cassius. hist. rom. LIV, 22.

[2]) Strabo VII, 1: 'Ραιτοὶ δὲ καὶ Νωρικοὶ μέχρι τῶν Ἄλπεων ὑπερβολῶν ἀνίσχουσι.

[3]) Plinius hist. nat. XVIII, 18 berichtet von einem eigenen rätischen Pflug (id non pridem inventum in Rhaetia — „inventum" heisst hier ohne Zweifel: angetroffen oder vorgefunden) — woraus auf einen dort schon lange getriebenen Ackerbau zu schliessen ist. Da jedoch, als Plinius schrieb, auch Vindelicien zu Rätien gerechnet wurde, wage ich es nicht, aus dieser Stelle einen Beweis für den vorrömischen Ackerbau im Gebirgsrätien abzuleiten, obwol der von Plinius geschilderte Pflug dem noch jetzt in letzterem gebrauchten ziemlich zu entsprechen scheint (eodem gladio scindens solum et acie laterum radices herbarum secans).

[4]) Strabo IV, 6: (ἔχουσι δ' αἱ Ἄλπεις καὶ δ' ἵππους ἀγρίους καὶ βόας).

[5]) Plinius VIII. 45 (quibus minimum corporis, plurimum laboris).

[6])*Plinius, hist. n. VIII, 45 (capite non cervice iuncti). Plinius starb 79 n. C.

Einsammeln und eine Aufspeicherung des Heues und eine Stallfütterung voraussetzt, so dürfen wir mit Zuversicht annehmen, dass wenigstens in der mittleren Alpenregion nicht blosse Alpwirthschaft, sondern eigentlicher Wiesbau getrieben wurde.

Wol hauptsächlich in der mittleren Alpenregion wurde auch Bienenzucht getrieben, deren Produkt dannzumal von den üppigen Römern um so mehr geschätzt wurde, als der Honig bei ihnen die Stelle des Zuckers vertreten musste.

In den südlichen Thälern Rätiens wurde aber schon in gewöhnlicher Zeit nicht blos Getreide, sondern auch Wein gebaut, der schon damals sich eines guten Rufes erfreute[1]) und den selbst Kaiser Augustus hochhielt.[2]) Auch Strabo, noch Zeitgenosse des Augustus, erwähnt den rätischen Wein und dessen Reben[3]) und der nicht viel spätere Plinius bemerkt, dass die Anwohner der Alpen (entgegen der Gewohnheit der Römer) den Wein in hölzernen, mit Reifen versehenen Gefässen, d. h. in Fässern aufbewahrten[4]), was somit jedenfalls auch von den rätischen Weinbauern zu gelten hat. Als diejenigen rätischen Landschaften, in welchen der Weinbau schon damals besonders einheimisch war und deren Produkt schon damals einen Ruf erworben hatte, sind, nach den Andeutungen Strabo's, vorab das Valtellin- und wohl auch das Etsch-Thal anzusehn.[5])

Aus Obigem ersieht man, dass zur Zeit, als Rätien römisch wurde, die verschiedenen Zweige der Landwirthschaft, die heute in diesen Landschaften einheimisch sind, damals schon, der Hauptsache nach, betrieben wurden, nur freilich mit dem wesentlichen Unterschied, dass der Ackerbau, der heute bis in die höchsten Thäler hinaufreicht, auf die mildesten und fruchtbarsten sich beschränkt zu haben scheint, wogegen die Bienenzucht, da mit

---

[1]) Virgilius (70—19 v. C.) Georg. II v. 95:
.... et quo te carmine dicam,
Rhaetica (sc. vitis)?
[2]) Plinius, h. n. XIV, 4.
[3]) Strabo IV, 6.
[4]) Plinius, h. n. XIV, 21: circa Alpes ligneis vasis (vinum) condunt circulisque cingunt.
[5]) Strabo (IV, 6) sagt, die Rätier erstrecken sich gegen Italien bis über Verona und Como und fügt bei: „in diesen Gegenden (ἐν ταῖς τούτων ὑπωρείαις) wächst der rätische Wein". Es ist also augenscheinlich, dass er vorzugsweise das Veltlin und etwa das Etsch-Thal im Auge hat.

Honig Handel getrieben wurde, einer viel grösseren Verbreitung als heute sich erfreuen musste.

Dass in den hiezu klimatisch geeigneten Gegenden Rätiens schon in vorrömischer Zeit Landwirthschaft im ausgedehntesten Sinne getrieben wurde, ist um so sicherer, als die in den Pfahlbauten der Schweizer-Seen gemachten Funde belehren, dass in der benachbarten Schweiz schon zur Zeit, als der Gebrauch der Metalle noch unbekannt war, verschiedene Getreide- und Obstarten (Aepfel, Birnen, Pflaumen, Kirschen) gebaut wurden.

Ueber die Beschaffenheit der **Eigenthumsverhältnisse** in Bezug auf Grund und Boden fehlt uns dagegen für Rätien die geringste historische Andeutung. Es lässt sich daher mit voller Gewissheit nur sagen: 1) dass, da die Rätier (wovon wir uns später noch besser überzeugen werden) ein **ansässiges** Volk waren, die Idee des Grundeigenthums bei ihnen nothwendig entwickelter sein musste als bei den deutschen Wandervölkern, von denen wir wissen, dass sie sogar das Ackerfeld entweder gar nicht austheilten und alsdann genossenschaftlich und sammethaft anbauten oder doch blos zur Nutzung den Einzelnen überliessen[1]), und 2) dass namentlich am Wein- und Ackerland sich der Eigenthumsbegriff nothwendig entwickeln musste, während allerdings die ausgedehnten Weiden und Waldungen denselben weniger auszubilden geeignet waren, jedenfalls, ihrer Natur nach, mehr zur genossenschaftlichen als zur individuellen Benutzung einluden, wie denn überhaupt das persönliche Eigenthum sich meist nur allmälig aus dem genossenschaftlichen herausgebildet hat.[2])

c. LEBENSWEISE.

Die **Nahrung** anlangend, so ist es selbstverständlich, dass, abgesehen von den Produkten des Wein- und Ackerbaues in den milden und fruchtbaren Thälern, Fleisch und Molken, wie bei den Germanen[3]) und den cisalpinischen Galliern[4]), so auch bei den

---

[1]) Caesar, b. gall. IV, 1 und IV, 22. Tacitus, Germ. 26
[2]) Wenigstens nehmen wir dies nicht nur an den deutschen, sondern auch an mehreren italischen Völkern wahr.
[3]) Caesar de b. gall. sagt von den Deutschen: maior pars victus eorum in lacte et caseo et carne consistit.
[4]) Strabo IV, 4.

Rätiern, namentlich bei den Bewohnern der mittleren und höheren Regionen, die Hauptnahrungsmittel sein mussten, und zwar war es nicht blos die Viehzucht, sondern ohne Zweifel auch die Jagd, welche Fleischnahrung lieferte — wissen wir ja doch, dass die Alpen reich an Wild jeder Art waren[1]) und deuten die hoch im Gebirg gefundenen vorrömischen Waffen[2]) darauf, dass sie dort Jägern abhanden gekommen. Anderartige Lebensmittel erwarben sich die des Ackerbaues entbehrenden Völkerschaften wol, wie Anderes, dessen sie bedurften[3]), durch Tausch oder Raub von den benachbarten Bewohnern des Tieflandes. Nicht zu bezweifeln ist auch, dass in Rätien, wenigstens so weit Gerste gebaut wurde, daraus und aus Honig ein geistiges Getränk (eine Art Bier) gebraut wurde; denn Strabo sagt, dass überall wo Gerste und Honig gewonnen werde, auch dieses Gerstengetränk bereitet werde.[4])

Ueber die Kleidung der Rätier wird uns direkt eben so wenig, als über ihre Nahrung, etwas berichtet. Bekanntlich waren Beinkleider sowol den Germanen als den italischen Völkern unbekannt. Dagegen waren dieselben ein nationales Kleidungsstück der Gallier oder Kelten.[5]) Theilweise Abstammung von den letzteren, die Nachbarschaft keltischer Völkerschaften, von welchen Rätien ja umgeben war, und endlich die Rauhheit des Gebirgsklimas berechtigen zur Annahme, dass auch die Rätier sich der Beinkleider bedient haben, und es findet dieselbe ihre Bestätigung in dem rätoromanischen Worte braia (Hose, Hosenlatz)[6]), das dem keltischen braca, womit die Gallier die Beinkleider benannten, entspricht. Nebst den Beinkleidern wird wol auch, wie bei den benachbarten Völkerschaften, ein Ueberwurf in Gebrauch gewesen sein, der in den südlichen Thälern nach Art der cisalpinischen Gallier meist aus Wolle[7]), in den raubneren aber, nach Art der Germanen, meist aus einem Thierfelle, welches das zahlreiche

---

[1]) s. S. 3 Note 1.
[2]) s. S. 10 Note 5.
[3]) s. S. 15 Note 3.
[4]) Strabo IV, 5.
[5]) Diodorus V, 30: χρῶνται (sc. οἱ Γαλάτοι) ... καὶ ἀναξυρίσιν, ἃς ἐκεῖνοι βράκας προσαγορεύουσιν. Ferner in Bezug auf die (keltischen) Bojer Polybius II, 28.
[6]) Daher im Romanischen auch braiada, die Familie, d. h. die Angehörigen des Inhabers der Hosen.
[7]) Dieser Ueberwurf hiess bei den cisalp. Galliern saga (Polybius a. a. O.)

Wild leicht lieferte, bestanden haben mag.[1]) Und da man weiss, dass im benachbarten Helvetien sogar schon in der sog. Steinzeit gesponnen und gewoben wurde[2]), und dass nicht nur die italischen, sondern auch die keltischen und germanischen Völkerschaften mit dieser Arbeit vertraut waren, so ist sicher, dass auch die Rätier sich aus Wolle und Flachs ihre Kleider zu verfertigen verstanden. Uebrigens beweisen die Ausgrabungen auf der nördlichen Abdachung der rätischen Alpen[3]), dass die bei den Helvetiern und andern keltischen Völkerschaften bekannten bronzenen und wol auch goldenen Zierrathen auch bei den nördlichen Rätiern in Gebrauch waren; und gewiss standen ihnen die, der italischen Kultur nahe gerückten südlichen Rätier im Körperschmuck nicht nach.

Was das Hausgeräthe betrifft, so wissen wir, dass sowol die cisalpinischen Gallier als die Germanen (selbstverständlich ausser den zur Zubereitung und Aufbewahrung der Speisen erforderlichen hölzernen und thönernen Geschirren) so zu sagen keines besassen, dass sie insbesondere nur auf Stroh oder Heu, die Germanen auch auf Thierfellen lagen oder sassen[4]); und ähnlich ist ohne Zweifel die häusliche Einrichtung der überall von Kelten umgebenen Rätier gewesen. Sowol in vindelicisch- als in rätisch-keltischen Gräbern gefundene thönerne Gefässe[5]) stellen es namentlich ausser Zweifel, dass auch bei den Rätiern solche im Gebrauch waren — wusste doch schon das Geschlecht der Pfahlbauten den Lehm, wenn auch nur von Hand und nicht gebrannt, zu Geschirren zu verwenden.[6])

Nebst Landwirthschaft oder Viehzucht, Jagd und Tauschhandel waren auch kriegerische Streifereien, wie bei den Germanen, eine Hauptbeschäftigung der Rätier, denn wir wissen, dass sie sowol

---

[1]) Caesar de b. gall. VI, 21: et pellibus aut parvis rhenonum tegumentis utuntur, magna corporis parte nuda.

[2]) Keller, die Pfahlbauten (zürch. Mitth. Bd. XV).

[3]) Im Tiroler Inn-Thal, bei Bregenz, in Mels.

[4]) Polybius II, 17 sagt schlechtweg, die cisalp. Gallier hätten alles Hausgeräthes ermangelt, was sich aber offenbar nur auf das zur Bequemlichkeit dienende beziehen kann. Mit Bezug auf die Germanen s. Diodorus Siculus V.

[5]) Das antiquarische Kabinet zu Augsburg hat viele solche Exemplare aufzuweisen, und auch in dem im J. 1870 in Mels aufgedeckten Grab wurde ein irdenes Gefäss gefunden.

[6]) Keller a. a. O.

als die Vindelicier alle ihre Nachbarn, namentlich die Italiker, Helvetier und selbst die Germanen durch stete Ausfälle beunruhigten.¹)

Dass endlich die rätischen Anwohner von Seen und schiffbaren Flüssen sich auch auf die Schifffahrt verstanden ist nicht zu bezweifeln und mit Rücksicht auf die Anwohner des Bodensees insbesondere als historisch beurkundet zu betrachten, indem ja Tiberius bei Anlass seines Eroberungszuges auf demselben den vindelicischen (und wol auch den rätischen) Uferbewohnern sogar ein Seegefecht lieferte.²)

Die Waffen, welche die Rätier zur Zeit ihrer Unterwerfung durch die Römer brauchten, sind uns zwar nicht näher bekannt. Da wir aber aus den gemachten Funden wissen, dass sie meist eherne Lanzen, Dolche und Wurfspiesse besassen, so ist anzunehmen, dass sie dieser Waffen auch später, als sie muthmasslich aus Eisen gefertigt wurden, sich bedienten.³)

Auch der Häuserbau der Rätier wird demjenigen ihrer Nachbarn ähnlich und ihrem eigenen Kulturstand entsprechend gewesen sein. Nun ist aber bekannt, dass weder die Germanen noch die Kelten sei es Mörtel sei es Ziegel und Backsteine kannten. Was die Germanen betrifft, so brachte es ihre unstäte Lebensweise mit sich, dass sie ihre Häuser nur sehr flüchtig, aus jedem ihnen bei der Hand liegenden Material⁴), meist aber aus Holz, wol auch aus Lehm bauten und mit Stroh deckten⁵); für den Winter gruben sie wol auch Höhlen, die sie, um sie für sich und ihre Vorräthe wärmer zu erhalten, mit Mist zudeckten.⁶) Schon etwas sorgfältiger, weil in der Regel fester angesessen, scheinen im Allgemeinen die Kelten ihre Wohnungen errichtet zu haben, meist aus Brettern

---

¹) Strabo IV, 6 sagt von den Rätiern und Vindeliciern: ἅπαντες δ' οὗτοι καὶ τῆς Ἰταλίας τὰ γειτονεύοντα μέρη κατέτρεχον ἀεὶ τῆς Ἑλουηττίων καὶ Σηκοανῶν καὶ Βοΐων καὶ Γερμανῶν.

²) Strabo VII, 1: ἔχει δὲ καὶ (sc. λίμνη) νῆσον, ᾗ ἐχρήσατο ὁρμητηρίῳ Τιβέριος ναυμαχῶν πρὸς Οὐινδελικούς.

³) s. S. 10 Note 5. Dass die Rätier Wurfspiesse hatten, ist in so fern bemerkenswerth, als die cisalpinischen Gallier solche noch in ihren Kämpfen mit den Römern nicht besessen zu haben scheinen (Polybius II, 30; Mommsen, röm. Gesch. I S. 315).

⁴) Tacitus, Germ. 16. Strabo VII, 1.

⁵) Herodianus in Maximino.

⁶) Tacitus, Germ. 16.

oder zusammengefügten Holzstämmen, wobei auch Lehm, wenn solcher vorhanden war, zu Ausfüllung der Lücken u. s. w. zur Verwendung kam. Die Bedachung bestand auch bei ihnen in der Regel aus Stroh.[1]) Die Hütten der vorherrschend den Kelten stammverwandten Rätier, somit besonders der Bewohner der nördlichen Thäler, werden nun ohne Zweifel vorzugsweise der keltischen Bauart sich angeschlossen haben, immerhin mit den durch die Oertlichkeit bedungenen Abänderungen. So z. B. konnte in den des Getreidebaues entbehrenden Thalschaften von einer Strohbedachung selbstverständlich keine Rede sein und musste daher auf einen Ersatz durch ein anderes Material, wie Holz oder Steinplatten, Bedacht genommen werden. Von den Bewohnern der südlichen Thäler dagegen lässt sich vermuthen, dass sie schon von den Etruskern her den Steinbau und vielleicht in späterer Zeit von den Römern auch den Mörtel sich angeeignet hatten. Und bis auf den heutigen Tag ist der Gegensatz dieser beiden Typen in der Bauart in den rätischen Thälern deutlich wahrnehmbar.

d. STÄDTE UND BURGEN.

Römische Schriftsteller, welche über die Eroberung Rätiens und Vindeliciens durch die Römer berichten, sagen, dass von denselben viele **Städte** und **Burgen** eingenommen und zerstört worden seien.[2])

Unter diesen **Städten** (urbes) sind befestigte Ortschaften im Gegensatz zu den zerstreuten Wohnungen der Germanen[3]) und den offenen (unbefestigten) Dörfern der Kelten[4]) zu verstehen. Ebenso

---

[1]) In Bezug auf die Belgen (einen grossen gallischen Stamm, der von der Nordsee bis zum Oberrhein hinaufreichte) s. Strabo IV, 4; in Bezug auf die Helvetier und die gallischen Stämme überhaupt s. Keller, über die keltischen Vesten und Wohnungen (in den zürch. Mitth. Bd. VII). Im Keltischen heisst teagair Stroh- oder Schilfdach und belegt somit die nämliche Thatsache (Mone, Urgesch. des bad. Land. II, S. 141).

[2]) Horatius (Zeitgenosse des Augustus) IV. carm. 14: et arces alpibus impositas deiecit Claudius. Velleius Paterculus (der um 30 n. C. schrieb) II, 95: multis urbium et castellorum oppugnationibus.

[3]) Tacitus, Germ. 16. Nullas Germanorum populis urbes habitari satis notum est; ne pati quidem inter se iunctas sedes.

[4]) Von den keltischen Insubrern im cisalpinischen Gallien sagt Strabo V, 1, dass sie, bis Mailand eine Stadt wurde, alle nur in Dörfern wohnten ἅπαντες γὰρ ᾤκουν κωμηδόν) und Polybius II, 17 sagt noch bestimmter,

sind unter den zwölf Städten, welche die Helvetier gehabt haben sollen[1]), unzweifelhaft befestigte Ortschaften gemeint, wie solcher in Gallien zur Zeit, als Caesar sie bekriegte, viele bestanden. Man wird indess mit Rücksicht auf diese städtischen Befestigungen, da die Kelten den Mörtel nicht gekannt zu haben scheinen, nicht an kunstgerechte Stadtmauern, sondern blos an Stein- und Erdwälle nebst Graben, nach Art ihrer Burgen, zu denken haben.

Was diese **Burgen** (arces) betrifft, so sind darunter wol unzweifelhaft nur Zufluchtsstätten zu verstehen, wie solche sowol bei italischen[2]) als bei keltischen[3]) Völkern üblich waren, nämlich grosse Plätze, die von einem, aus Erde, Steinen oder gefällten Bäumen bestehenden Wall nebst Graben umschlossen waren und in welche sich die Bevölkerung der Umgegend bei kriegerischen oder räuberischen Ueberfällen flüchtete, um sich hier gegen den Feind sicher zu stellen. Dass man sich mit besondrer Vorliebe unter dem Schutze einer solchen Burg, d. h. in ihrer unmittelbaren Nähe ansiedelte, ist leicht begreiflich, und ohne Zweifel war dies auch eine Hauptveranlassung zur Entstehung sogenannter Städte; so dass man sich unter den rätischen und vindelicischen „Städten" zum Theil auch nur mit einer Burg versehene Orte denken kann. Uebrigens waren diese Burgen stets auf Anhöhen, wo sich solche vorfanden, oder an sonst möglichst unzugänglichen Stellen gebaut.[4]) Demzufolge dürfen wir annehmen, dass sie im gebirgigen Rätien überall auf Anhöhen sich befanden.[5]) Ueber Anzahl, Namen und Lage dieser Städte und Burgen in Rätien und Vindelicien geben uns die Geschichtschreiber wenig Auskunft. Indess spricht die Natur der Sache dafür, dass solche Vesten vorzugsweise an den Grenzen, d. h. da, wo die Gefahr der feindlichen Einfälle am grössten war, sodann auch an wichtigen Verkehrspunkten, wo die Bevölkerung sich rasch ansammeln konnte, errichtet wurden. Wirklich ist uns z. B. von Helvetien bekannt, dass sowol an der

---

dass die cisalpinischen Gallier offene Dörfer bewohnten (οἴκουν δὲ κατὰ κώμας ἀτειχίστους), womit zugleich der Gegensatz gegenüber einer Stadt (πόλις, urbs), als einem befestigten Orte hervorgehoben ist.

[1]) Nach dem bekannten Berichte Caesar's.
[2]) Mommsen, röm. Gesch. 1, 37.
[3]) Mommsen a. a. O. Keller, keltische Vesten; und (mit Bezug auf die Briten) Strabo IV, 5.
[4]) Mommsen und Keller a. a. O.
[5]) Daher sagt Horatius a. a. O. arces alpibus impositas.

Rheingrenze als im Innern, besonders an Thaleingängen, keltische Burgen sich befanden.

Nun wissen wir aber, wie schon oben bemerkt wurde, dass die Rätier und Vindelicier alle Nachbarländer, das cisalpinische Gallien, helvetisches und deutsches Gebiet unausgesetzt anfielen, so dass sie von den nämlichen Seiten her feindliche Erwiederungen zu befürchten hatten; wir wissen auch, dass in der That die Römer schon vom J. 118 v. C. an von Zeit zu Zeit Expeditionen gegen die rätischen Alpenvölker machten; und endlich ist bekannt, dass schon einige Zeit vor Christi Geburt deutsche Wandervölker die Donau-Gegenden umschwärmten und ohne Zweifel auch Vindelicien beunruhigten. An der Hand dieser Thatsachen ist die Vermuthung gerechtfertigt, dass die rätischen Burgen und Städte zunächst theils auf der Grenze gegen Italien, theils auf derjenigen gegen Helvetien, die vindelicischen Burgen und Städte aber vorzugsweise längs der Donau, welche Vindeliciens westliche und nördliche Grenze bildete, sodann aber auch im Innern an Knotenpunkten von Thälern oder Strassen sich befunden haben werden.

Sehen wir uns nun zum Voraus nach den historischen Ueberlieferungen um, so begegnen wir vorerst dem ältesten Berichterstatter über Rätien, Strabo, welcher drei vindelicisch-rätische Städte aus vorrömischer Zeit nennt, nämlich **Brigantium, Cambodunum** und **Damasia**.[1]) Von ersteren beiden, welche ihren keltischen Namen auch in römischer Zeit beibehielten[2]), ist es unzweifelhaft, dass sie die heutigen Städte Bregenz und Kempten sind. Von Damasia sagt Strabo, dasselbe sei „gleichsam die Burg der Likatier" gewesen.[3]) Da nun die Likatier am Lech (Licus, Λικίος) wohnten[4]), so darf angenommen werden, dass Damasia am Lech war. Dass es befestigt und zugleich Hauptstadt der Li-

---

[1]) Strabo IV, 6: καὶ πόλεις αὐτῶν Βριγάντιον καὶ Καμβόδουνον, καὶ ἡ τῶν Λικαττίων ὥσπερ ἀκρόπολις Δαμασία.

[2]) **Brigantium** von brig, Anhöhe, Spitze, Gipfel (O'Reilly, dictionary S. 66; Spurrell, dictionary S. 55). Auch kommt ein Brigantium in Gallien und eines in Spanien vor. **Cambodunum**, zusammengesetzt aus camb, krumm, gewunden (Glück, die bei Caesar vorkommenden keltischen Namen S. 34; Spurrell, S. 65), und dûnum oder dûn, befestigte Anhöhe, Burg (Zeuss, Gramm. Celt. I S. 29; Spurrell S. 133).

[3]) Pallioppi leitet den Namen Damasia ab von dam, Volk, Leute, Sippschaft, und gibt ihm die Bedeutung von „Volksgemeinde".

[4]) Ptolemaeus II, 13: καὶ παρὰ τὸν Λίκιον ποταμὸν Λικάτιοι.

katier war, liegt klar in den Ausdrücken des Geschichtschreibers. Da nun schon der Geograph Ptolemaeus (138—161 n. C.) bei Aufzählung der vindelicischen Städte Damasia nicht mehr erwähnt, anderseits nicht anzunehmen ist, dass ein Ort von solcher Bedeutung in so kurzer Zeit verschwunden war, so erscheint es wahrscheinlich, dass Damasia der keltische Name des späteren Augusta Vindelicorum (Augsburg) war[1]) und dass dieser römische Name (herrührend von der durch Augustus dorthin verlegten Kolonie) zur Zeit Strabo's (der dieses etwa 18 J. n. C. schrieb) den alten keltischen noch nicht verdrängt hatte. Für diese Annahme spricht auch, dass römische Kolonieen meist in schon bestehende Orte verlegt wurden.[2]) Im Süden wird noch von Plinius (77 n. C.) Trident als eine rätische Stadt bezeichnet.[3]) Obwol er dies augenscheinlich nur in ethnographischem, nicht in geographischem Sinne thut und in der That zu seiner Zeit Trident geographisch nicht mehr zu Rätien gehörte, so unterliegt es doch, wie ich später zeigen werde, keinem Zweifel, dass Trident, bevor es römisch wurde, auch geographisch rätisch war.

Der erste Schriftsteller, der nach Plinius zuerst wieder rätische Städte erwähnt, ist der eben erwähnte Geograph Ptolemaeus. Derselbe nennt folgende Städte der Räter:

1) an der Donau (ὑπὸ τὸν Δανούβιον): Bragodurum, Dracuina, Viana, Fainiana.
2) am Ursprung des Rheins (πρὸς τὴν κεφαλὴν τοῦ Ῥήνου ποταμοῦ): Taxgaetium, Brigantium, Vicus, Ebodurum, Drusomagus, Octodurum.[4])

---

[1]) Diese Vermuthung ist auch schon von Andern (z. B. von Cluvius, Vindelicia et Noricum c. 4), jedoch ohne genügende Begründung, aufgestellt worden.

[2]) Siculus Flaccus de cond. agror.: Coloniae inde dictae sunt quod Romani in ea municipia miserint colonos. Vgl. Becker und Marquart, röm. Alterthümer III S. 14.

[3]) Plinius, hist. nat. III, 19: Fertini (heute Feltre) et Tridentini et Berunenses Rhaetica oppida, Verona Rhaetorum et Euganeorum.

[4]) Ptolemaeus II, 13: πόλεις δ' αὐτῶν (sc. τῶν Ῥαιτῶν) ὑπὸ μὲν αὐτὸν τὸν Δανούβιον·

Βραγόδουρον	λ,	μϛ γο'
Δρακουίνα	λγ'	μϛ γο'
Οὐίανα	λα	μϛ γο'
Φαινίανα	λαβ'δ'	μϛ βγ'

Endlich nennt Ptolemaeus als Städte der Vindelicier an der Donau:

Artobriga, Boeodurum, Augusta Vindelicorum, Carrodunum, Abudiacum, Cambodunum, Medullum, Inutrium.[1])

Zum besseren Verständniss dieser Eintheilung muss bemerkt werden, dass Ptolemaeus (fälschlich) zum eigentlichen Rätien auch noch den vom Lech und der obern Donau eingeschlossenen Bezirk rechnet, indem er sagt, der Lech scheide Rätien von Vindelicien.[2])

Es ist hiernach klar, dass die erste Kategorie der genannten Städte zwischen Lech, Bodensee und Donau, die zweite zwischen dem Bodensee und den Rheinquellen und die dritte zwischen Lech, Donau und Inn liegen sollten.

Fast alle diese von Ptolemaeus angeführten Namen sind unzweifelhaft keltischen Ursprungs. Schon die fremdartigen Laute verrathen ihre nichtrömische Herkunft. Sodann sind die in einer Anzahl jener Namen enthaltenen Sylben: mag, dun, dur, car, brig anerkannt keltische Wurzelwörter[3]) und endlich treffen wir einige dieser Namen auch in andern keltischen Ländern, als: Medullum im heutigen Steiermark[4]), Brigantium im südöstlichen Gallien[5]), Ebrodunum (offenbar identisch mit Ebodurum) eben daselbst[6]) sowie in Helvetien.

Wir dürfen demnach annehmen, dass jedenfalls die meisten dieser von Ptolemaeus genannten Städte — vielleicht alle mit Ausnahme von Augusta Vindelicorum, und selbst letztere, wenn sie

---

πρὸς δὲ τὴν κεφαλὴν τοῦ Ῥήνου ποταμοῦ·

Ταξγαίτιον . . . . . . $\overline{κϑβ}γ'$ $\overline{μς}$ δ'
Βριγάντιον . . . . . $\overline{λ}$ $μς$
μετὰ δὲ ταύτας Οὔικος . $\overline{λ}δ'$ $\overline{με}$ γ'
Ἐϑόδουρον . . . . . . $\overline{λ}γο'$ $\overline{με}$ γ'
Δρουσόμαγος . . . $\overline{λα}β'$ $\overline{μς}$ β'
Ἐκτόδουρον . . . . . $\overline{λα}γ'$ $\overline{με}$ γ'

[1]) Ptolemaeus II, 14.
[2]) Ptolemaeus II, 13 (.. τοῦ Λικίου ποταμοῦ . . . . . ὃς διορίζει τὴν Ῥαιτίαν ἀπὸ τῆς Οὐινδελικίας).
[3]) Ueber die Stammworte mag, dun, brig s. oben S. 24 Note 2. Dúrum, dúro heisst Festung, Burg, von dur, fest, stark (Zeuss, Gramm. Celt. I S. 30; O'Reilly, irish-english dictionary S. 175); car heisst Fels, Stein (O'Reilly S. 85; Spurrell, dictionary S. 133).
[4]) Strabo IV, 6.
[5]) Strabo IV, 1.
[6]) Strabo IV, 1.

wirklich die alte Damasia ist — aus vorrömischer Zeit stammten, und wahrscheinlich sehen wir in denselben die meisten der „vielen Städte" vor uns, welche in Rätien und Vindelicien zur Zeit, als sie römisch wurden, sich befunden haben sollen. Immerhin dürfen zu denselben unbedenklich noch mehrere hinzugerechnet werden, welche später in der (unter dem Namen „Peutingersche Tafel" bekannten) römischen Militärkarte[1]), in dem (Itinerarium Antonini genannten) Verzeichniss der römischen Stationen[2]), und endlich in dem Verzeichniss der römischen Staatsbeamtungen (der s. g. Notitia Dignitatum)[3]) erscheinen. Namentlich dürften als Namen vorrömischer, wenn auch vielleicht theilweise offener, Ortschaften angesehen werden: Bidaium, Venaxamodurum, Parradunum, Partenum (in Vindelicien) und Matreium (in tirolisch Rätien).

Von allen genannten Orten lassen sich, ausser Brigantium und Cambodunum, nur folgende hinsichtlich ihrer Lage mit Sicherheit bestimmen: Abudiacum ist unzweifelhaft Epfach, wie ich später zeigen werde, Inutrium ist Mittenwald und Partenum Parthenkirch, wie sich aus den Angaben der Entfernungen der römischen Stationen ergibt, Matreium ist, wie schon der Name anzeigt, das heutige Matrei am Nordabhang des Brenner. Endlich ist Fainiana vielleicht identisch mit dem späteren Piniana und in solchem Fall wahrscheinlich bei Ulm zu suchen.[4])

Zwar gibt Ptolemaeus die geographische Lage der von ihm genannten Städte an, aber seine geographischen Bestimmungen sind so ungenau, dass sie nahezu als gänzlich unbrauchbar anzusehen sind.[5])

---

[1]) s. Beil. II.
[2]) s. Beil. III.
[3]) s. Beil. IV.
[4]) Ueber Piniana s. im Kapitel über römische Befestigungen.
[5]) Beispielsweise wird die geographische Lage von Augsburg, Kempten und Bregenz von Ptolemaeus bestimmt wie folgt:
    Augusta Vindelicorum   32° 30' L. und 46° 20' n. Br.
    Cambodunum   32° 50' „ „ 45° — „ „
    Brigantium   30° — „ „ 46° — „ „
während ihre wirkliche geographische Lage folgende ist:
    Augsburg   28° 32' L. und 48° 23' n. B.
    Kempten   27° 58' „ „ 47° 44' „ „
    Bregenz   27° 23' „ „ 47° 30' „ „
Nach Ptolemaeus würde somit Bregenz um 1° nördlicher als Kempten liegen, während es in Wirklichkeit 14' südlicher liegt und würde ferner Augsburg nur

ERSTER ABSCHNITT.

Von besonderem Interesse für das eigentliche Rätien wäre es, die Lage der nach Ptolemaeus „am Ursprung des Rheins" bestandenen befestigten Orte ermitteln zu können. Es fehlen uns indess auch hier, da alle von Ptolemaeus angegebenen Namen sich verloren haben, zuverlässige Anhaltspunkte. Einzig lässt sich mit hoher Wahrscheinlichkeit vermuthen, dass einer dieser festen Plätze an der Stelle der heutigen Stadt Chur gestanden habe. Dass an diesem Knotenpunkt einer Reihe von Bergpässen (des Julier, Septimer, Splügen, Bernhardin und Lukmanier) und Thalschaften eine rätische Burg gestanden habe, ist schon an und für sich kaum zu bezweifeln, nachdem eingehende Untersuchungen, wie schon bemerkt, herausgestellt haben, dass in Helvetien nicht nur an der Grenze, sondern auch im Innern, und zwar namentlich an den Thalausgängen und auf Vorsprüngen von Hügelzügen zahlreiche keltische Burgen standen, derart, dass man es sogar für wahrscheinlich hält, dass jede grössere Thalschaft eine solche hatte.[1]) Auch war in dem Knotenpunkt des Churer Thales eine ansehnliche Burg eben so wohl und aus den nämlichen Gründen am Platz, wie im Verkehrsknoten Epfach (Abudiacum). Und sicher befand sich die keltische Burg in Chur auf dem nämlichen vorspringenden Hügel, auf welchem in der Folge das römische Kastell errichtet wurde und heute der sog. bischöfliche Hof steht. Diese Annahme dürfte um so berechtigter sein als der erwähnte Hügel oben augenscheinlich künstlich abgeflacht wurde, wie es von den Kelten für ihre Burgen geübt worden zu sein scheint. Aber eben so wenig ist zu bezweifeln, dass in dieser weiten, anmuthigen und fruchtbaren Thalfläche und unter dem

---

20' nördlicher als Kempten sich befinden, während die Differenz 39' beträgt. Auch liegt Kempten nach Ptolemaeus 20' östlicher als Augsburg, während es 34' westlicher liegt u. s. w. Bei dem damals noch tiefen Stande der Astronomie und der mathematischen Geographie, und da Ptolemaeus seine Ortsbestimmungen grösstentheils nur auf Berichte von Reisenden stützte, ist Genauigkeit in seinen Ortsangaben nicht zu erwarten und waren sehr erhebliche Fehler nicht zu vermeiden. Als ersten Meridian zu Berechnung der Länge nahm er übrigens denjenigen der seligen Inseln an, berechnete aber den Grad nur zu 500, statt zu 600 Stadien (1 Stad. = 625 röm. Fuss = 184,8 Meter). Das Nähere hierüber s. in Forbiger, Handbuch der alten Geographie § 21. — Nicht mit Unrecht sagt daher Barth, Deutschlands Urgesch. II S. 130, „dass des Ptolemaeus geographische Nachrichten eigentlich blosse Namen geben, und auch diese nur zu oft entstellt seien".

[1]) Keller, Helvet. Denkmäler I (in den zürch. antiq. Mitth. Bd XVI). Für das zürcher Thal z. B. befand sich die keltische Burg auf dem Uetliberg.

Schutz dieser ausgezeichnet gelegenen Burg schon in vorrömischer Zeit eine ansehnliche Niederlassung sich gebildet hatte, worauf auch einzelne Funde zu deuten scheinen.¹) Es ist sodann nicht gedenkbar, dass, sei es in den schmalen Thalgründen von Chur aufwärts bis an die Rheinquellen, sei es unterhalb Chur in dem versumpften Rheinthal bis an den Bodensee oder in der Umgegend des Wallen-Sees ein bedeutenderer Ort sich befunden haben könne. **Welcher** derjenigen befestigten Orte, die nach Ptolemaeus sich an dem Ursprung des Rheins befunden haben sollen, in Chur zu suchen sei, ist freilich unmöglich mit einiger Sicherheit zu bestimmen. Nur so viel lässt sich sagen, dass, wenn auf die Gradangaben von Ptolemaeus einiger Zuverlass ist, entweder **Ebodurum** oder **Ectodurum** (welche beide im Keltischen eine „Burg" bezeichnen)²) in Chur zu suchen wäre, indem diese beiden Orte nach Ptolemaeus die südlichste Lage unter den „Städten am Ursprung des Rheins" haben, d. h. unter der nördl. Breite von 45° 20' liegen sollen.³) Die übrigen dieser Rheinstädte wären sodann wol auf der rechten Rheinseite zwischen Chur und Bodensee, vielleicht auch an letzterem selbst und im Sarganser- oder Gaster-Land, die ja gegen Helvetien am meisten ausgesetzt waren, zu suchen. Dass in diesen Gegenden rätische **Burgen** waren, ist jedenfalls nicht zu bezweifeln, nachdem man sowol in Mauren (in Vorarlberg)⁴) als auf der sog. „Reissscheibe" (einem Felskopf am östlichen Ende des Wallen-Sees) ziemlich sichere Spuren solcher Vesten entdeckt haben will.⁵)

Wenn nun wirklich, wie ich dafür halte, eine der von Ptolemaeus aufgeführten rätischen Städte sich an der Stelle von Chur

---

¹) Namentlich die in Chur gefundene bronzene Sichel; weniger zwei eben daselbst entdeckte, angeblich etruskische, Idole (Keller, die röm. Ansiedelungen in der Ostschweiz), indem diese, wie mir scheint, auch römische Laren sein konnten.
²) s. S. 26 Note 3.
³) Schon Tschudi hatte die Hypothese aufgestellt, dass Chur das ptolemaeische Ebodurum sein möchte, und Guler (Raetia f. 46) meinte, es könnte damit der Name der, im Mittelalter auftauchenden Burg „Imburg" in Chur zusammenhängen. Resch (Annal. eccl. Cur. § 1) dagegen hält dafür, Ptolemaeus verstehe unter „Vicus" Chur, weil „selbe Stadt in mittleren Zeiten auch „Vicus Curiae" benamset wird".
⁴) Douglass, über einen befestigten Hügel bei Mauren.
⁵) Keller, Statistik der röm. Ansiedl. in der Ostschw. (in d. zürch. antiq. Mitth. Bd. XV). Auch die Burg Vilters dürfte auf einen vorrömischen Ursprung zurückzuführen sein.

befunden haben sollte, so müsste angenommen werden, dass dieselbe, wie Damasia und wol noch andere, welche später verschwinden, unter den Römern ihren Namen an den lateinischen „Curia" vertauschte, und ich werde später die Veranlassung zu einem solchen Namenswechsel darzuthun suchen.

Allein auch an ihrer Südgrenze, namentlich an Stellen, welche ihre Pässe beherrschten, kann es den Rätiern an Burgen nicht gefehlt haben. Im Tirol befanden sich daher solche jedenfalls im untern Etsch-Thal, etwa da, wo die unter König Theoderich auftauchende Veste Veruca bei Trient sich befand, deren Erhaltung derselbe anordnet, weil sie die Zugänge zur Provinz Rätien beherrsche[1]), oder an der Stelle des Kastells Anagnis, das zur Zeit der Langobarden (im VI. Jahrh.) genannt wird und sich oberhalb Trient in Val di Non befand[2]), oder bei Bozen (Pons Drusi), wo sich Ueberreste eines, dem Drusus zugeschriebenen römischen Kastells oder befestigten Lagers vorfinden[3]), oder vielleicht auf allen diesen strategisch wichtigen Punkten. Auch in Seben oder Clausen, wo die Römer später die Station Sabiona oder Subsabiona (auch Sublavio) hatten, wird auf dem Hügel, auf welchem ohne Zweifel ein Römerkastell, sodann später ein Kloster und ein bischöflicher Sitz sich befanden, eine, die Brenner Strasse beherrschende rätische Burg nicht gefehlt haben, und der Name Sabiona selbst dürfte, da er schwerlich lateinisch ist, schon jener rätischen Burg zugekommen sein. Den vorrömischen Ursprung der unter den Römern auftauchenden Veste Teriolis (Tirol bei Meran) endlich beweist der Name selbst.[4])

Ein befestigter Punkt der Rätier war gewiss auch Clavenna (Cleven), dessen Lage am Eingang zweier Pässe (des Splügen und Septimer oder Julier) von denselben bei ihren fortwährenden feindlichen Reibungen mit den Cisalpinern und sodann mit den Römern sicher nicht ausser Acht gelassen werden konnte. Dass Clavenna

---

[1]) Cassiodorus, Variar. III ep. 48 (tenens claustra provinciae).

[2]) Paulus Diaconus, rer. langobardar. III, 28. Das Kastell Anagnis stand nach diesem Schriftsteller am Flusse Nosius, also am Noce in Val di Non.

[3]) Man heisst daher diese Veste, zu der namentlich ein, unstreitig römischer runder Thurm gehörte, wol auch „praesidium Tiberii". (Kenner, Beiträge zu einer Chronik der archäologischen Funde, in d. „Archiv für Kunde östr. Geschichtsquellen", XXIV S. 278).

[4]) Ueber das keltische Wurzelwort tir s. oben S. 8 Note 2.

schon ein alter und, trotz des lateinischen Namens, wahrscheinlich vorrömischer Ort war, beweist der Umstand, dass es auf der sog. Peutingerschen Tafel vorkommt[1]), also schon im Beginn des III. Jahrh. bestand.

Ebenso ist anzunehmen, dass die, schon unter den Langobarden vorkommende Veste Belizone[2]) (Bellinzona), die ebenfalls die Eingänge zu mehreren rätischen Pässen (Bernhardin, Lukmanier und Gotthard) beherrschte, schon in vorrömischer Zeit bestand; und der Name selbst, dessen Klang an das unzweifelhaft vorrömische Tinizone[3]) (eine römische Station in Graubünden, heute Tinizun oder Tinzen) und an das an den Donau-Quellen gelegene Tenedone erinnert, scheint rätischer Herkunft zu sein.

Dies ist wol Alles, was sich zur Stunde mit Sicherheit oder Wahrscheinlichkeit über die vorrömischen befestigten Plätze und bedeutenderen Orte in Rätien und Vindelicien sagen lässt.

e. VERKEHRSVERHÄLTNISSE.

Was die Verkehrsverhältnisse anlangt, so ist es selbstverständlich, dass sie sich auch in vorrömischer Zeit wesentlich an die **Alpenpässe** knüpften.

Dass diese schon damals auch von Landesfremden benutzt und begangen wurden, lehrt der römische Schriftsteller **Dio Cassius** (geb. 155 n. C.), welcher sagt, dass die Rätier vielfach die Römer und deren Bundesgenossen, die durch ihr Land reisten, beunruhigten.[4]) Doch weiss **Polybius** (um 160 v. C.) nur von Einem rätischen Pass zu berichten.[5]) Obwol er diesen nicht näher bezeichnet, so ist doch unzweifelhaft der Brenner, der stets der fre-

---

[1]) s. Beil. II.
[2]) Gregorius Turonensis X, 3.
[3]) s. Beil. III.
[4]) Dio Cassius, hist. rom. LIV, 22: „... τούς τε όδῷ τῶν Ῥωμαίων ἢ καὶ τῶν συμμάχων αὐτῶν διὰ τῆς σφετέρας γῆς χρωμένους ἐλυμαίνοντο".
[5]) Polybius (in Strabo IV, 6) nennt folgende vier Alpenübergänge: durch Ligurien nächst dem etruskischen Meer, durch das Land der Taurisker, dessen sich Hannibal bediente (wahrscheinlich über den Mont Cenis), durch das Land der Salasser (wahrscheinlich der grosse St. Bernhard) und den vierten durch Rätien (τετράτην δὲ τὴν διὰ Ῥαιτῶν). Seine Aufzählung ist aber schon desshalb unvollständig, weil er des Uebergangs über die illyrischen Alpen gar nicht erwähnt.

quentirteste war, gemeint. Der Hauptzug des zwischen Italien und dem Norden sich bewegenden Handels, bei welchem der am baltischen Meer gewonnene Bernstein einen Hauptartikel bildete, ging aber nicht durch die rätischen, sondern durch die illyrischen Alpen.[1]) Fahrbar waren die rätischen Pässe damals selbstverständlich nicht, indem erst die Römer über dieselben Strassen bauten, welche auch erst im Laufe der Zeit fahrbar gemacht worden zu sein scheinen.[2]) Der Waarenverkehr über dieselben, der übrigens noch ein vorzugsweise lokaler sein musste, wurde daher ohne Zweifel, wie noch zur Zeit des Kaisers Augustus, durch Lastthiere und Träger vermittelt.[3])

Die Rätier selbst trieben, wie wir gesehen, mit ihren italischen Nachbarn lebhaften Tauschhandel mit Harz, Pech, Käs und Honig, sicher aber auch mit Vieh und Fellen, denn wir wissen von andern Alpenbewohnern, wie z. B. von den Liguriern und Illyriern, dass sie mit diesen Gegenständen viel nach Italien handelten[4]), und es ist klar, dass die Rätier vermöge ihrer ausgedehnten Viehzucht und Jagd nicht minder im Falle waren, Vieh und Felle abzugeben. Von ihren Waldprodukten werden sie wol nicht blos Pech und Harz, sondern wahrscheinlich auch schöne Lärchen zum Schiffbau, soweit solche transportirt werden konnten, verhandelt haben; wenigstens wissen wir, dass Tiberius Lärchen aus Rätien nach Rom zum Schiffbau führen liess[5]), woraus man schliessen darf, dass die rätischen Lärchen sehr geschätzt waren. Für diese Produkte werden die Rätier, die nicht selbst Bewohner fruchtbarer Niederungen (wie des Veltlins und des untern Etsch-Thales) waren, hauptsächlich Getreide, Wein und Gewerbserzeugnisse eingetauscht haben[6]); denn es heisst, dass die Rätier arm waren und dass sie

---

[1]) Also wahrscheinlich über den Okra, von dem Strabo sagt, dass er der niedrigste Alpenübergang sei und dass die Waaren über denselben in Wagen geführt werden (Strabo IV, 6).

[2]) Das Nähere s. in Abschn. II Kap. 3 (über das Strassenwesen).

[3]) Noch zu Strabo's Zeit (ca. 17 J. n. C.) wurden die Waaren von Lastthieren und Menschen über diese Pässe getragen.

[4]) Strabo IV, 6 und V, 1.

[5]) Plinius, hist. nat. XVI, 39: Tiberius Caesar concremato ponte namachiario larices ad restituendum caedi in Raetia iussit. Darunter soll ein Stamm 120' lang und am dünneren Ende im Durchmesser noch 2' dick gewesen sein.

[6]) Die ligurischen und illyrischen Alpenbewohner tauschten, jene in Genua,

an Lebensmitteln und an Anderem Mangel gehabt[1]), was natürlich nur von den ausschliesslich auf Viehzucht angewiesenen Völkerschaften gelten kann.

Obwol uns Strabo nur von einem **Tauschhandel** der Rätier berichtet, so wissen wir doch, dass bei ihnen auch **gemünztes Geld** umlief, und zwar hauptsächlich **massilisches Silbergeld**, d. h. solches, das entweder in der griechischen Pflanzstadt Massilia (dem heutigen Marseille), die bis zu ihrer Unterwerfung durch die Römer einen schwungvollen Handel betrieb, gemünzt oder durch gallische Stämme dem massilischen nachgeprägt worden war. Die Thatsache, dass solches Geld zahlreich in Rätien zirkulirte, wird durch ausgiebige Funde beurkundet, die in Graubünden, im Tessin und im Tirol an solchen echten oder nachgebildeten massilischen Silbermünzen gemacht wurden.[2]) Ob solches Geld auch in Rätien geprägt wurde, ist nicht zu ermitteln; sicher aber ist, dass in Helvetien eine Münzstätte sich befand[3]), in welcher ohne Zweifel massilisches Geld geprägt wurde. Der Grund, wesshalb diese Münzen in Rätien, sowie auch in dem westlichen Alpengebirg[4]), lebhaft umliefen, lag darin, dass dieselben auch im gallischen Ober-Italien in Gebrauch waren und somit den Rätiern dazu dienten, ihren Handel mit letzterem zu vermitteln. Es beweist dies zugleich, dass die Rätier mit ihren italischen Nachbaren nicht ausschliesslich **Tausch-**, sondern auch **Kauf-Handel** trieben.

Die in Rätien aufgefundenen massilisch-gallischen Silbermünzen tragen meist einen geschmückten weiblichen Kopf, der gewöhnlich als derjenige der griechischen Göttin Artemis gilt, und auf der

---

diese in Aquileia, hauptsächlich Oel und Wein, auch Seeprodukte ein (Strabo IV, 6 und V, 1).

[1]) κατὰ σπάνιν τροφῆς τε καὶ ἄλλων (Strabo IV, 6).

[2]) Bemerkenswerth sind besonders die Funde in Burwein (Graubünden); bei Cimo am Langensee und bei Casamario (Tessin); in Valsugano und in Brentonico bei Roveredo (ital. Tirol). Die Nachweise finden sich im Neuen Sammler II S. 450; Meyer, über die in der Schweiz aufgefundenen gallischen Münzen, nebst Anhang von Schreiber (zürch. antiq. Mitth. Bd. XV); Mommsen, die Schweiz in römischer Zeit (a. a. O. Bd. IX); Giovanelli, alterthüml. Entdeckungen (in d. Zeitschr. des Ferdinandeums Bd. V); Mommsen, Münzen (zürch. antiq. Mitth. Bd. VII).

[3]) Man schliesst dies aus einem in Aventicum aufgefundenen Prägstock (Meyer, in obiger Abhandlung).

[4]) Es beweisen dies ähnliche Funde in Wallis und Savoyen. (Meyer und Mommsen in obigen Abhandlungen.)

Kehrseite einen, oft sehr missgestalteten Löwen mit verschiedenen Umschriften[1]), die wahrscheinlich ihren verschiedenen Ursprung beurkunden. Der Metallwerth der massilischen Silbermünzen kam ungefähr dem römischen $3/4$ Denar gleich[2]), indem die Massalioten im J. 229 v. C. von den Römern angehalten worden waren, auf diesem Fuss zu münzen.[3]) Das Alter der in Rätien gefundenen lässt sich nicht bestimmen; denn wol schon ein halbes Jahrtausend v. C. begann Massilia (das um 600 v. C. gegründet wurde) Münzen zu prägen und wol schon 250 Jahre v. C. begannen die barbarischen Nachahmungen derselben.[4]) Nur so viel lässt sich mit Gewissheit sagen, dass in Rätien dieses Geld vor dessen Eroberung durch die Römer in Umlauf gewesen sein musste, denn Augustus erklärte das römische Geld im ganzen Reich für allein gesetzlich[5]), so dass die spätere Einfuhr massilischer Münzen nicht gedenkbar ist. Auch können die in Rätien gefundenen, wenn sie aus Gallien stammen, nicht später als 50 Jahre v. C. geprägt worden sein, indem um diese Zeit die Prägstätten sowol in Massilia als im übrigen Gallien von den Römern geschlossen wurden.

Nebst diesem Silbergeld kursirten in Rätien auch Goldmünzen, die aber nicht von Massilia, das nie Gold geprägt zu haben scheint, sondern nach Form und Gepräge von gallischen Stämmen herrührten.[6]) Im benachbarten Vindelicien, das weniger mit dem cisalpinischen Gallien verkehrte, scheinen sogar Goldmünzen, und zwar selbstgeprägte, fast ausschliesslich im Gebrauch

---

[1]) Z. B. *MAΣΣAΛ.*, auch *MAΣΣAΛIHTΩN* oder *OΛXIDIOI*, also bald mit lateinischen, bald mit griechischen Buchstaben, welche letzteren von Massilia den benachbarten gallischen Stämmen bekannt geworden waren. Einige Umschriften werden wol auch als etruskisch angesehen, z. B. *LIDIKOI* (diese Umschrift scheinen die meisten in Burwein gefundenen Münzen getragen zu haben), welche Longperier und Mommsen (rückwärts) Pirukos oder Pirukoi lesen.

[2]) Ein röm. Denar kam ungefähr $3/4$ Franken gleich, somit galt jene massilische Silbermünze ungefähr 55 Rp.

[3]) Mommsen, röm. Gesch. I S. 544.

[4]) Mommsen, in obiger Abhandlung über Münzen.

[5]) Da die meisten der in Rätien gefundenen Münzen wohl aufbewahrt und zahlreich in Töpfen lagen, so ist es nicht unwahrscheinlich, dass sie entweder beim Eindringen der römischen Eroberer oder in Folge dieses augusteischen Ediktes verborgen wurden.

[6]) Die in Burwein gefundenen Goldmünzen waren denjenigen von Philipp von Macedonien nachgebildet, indem sie das Gepräge des Apollokopfes und des Zwiegespanns, ohne Umschrift, trugen und hatten die vertiefte Schüsselform (Schreiber a. a. O.). Eben solche Münzen wurden aber von gallischen Völkerschaften geprägt (Streber, über die sog. Regenbogenschüsselchen).

gewesen zu sein, indem man derselben eine grosse Menge, an Silbermünzen aber nur einzelne Exemplare gefunden hat.[1])

f. RELIGION.

Was die Religion der Rätier betrifft, so ist uns darüber nichts weiter bekannt, als dass sie Wahrsager (vates) hatten, welche jene auf ihren Kriegszügen begleiteten und unter Anderem über das Geschlecht der Leibesfrucht schwangerer Weiber zu Rathe gezogen wurden.[2])

In Wahrsagerei und Aberglauben wird auch ihre Religion zum grossen Theile bestanden haben; denn im Grunde bildeten diese den Kern sowol der etruskischen als der keltischen Religion.

Die Etrusker anlangend, so nahm bei denselben die Divination, d. h. die Erforschung des Willens der Götter und das Voraussagen der Zukunft durch die sog. haruspices (welche in der Folge auch auf die Römer übergingen), die Hauptstelle in ihrem Religionssystem ein.[3]) Auf den Willen der Götter wurde von diesen Wahrsagern theils aus der Lage der Eingeweide der Opferthiere, theils aus dem Flug der Vögel und theils aus ausserordentlichen Naturereignissen (namentlich dem Blitz) geschlossen.

Auch die Kelten hatten eigene Wahrsager, deren Aufgabe ungefähr die nämliche war, wie diejenige der etruskischen; denn sie bestand darin, „zu opfern und die Natur zu erforschen."[4]) Dass auch der Vogelflug bei den Kelten eine hervorragende Rolle spielte, ist nicht zu bezweifeln, indem berichtet wird, dass ein Theil der in Oberitalien eingedrungenen Gallier, den Vögeln folgend, durch Illyrien nach Pannonien gezogen sei.[5]) Ueberhaupt wird den Kelten besondere Liebhaberei für die Wahrsagerei zugeschrieben.[6])

Da nun den Rätiern ihre Bildungselemente unstreitig vorzugsweise von den Etruskern und Kelten zugekommen waren, so darf

---

[1]) Diese vindelicischen Goldmünzen, alle in Schüsselform, haben, wie die älteren gallischen, keine Umschrift und ein durchaus eigenthümliches, wie man glaubt symbolisches, Gepräge (Streber a. a. O.).
[2]) Strabo IV, 6: καὶ μέχρι τῶν νηπίων προϊόντας τῶν ἀρρένων, καὶ μηδ' ἐνταῦθα παυομένους, ἀλλὰ καὶ τὰς ἐγκύους γυναῖκας κτείνοντας, ὅσας φαῖεν οἱ μάντεις ἀρρενοκυεῖν. Ebenso Dio Cassius LIV, 22.
[3]) Ottfr. Müller, die Etrusker III S. 6.
[4]) Strabo IV, 4: Οὐάτεις δὲ ἱεροποιοὶ καὶ φυσιολόγοι.
[5]) Justinus XXIV. 4: ducibus avibus.
[6]) Justinus a. a. O.: nam augurandi studio Galli praeter ceteros callent.

angenommen werden, dass ihre Wahrsager, wie bei den Etruskern und Kelten, zugleich Opferpriester waren, deren Kunst sich wesentlich in denselben Richtungen, wie bei den beiden stammverwandten Völkern, äusserte. Und gerade der Umstand, dass sie über das Embryo schwangerer Weiber ihr Gutachten abgeben mussten, ist eine entschiedene Inzicht dafür, dass sie als Opferpriester mit den thierischen Eingeweiden vertraut und aus denselben Divinationen zu schöpfen gewohnt waren.

Dass in Rätien, wie, in gröberer oder in feinerer Form, bei allen alten Völkern, ein Naturdienst bestand, ist als sicher anzusehen; nur wissen wir nicht, welche Naturkräfte oder Naturgegenstände verehrt und ob und wie sie personifizirt wurden; und eben so wenig wissen wir, ob auch geistige Kräfte personifizirt und verehrt wurden. Auch ist uns über das Religionswesen der an Rätien grenzenden Landschaften zu wenig bekannt, um daraus ein Licht auf jenes reflektiren zu lassen.

Zwar berichtet Caesar von den Galliern, dass sie vor Allem aus den Mercur, als Gott der Waage, des Handels und des Geldes; sodann den Apollo, dem sie die heilende Kraft zuschreiben, die Minerva, als Lehrerin der Künste und Gewerbe, den Mars, als Gott des Krieges und den Jupiter als Beherrscher des Himmels verehren.[1]) Abgesehen von der oberflächlichen Zusammenstellung mit den römischen Göttern erhellt aus dieser Mittheilung immerhin so viel, dass die Gallier über die Stufe des sinnlichen Naturdienstes erhaben waren und bereits geistige und Schicksals-Mächte personifizirten oder symbolisch darstellten. Wir wissen auch, dass bei den Galliern ein eigener Priesterstand (die Druiden) eine Geheimlehre pflegte, in welcher ohne Zweifel besonders die religiöse Symbolik ausgebildet wurde. Allein es ist uns unbekannt, ob dieses gallische Religionswesen schon vor den grossen Auswanderungen in das Po- und das Donau-Thal bestand und von den Ausgewanderten in ihre neuen Wohnsitze verpflanzt wurde oder ob es, was wol wahrscheinlicher ist, erst nach jenen Auswanderungen sich in Gallien so weit entwickelte und in letzterem Fall, ob und wie weit es den keltischen Stammgenossen im Donau- und Po-Thale sich mittheilte. Zwar will man in den bildlichen Darstellungen auf den vindelicischen Schüsselmünzen (Schlange, Vogel-

---

[1]) Caesar de bello gall. VI, 17.

kopf, Kugelpyramiden, Jünglingskopf, Leier, Hirschkopf, Pferd u. s. w.) eine religiöse Symbolik, beziehungsweise Gegenstände der Verehrung erkennen.¹) Es ist dies möglich, aber doch nur eine Vermuthung. — Auffallend ist, dass, während das Druidenthum in Gallien eine hervorragende Rolle spielt und selbst noch unter den Römern, trotz der gegen dasselbe erlassenen kaiserlichen Verbote, bis über Diocletian (305) hinaus fortbesteht²), man über dessen Bestand in Vindelicien weder aus Schriftstellern noch aus Denkmälern etwas erfährt. Es lässt dies vermuthen, dass das Druidenthum in Vindelicien jedenfalls nicht sehr ausgebildet, vielmehr eine vorzugsweise gallische Institution war. So musste denn auch die religiöse Symbolik, die zu ihrer Ausbildung eines Priesterstandes bedarf, in Gallien entwickelter sein als in Vindelicien.

Dagegen haben wir Grund zu glauben, dass jene von Caesar erwähnten gallischen Gottheiten, freilich nicht unter römischem Namen, auch in Vindelicien verehrt wurden.

So kommen in dem Donau-Thal eine Anzahl römischer Inschriften auf den Apollo Grannus vor.³) Grannus ist aber ein keltischer Name, welcher beweist, dass er einem einheimischen Gotte zukam, so wie hinwieder dessen Bedeutung (nämlich „Sonne") ⁴), und dessen Zusammenstellung mit dem Sonnengott Apollo darthut, dass ihm von den keltischen Landeseinwohnern ungefähr die nämlichen Eigenschaften, wie von den Römern dem Apollo, beigelegt wurden. Folglich wird dieser Grannus, in Vindelicien wenigstens, derjenige Gott gewesen sein, welchen Caesar in Gallien für Apollo ansah.⁵) Wenn wir sodann wissen, dass bei Heilbronn

---

¹) Streber in seiner Schrift über die sog. Regenbogenschüsselchen hat in dieser Richtung grossen Scharfsinn aufgewendet.

²) Martin, la religion des Gaulois I, 32.

³) Steiner, Cod. inscr. nr. 2554. 2558. 2563. 2564. 2565. 2570.

⁴) grannus, grian ist Sonne, Licht (Zeuss, Gramm. Celt. I S. 21; O'Reilly, irish-english dictionary, S. 48.) Mone, Urgesch. II S. 182 leitet freilich Grannus von dem keltischen greann, Haar, Bart ab. Creuzer, zur Gesch. d. röm. Kultur S. 50, bezeichnet ihn nach der Etymologie als „schöngelockten Sonnengott".

⁵) In Gallien, Noricum und Aquileia scheint freilich der Sonnengott unter dem Namen „Belenus" oder „Belis" verehrt worden zu sein (Martin, de la relig. des Gaul. II, 11. De Wal, Mythol. Sept. mon. nr. 36—50. Herodianus im Maxim.). Ob derselbe auch in Vindelicien verehrt wurde und identisch mit „Grannus" war oder nicht, lässt sich nicht entscheiden. Doch scheint gewiss, dass bei den Kelten mitunter der nämliche Gott an verschiedenen Orten unter verschiedenen Namen verehrt wurde.

Mars unter dem Namen Caturix verehrt wurde¹) und dass Caturix keltisch Schlachtenkönig heisst²), so ist in ihm wol Caesar's gallischer Mars zu erkennen und dürfen wir nicht zweifeln, dass er ebenfalls in dem benachbarten Vindelicien göttliche Verehrung genoss.³)

Dass eine dem römischen Mercurius ähnliche keltische Gottheit in Vindelicien einheimisch war, dürfte schon nach der späteren ausserordentlichen Verbreitung des römischen Merkurdienstes in dieser Gegend wahrscheinlich sein. Diese Wahrscheinlichkeit wird dadurch erhöht, dass auch in Gallien der, dem Merkur gleichgestellte und ohne Zweifel von Caesar für diesen gehaltene Teutates sich einer allgemeinen Verehrung erfreute.⁴) Ob derselbe in Vindelicien auch unter diesem oder unter anderm Namen verehrt wurde, bleibt dahingestellt; denn die Beinamen „Arcecius"⁵), Visucius⁶) und Cimiacinus⁷), unter welchen Mercur in diesen Gegenden erscheint, haben augenscheinlich lokale Beziehungen. Das Nämliche gilt wol auch von dem in vindelicisch-römischen Inschriften dem Jupiter gegebenen Beinamen „Arubianus"⁸) und Dolichenus⁹), so dass uns nicht bekannt ist, welchen Namen der, in Gallien als „Esus" verehrte Beherrscher des Himmels¹⁰) in Vindelicien führte. Dagegen ist es sicher, dass hier ein keltischer Gott unter dem Namen Bedaius, der in verschiedenen Inschriften ohne Beziehung auf eine römische Gottheit vorkommt¹¹), verehrt

---

¹) Mone a. a. O. II S. 182. De Wal a. a. O. n. 80.
²) Das Wort ist nämlich zusammengesetzt aus cath, Kampf, Schlacht (Zeuss a. a. O. I, 6; O'Reilly, a. a. O. S. 90; Spurrell, dictionary of the welsh language S. 62) und rig, König (Zeuss I S. 25; O'Reilly S. 358).
³) Mars scheint anderswo freilich auch unter dem Namen „Camulus" verehrt worden zu sein (Martin a. a. O. II, 36).
⁴) Martin a. a. O. II, 9.
⁵) Steiner Cod. nr. 2736 (MERCURIO. ARCECIO).
⁶) Steiner, Cod. nr. 53 (MERCVRIO. VISVCIO). Diesen Beinamen, welcher dem Merkur am Neckar gegeben wurde, leitet Creuzer, zur Gesch. altröm. Kultur, von dem Flüsschen Weschniz (früher Visgoz) ab. Visucius liesse sich freilich auch von dem keltischen fios, fiss, Kunst, Wissenschaft, Botschaft (O'Reilly, irish-english dictionary S. 207) ableiten.
⁷) Steiner, Cod. nr. 2666 (MERCVRIO. CIMIACINO).
⁸) Steiner, Cod. nr. 2595. 2703. (I[ovi]. O. M. ARVBIANO). Vielleicht kommt diese Benennung von der Stadt Arubium im Moesien.
⁹) Steiner, Cod. nr. 2718.
¹⁰) Martin, de la religion des Gaul. II, 2.
¹¹) Steiner, Cod. nr. 2695 und 2703 (SANCTO. BEDAIO). nr. 2697 und 2714 (BEDAIO. AVGVSTO).

wurde, und zwar scheint das seinen Namen begleitende Beiwort „sanctus" oder „augustus" auf eine Gottheit höheren Ranges zu weisen. Seine öftere Verbindung mit den „Alounis" (wovon sofort die Rede sein wird), deutet vielleicht auf einen Wassergott. Der Name hängt vielleicht mit Bidaium, einer Station unweit Juvava, zusammen.

Eben so wenig ist bekannt, ob die Göttin Belisama, welche in einer gallisch-römischen Inschrift mit Minerva zusammengestellt ist[1]) und vielleicht von Caesar für letztere gehalten wurde, in Vindelicien einheimisch war oder nicht.

Sicher ist, dass bei den Kelten auch ein Naturdienst bestand und dass insbesondere Gewässer jeder Art (Seen, Flüsse, Quellen) und grosse Waldungen, zumal Eichenwaldungen, Verehrung genossen und als Wohnstätten ihnen vorgesetzter Gottheiten angesehen wurden[2]), bald allgemeiner, bald lokaler. Das Nämliche war in Vindelicien der Fall: die in römischen Inschriften unter dem Namen Alouni vorkommenden Gottheiten[3]) sind keltischen Ursprungs und scheinen Beschützerinnen der Salzquellen gewesen zu sein.[4]) Und dem von den Kelten Abnoba genannten Schwarzwald[5]) mag, da in Inschriften Abnoba mit Diana zusammengestellt erscheint[6]), vielleicht eine keltische Gottheit Abnoba vorgesetzt gewesen sein.

Dagegen fehlen uns alle Anhaltspunkte für Ermittelung des Götterglaubens im eigentlichen Rätien. Doch ist nicht zu zweifeln, dass keltische Religionsbegriffe mehr oder weniger, sowol wegen der Nachbarschaft als wegen der, wahrscheinlich vorherrschenden, Stammverwandtschaft, auch hier sich werden geltend gemacht haben. Da aber die Natur dieses Gebirgslandes der Entwickelung einer höheren Priesterklasse entschieden widerstrebte, so ist anzunehmen, dass auch die Symbolik und die religiöse Per-

---

[1]) Martin, de la rel. des Gaul. II, 39. De Wal, Mythol. Sept. nr. 52.
[2]) Martin a. a. O. I, 4.
[3]) Steiner, Cod. nr. 2697 und 2714 (BEDAIO AVGVSTO ET ALOVNIS).
[4]) Alaun scheint nämlich von alaun, salaun, sal, Salz (Zeuss a. a. O. I, 144; O'Reilly a. a. O. S. 371) zu stammen. Alauni war auch der Stamm einer keltischen Völkerschaft in Noricum, welche ihren Namen von ihrer Beschäftigung, der Salzgewinnung, hatte (Ptolemaeus II, 12). Man könnte daher Alauni mit „Salzgewinner" übersetzen.
[5]) Tacitus, Germ. 1.
[6]) Creuzer a. a. O. De Wal a a. O. n. 7. 8. 9.

sonifikation nur geringe Ausbildung erhielten, und dass somit der
Naturdienst der Rätier ein unmittelbarerer als derjenige der keltischen Flachländer war, dadurch aber sich demjenigen der Deutschen, die ebenfalls keinen eigentlichen Priesterstand hatten¹),
einigermassen genähert haben mag.²)

g. RAUBZÜGE.

Wenn zufolge der bisherigen Darstellung die Rätier keineswegs auf einer sehr niederen Kulturstufe und jedenfalls auf einer
höheren, als die germanischen Stämme, erscheinen, so muss es
einigermassen befremden, sie von den Römern als ein wildes, räu-
berisches und grausames Volk geschildert zu sehen.

Schon aus der ersten Zeit der Einwanderung der Gallier in
Italien wird berichtet, dass die Alpenbewohner dieselben öfter aus
Neid über ihren Wohlstand angriffen³), und es ist gewiss, dass
unter jenen die Rätier jedenfalls auch gemeint sind. Man erfährt
ferner, dass im J. 90 v. C. das von den Rätiern zerstörte Como
wieder hergestellt werden musste.⁴) Die rätischen Völkerschaften
werden geradezu Räuber geheissen und es wird von ihnen gesagt, sie hätten die Bewohner der Niederung blos desshalb bis-
weilen verschont, um von ihnen Lebensbedürfnisse erhalten zu
können; sonst hätten sie, wenn sie ein Dorf oder eine Stadt eroberten, nicht nur alle erwachsenen Männer, sondern auch alle
Knaben und selbst die schwangeren Weiber niedergemacht, wenn
ihre Wahrsager versicherten, dass sie männliche Kinder gebären

---

¹) Tacitus (Germ. 10) spricht zwar von einem Gemeindepriester, der aber
vorzugsweise als Wahrsager erscheint.

²) Von den Deutschen sagt Caesar (de bello gall. VI, 21): neque Druides
habent, qui rebus divinis praesint, neque sacrificiis student. Deorum numero
eos solos ducunt quos cernunt et quorum aperte opibus iuvantur, Solem et
Vulcanum et Lunam. (Es bedarf freilich diese Auffassung einiger Berich-
tigung.)

³) Polybius II, 18. Ἔνιοι δὲ καὶ τῶν τὰς Ἄλπεις κατοικούντων ὁρμὰς
ἐποιοῦντο, καὶ συνηθροίζοντο πολλάκις ἐπ' αὐτούς, θεωροῦντες ἐκ παραθέσεως
τὴν παραγενημένην αὐτοῖς εὐδαιμονίαν. — Polybius verlegt diese Angriffe der
Alpenvölker auf die cisalpinischen Gallier schon in die Zeit zwischen der
Schlacht an der Allia (390 v. C.) und dem, 30 Jahre später erfolgten Zug der
Gallier bis Alba.

⁴) Strabo V, 1.

würden, und als Grund der von Augustus unternommenen Vertilgung der Rätier (und Noriker) werden ihre unaufhörlichen Einfälle angegeben. Als letzteren besonders ausgesetzt werden namentlich Italien und Gallien (d. h. wol das benachbarte Helvetien, das zu Gallien gehörte) bezeichnet, und zwar waren in jenem (in der heutigen Lombardie) Viehheerden der Hauptgegenstand ihres Raubes.[1]) Und selbst die durch ihr Land Reisenden wurden von ihnen angefallen.[2])

Um jedoch diese Sinnesart der Rätier in ihrem richtigen historischen Lichte zu würdigen, ist Folgendes zu erwägen.

1) Wenn auch die Rätier unter den Alpenbewohnern sich durch Wildheit ausgezeichnet haben mögen, so war doch die Gewohnheit räuberischer Einfälle in die Nachbarländer, besonders in die fruchtbare Po-Ebene, allen gemein; denn schon Polybius (im II. Jahrh. v. C.) berichtet dies allgemein von den Alpenvölkern[3]); und Strabo legt diese räuberische Eigenschaft, ausser den Rätiern, ausdrücklich auch den Salassern (in Savoyen) und den Norikern und Tauriskern (Bewohnern der norischen Alpen) bei[4]); und auch die, viel früher bezwungenen Bewohner der ligurischen (piemontesischen See-) Alpen waren Räuber gewesen.[5]) Daher waren auch die Expeditionen der Römer gegen die Alpenvölker, die schon mehr als 100 Jahre v. C. begannen, keineswegs auf die Rätier beschränkt[6]), und auch diejenigen des Augustus erstreckten sich auf alle damals noch nicht unterworfenen und umfassten, ausser den rätischen und norischen, auch die savoyischen Alpen.

2) Es lag im Geiste der damaligen Zeit (nicht nur bei den sog. Barbaren, sondern im Grunde auch bei den Römern selbst), Völker, mit denen man nicht verbündet war, als rechtlos zu betrachten, und es wird ausdrücklich berichtet, dass die Rätier in diesem Sinn zwischen Verbündeten und Nichtverbündeten unter-

---

[1]) Dio Cassius LIV, 22: „Καὶ ἐκ τῆς Ἰταλίδος ἁρπαγὰς ἐποιοῦντο".

[2]) Ueber dies Alles s. bes. Strabo IV, 6 und Dio Cassius LIV, 22 (Letzterer lebte freilich erst in der 2. Hälfte des II. Jahrh. n. C.).

[3]) Polybius in der oben angeführten Stelle (II, 18).

[4]) Strabo IV, 6.

[5]) Florus epit. rer. Rom. II, 3 (..magis latrocinia quam bella faciebant").

[6]) Die erste uns überlieferte römische Expedition gegen Alpenbewohner ist diejenige des Marcus Aemilius Scaurus vom J. 115 v. C. gegen die Taurisker zum Schutz des Handelsweges über den Okra.

schieden.[1]) Insbesendere galt es bei vielen barbarischen Völkerschaften, namentlich auch bei den Deutschen, als eine Ehrensache, ihre Nachbaren zu befehden und zu berauben.[2]) Es waren daher in dieser Beziehung die Rätier, abgesehen vielleicht von ihrer grösseren Grausamkeit, kaum schlimmer als andere Alpenbewohner und diese kaum schlimmer als andere Nachbaren der Römer, besonders die Germanen.

Bemerkenswerth ist aber eine Unterscheidung, welche Strabo mit Rücksicht auf die räuberischen Gewohnheiten zwischen den rätischen Bewohnern der höheren und unfruchtbareren Thäler und denjenigen der tieferen und fruchtbareren macht, indem er die ersteren vorzugsweise als Räuber bezeichnet und gewiss auch sie besonders im Auge hat, wenn er den Grund der Leidenschaft der Rätier für Raubzüge in ihrer Armuth und ihrem Mangel an Existenzmitteln findet.[3])

Allein es ist wahrscheinlich, dass nicht sowol der grössere oder geringere Nothstand, als eingeborene Karaktereigenschaften den Unterschied in jener Neigung begründeten; denn für Nahrung und Kleidung reichte damals die Viehzucht so ziemlich aus, und andere Bedürfnisse kannten selbst die gallischen Bewohner des Po-Thales nicht, wesshalb Germanen und Kelten auch in fruchtbaren Ebenen vorzugsweise Viehzucht trieben.

Angeborene Verschiedenheit des Karakters zwischen den rätischen Bewohnern der Höhen und der Niederungen würde aber die Annahme rechtfertigen, dass die ersteren Nachkommen einer Urbevölkerung möchten gewesen sein, die von den späteren, etruskischen und keltischen, Einwanderern in die inneren und höheren

---

[1]) Dio Cassius, hist. Rom. LIV, 22: „.... καὶ ταῦτα μὲν καὶ συνήθη πῶς τοῖς οὐκ ἐνσπόνδοις ποιεῖν ἐδόκουν."

[2]) Caesar de b. g. VI, 23 sagt von den Germanen: Civitatibus maxima laus est, quam latissimas circum se vastatis finibus solitudines habere. Hoc proprium virtutis existimant, expulsos agris finitimos cedere neque quenquam prope audere consistere; simul hoc se fore tutiores arbitrantur repentinae incursionis timore sublato .... Latrocinia nullam habent infamiam, quae extra fines cuiusque civitatis fiunt, atque ea iuventutis exercendae ac desidiae minuendae causa fieri praedicant.

[3]) Strabo in der S. 15 Note 3 angeführten Stelle (IV, 6): ... καὶ μάλιστα περὶ τὰς κορυφάς, περὶ ὃ δὴ καὶ συνίσταντο οἱ λῃσταί. ... Obwol Strabo hier nicht ausdrücklich von den Rätiern spricht, so kann dieser Ausspruch doch nur auf die Rätier (und etwa auch auf die Noriker) bezogen werden, die er eben vorher kurzweg „Räuber" genannt hatte.

Thäler zurückgedrängt wurden. Es würde dies auch allein es erklären, dass letztere schon damals bewohnt waren; denn weder Kelten noch Etrusker, als Völker der Ebene, hatten angeborene Neigung, sich in dem höchsten Gebirge anzusiedeln.[1])

IV. STAATSWESEN.

Kaum mehr, als über die Religion der Rätier, ist uns über ihre staatlichen Einrichtungen überliefert.

Was wir hierüber wissen ist vorerst, dass die Rätier und Vindelicier **aus vielen Völkerschaften bestanden**[2]) **und in viele Gemeinwesen zerfielen.**[3])

Nun nehmen wir bei den Germanen sowol als bei den Kelten wahr, dass in der Regel Völkerschaften, die sich einen eigenen Namen beilegten, auch in einer gemeinschaftlichen staatlichen Verbindung standen, und dass umgekehrt eine in staatlichem Verbande stehende Bevölkerung, wenn sie auch ursprünglich verschiedener Abstammung sein mochte, sich als Ein Volk betrachtete und sich einen gemeinschaftlichen Namen beilegte, wesshalb wir zur Zeit der allgemeinen Bewegung, welche die deutschen Stämme ergriff, öfter Völkernamen durch Auflösung ihrer staatlichen Verbindung verschwinden und hinwieder neue durch das Zustandekommen neuer Verbindungen entstehen sehen.

Der ferner stehende Römer vollends hatte für Unterscheidung verschiedener beisammen wohnender und gleichgearteter Völkerschaften kein anderes wahrnehmbares Merkmal, als die Besonderheit ihrer staatlichen Verbindungen: ihm mussten also bei denselben die Begriffe „Volk" (gens) und „Gemeinwesen" (civitas) sich decken.

---

[1]) Bemerkenswerth ist, dass im bündnerischen Oberhalbstein noch heute die Bewohner des untern schönen und fruchtbaren Thalkessels „ils Gulais" heissen, im Gegensatz zu den oberen, Walser genannten, Thalbewohnern. Sollte der Name Gulais verwandt mit dem französischen Gaulois sein und somit Kelten bedeuten, so läge in demselben eine Inzicht für die Abstammung jener untern Thalbewohner.

[2]) Velleius Paterculus II, 95: Alpes feris multisque (Andere lesen freilich incultisque) nationibus celebres.

[3]) Plinius III, 20: ... Raeti et Vindelici, omnes in multas civitates divisi.

Wir dürfen demzufolge annehmen, dass jede der rätischen Völkerschaften, von der uns die Römer berichten, auch ein eigenes Gemeinwesen bildete, m. a. W.: dass es in Rätien eben so viele besondere Gemeinwesen als Völkerschaften gab, und umgekehrt, so dass, wenn wir wüssten, wie viele Völkerschaften es in Rätien gab, uns auch bekannt wäre, in wie viele von einander unabhängige Gemeinwesen die Rätier zerfielen.

Nun sind wir so glücklich, die Anzahl der ersteren mit ziemlicher Sicherheit ermitteln zu können, indem uns Plinius die Namen der von Augustus besiegten Alpenvölker nach dem zu Verherrlichung dieser Siege bei Nizza dem Kaiser errichteten Denkmal aufbewahrt hat, unter denselben aber folgende dreizehn als **rätische** angesehen werden dürfen: die Camuni, Venostes, Vennonetes, Isarci, Breuni, Genaunes, Focunates, Abisuntes, Rugusci, Suanetes, Calucones, Brixentes, Lepontii. Als **vindelicische** Völkerschaften hinwieder können folgende vier betrachtet werden: die Consuanetes, Rucinates, Licates, Catenates.[1]

Wir wissen sonach, dass in Rätien **dreizehn**, in Vindelicien aber **vier** selbständige Gemeinwesen waren.

Auf den ersten Blick dürfte es zwar auffallen, dass in Vinde-

---

[1] **Plinius** III, 20. Die ganze Inschrift (inscriptio ex trophaeo alpium) lautet (nach der Ausgabe von Ansart 1828): IMPERATORI. CAESARI. DIVI. F. AVG. | PONT. MAX. IMP. XIII. TRIB. POT. XVII. | S. P. Q. R. | QVOD. EIVS. DVCTV. AVSPICIISQVE. | GENTES. ALPINAE. OMNES. | QVAE. A. MARI. SVPERO. AD. INFERVM. PERTINEBANT. | SVB. IMPERIVM. P. R. REDACTAE. SVNT. | GENTES. ALPINAE. DEVICTAE. | TRIVMPILINI. CAMVNI. VENOSTES. VENNONETES. | ISARCI. BREVNI. GENAVNES. FOCVNATES. | VINDELICIORVM. GENTES. IIII. | CONSVANETES. RVCINATES. LICATES. CATENATES. | ABISVNTES. RVGVSCI. SVANETES. CALVCONES. | BRIXENTES. LEPONTII. VIBERI. NANTVATES. | SEDVNI. VERAGRI. SALASSI. ACITAVONES. | MEDVLLI. VCENI. CATVRIGES. BRIGIANI. | SOGIONTII. BRODIONTII. NEMALONI. | EDENATES. ESVBIANI. VEAMINI. GALLITAE. | TRIVLATTI. ECTINI. VERGVNNI. | EGVITVRI. NEMENTVRI. ORATELLI. | NERVSI. VELAVNI. SVETRI. (Die Namen werden zum Theil verschieden gelesen.) Dieses Trophäum, ein steinernes Denkmal, wurde, wie es selbst sagt, im 17. Jahre des Tribunates des Augustus, somit 12 Jahre v. C. oder 3 Jahre nach der Eroberung Rätiens errichtet, und zwar in Torbia bei Nizza, nachdem Augustus im J. 13 v. C. im savoyischen Gebirg das letzte unabhängige Alpenvolk unterworfen hatte (**Salis-Seewis**, ges. Schriften S. 143 und 153). Auffallend ist, dass das Trophäum die **norischen** Alpenvölker, die doch kurz nach der Eroberung Rätiens ebenfalls unterworfen wurden, nicht zu nennen scheint, es wäre denn, dass die **Genaunes** und **Focunates** norisch gewesen wären.

licien im Verhältniss zu Rätien so wenige Völkerschaften auftreten. Dennoch ist dies leicht erklärlich, wenn man einerseits bedenkt, dass das Flachland die Begründung umfassenderer staatlicher Verbindungen weit eher als das vielfach durchschnittene Gebirgsland ermöglichte, und anderseits weiss, dass das von dem grossen hercynischen Wald durchzogene rechtseitige Donau-Thal zur Zeit, als es den Römern bekannt wurde, zu einem grossen Theil unangebaut und unbevölkert war, daher geradezu als „Wüste" bezeichnet wurde.[1])

Die Wohnsitze der genannten Völkerschaften genau zu bestimmen ist grösstentheils unmöglich und für den Zweck dieser Arbeit auch unerheblich.[2]) Die Reihenfolge der aufgeführten Völkerschaften zeigt indess, dass das Trophäum die besiegten Alpenvölker in der Richtung von Osten nach Westen aufzählt, und was insbesondere die rätisch-vindelicischen Völkerschaften betrifft, so stellt der Gang dieser Aufzählung gewissermassen einen Bogen dar, der mit den südöstlichen Thälern beginnt, sich über Tirol durch das Donau-Thal an den Bodensee und sodann in die südwestlichen (tessinischen) Thäler zieht. An der Hand dieser Wegleitung und mit Hülfe anderer feststehender Thatsachen lassen sich sodann die Wohnsitze folgender Völkerschaften ziemlich sicher feststellen: Die Camuni sassen in Val Camonica, das noch heute den Namen von ihnen trägt und wo sie noch unter römischer Herrschaft vorkommen[3]); die Venostes im Etsch-Thal, in welchem der Vinstgau,

---

[1]) Caesar de b. gall. VI, 24; Strabo VII, 1: καὶ Οὐινδελικοὶ καὶ ἡ Βοίων ἐρημία. Die Wüste der Boier hiess sie weil, zufolge des nämlichen Schriftstellers, das keltische Volk der Boier, das diese Gegenden bewohnte, sich ostwärts gezogen und dieselben seinen Nachbaren preisgegeben haben sollte: so zwar, dass, wie wir oben bemerklich machten, wahrscheinlich ein Theil unter dem Namen der Vindelicier im Donau-Thal zurückblieb. Es scheint die „boische Wüste" vorzugsweise in der Gegend des heutigen Schwarzwald gesucht werden zu müssen, da nach Strabo die Vindelicier und die Wüste der Boier an den Bodensee grenzten.

[2]) Seit Tschudi hat es an einschlägigen Konjekturen nicht gefehlt, die aber, aus Mangel an thatsächlichen Anhaltspunkten, zu keinem Abschluss führen konnten (s. hierüber besonders Zeuss, die Deutschen und ihre Nachbarvölker S. 235 ff.; Hormayr, Gesch. der Grafsch. Tirol I. 1; Jäger. über die Breuni oder Breonen S. 24).

[3]) Orelli, inscript. nr. 3798 und 5195. Dass die Camuni auch das Veltlin und vielleicht selbst die Gegend von Clefen bewohnten, ist theils desshalb zu vermuthen, weil das Trophäum keine andere Völkerschaft aufführt, die hier gesucht werden könnte (es wären denn die Venonetes oder Venones), theils auch

urkundlich Vallis Venosta, den Namen von ihnen behalten hat; die **Isarci** im Eisak-Thal, von dem sie ihren Namen haben; die **Breuni** hauptsächlich im Inn-Thal, wo sie noch im VI. Jahrh. zu treffen sind[1]); die **Licates** am Lech oder Licus (s. oben S. 24); die **Brixentes** im Vorarlberg, mit ihrem Hauptort Brigantium[2]), und die **Lepontii** im Tessin, wo die Val Leventina von ihnen noch den Namen hat; vielleicht sassen sie aber auch noch diesseits der Wasserscheide des Gotthardstockes und der Lepontischen Alpen.[3]) Gewiss ist ferner, dass die **Genaunes** in der Nähe der Breuni sassen, weil sie Strabo mit Rücksicht auf ihren Wohnsitz mit den

---

desshalb, weil die Camuni eine zahlreiche und hervorragende Völkerschaft gewesen sein müssen, da sie ein Jahr vor der Eroberung Rätiens es wagten, in Gemeinschaft mit den Venones die Waffen gegen die Römer zu ergreifen (**Dio Cassius** LIV, 20).

[1]) Dass die **Breuni** oder **Breones** (die ohne Anstand als identisch angesehen werden dürfen), im VI. Jahrh. das tiroler Inn-Thal bewohnten, erhellt aus den bekannten Stellen des **Venantius Fortunatus** in dessen Lebensbeschreibung des heil. Martinus von Poitiers. Um das Grab dieses heiligen Mannes zu besuchen reiste nämlich Venantius Fortunatus um das Jahr 564 von seiner Heimath Friaul aus durch Tirol und Baiern nach Gallien, wo er das Buch über den heil. Martinus verfasste. In demselben beschreibt er vorerst seine eigne Reise nach Gallien:

„per Alpes Julias . . . Dravum (e) Norico,
Oenum (e) Breonio, Licum (e) Boiaria, Danubium
(ex) Alemannia, Rhenum (e) Germania transiens in Galliam.

Am Schluss seines Buches redet er dasselbe an, indem er es aus Gallien in sein Vaterland Friaul schickt und ihm folgenden Weg vorschreibt:

„Pergis ad Augustam, quam Virdo Lycusque fluentant,
. . . .
Si vacat ire viam neque te Boiarius obstat
Qua vicina sedent **Breonum loca** perge per Alpem,
Inde Valentini benedicti templa require,
(der heil. Valentin war nämlich in Mais bei Meran begraben),
Norica rura petens, ubi Byrrus vertitur undis
Per Dravum itur iter, qua se castella supinant".

Aus diesen Stellen erhellt, dass dannzumal der Sitz der Breonen an Baiern grenzte und namentlich das tiroler Inn-Thal befasste, obwol der Name „Breonium" in allgemeinem Sinn wol auch das übrige Tirol, so weit es weder norisch noch tridentinisch noch churrätisch war, also namentlich das Eisak-Thal umfasst zu haben scheint.

[2]) Ueber die (auch in Brixia wiederkehrende) Wurzel **brig** s. **Thaler** (Zeitschr. des Ferdinandeums Bd. XII). Diese Brixentes sind unzweifelhaft die nämlichen, welche **Strabo** IV, 6 **Brigantii** (Βριγάντιοι) nennt.

[3]) Man möchte dies wenigstens schliessen aus **Caesar** IV, 10: Rhenus oritur ex **Lepontiis**, qui alpes incolunt.

Breuni nennt[1]); so wie dass die Vennonetes (nach anderer Lesart Venones) in der Nähe der Camuni sich befunden haben müssen, da diese beiden Völkerschaften im J. 16 v. C. gemeinschaftlich gegen die Römer die Waffen ergriffen, von Publius Silius aber unterworfen wurden.[2])

Dafür, dass die genannten rätischen Völkerschaften eigene selbständige Gemeinwesen bildeten, spricht auch der Umstand, dass noch lange nach Untergang des römischen Reichs Spuren einer besonderen genossenschaftlichen Verbindung der Breuni (Breonen) im Inn-Thal sich finden[3]), und dass unter den Römern die Camuni als eigener Gau (respublica) auftreten[4]), was beides auf einen schon in vorrömischer Zeit bestandenen engeren Verband zurückweist.

Dass die rätischen Völkerschaften mit einander in einem bleibenden bundesgenössischen Verhältniss gestanden seien, ist nicht anzunehmen. Dauernde Eidgenossenschaften (sogenannte ewige Bünde) setzen schon einen höheren Kulturstand voraus und lagen nicht im Karakter damaliger Zeit. Zudem wäre die geographische Abgeschlossenheit der meisten dieser Völkerschaften einer bleibenden Verbindung nicht günstig gewesen. Selbst die vorgeschrittene Bundesgenossenschaft der Etrusker hatte es zu keiner politisch festen Verbindung gebracht[5]); und was die keltischen und germanischen Völkerschaften betrifft, so kennen wir unter denselben kein Beispiel solcher dauernden Eidgenossenschaften, vielmehr zeigen sich bei denselben sowol als bei den italischen Völkern (abgesehen von Etrurien und Latium) in dem gegenseitigen Verhältniss selbständiger Völkerschaften und Gemeinwesen blos vorübergehende Verbindungen, Bündnisse zu besonderen Zwecken und Unternehmungen, namentlich zu kriegerischen, sei es für den Angriff, sei es für die Vertheidigung. Wir wissen auch, dass bei Kriegsbündnissen regelmässig ein gemeinschaftlicher Anführer bestellt wurde.

Wir dürfen also annehmen, dass auch die rätischen Völkerschaften keine allgemeine Eidgenossenschaft bildeten, sondern dass

---

[1]) Strabo IV, 6: μετὰ Βρεύνων καὶ Γεναύνων.
[2]) Dio Cassius LIV, 20. καὶ γὰρ Καμούνιοι καὶ Οὐέννιοι Ἀλπικὰ γένη.
[3]) Zur Zeit des h. Corbinian († 730) erscheint ein „civis Breonensium plebis" (Aribo vita Sti. Corbiniani).
[4]) s. die oben angeführten Inschriften (Orelli nr. 3789 und 5195).
[5]) Ottfr. Müller, die Etrusker S. 343 ff.

sich eine grössere oder geringere Anzahl derselben nur für besondere Zwecke, ohne Zweifel meist für bestimmte kriegerische Unternehmungen vereinigte. Und in der That findet sich diese Annahme historisch erhärtet theils durch die Ueberlieferung des Polybius, dass „sich öfter mehrere der Alpenvölker zu gemeinschaftlichen Angriffen auf die cisalpinischen Gallier verbanden"[1]), theils durch die schon erwähnte Thatsache, dass kurz vor der Eroberung Rätiens die Camuni und Venonetes (Venones) sich mit einander gegen die Römer verbanden. Und unzweifelhaft wurde auch von den rätischen Völkerschaften für solche gemeinschaftliche Expeditionen ein gemeinschaftlicher Kriegoberster bestellt.

Allein die Angabe des Dio Cassius, dass die Rätier Diejenigen, welche ihre Pässe bereisten, anfielen, „wenn sie nicht einem mit ihnen verbündeten Volke angehörten"[2]), scheint sich in diesem Zusammenhang doch nicht auf blosse Kriegsbündnisse zu beziehen, sondern lässt durchblicken, dass insbesondere über die Sicherheit der rätischen Alpenpässe gewisse Uebereinkünfte bestanden, wie z. B. die Anwohner des illyrischen Passes (über den Okra) mit den Römern Verträge zum Schutze des Waarentransportes hatten. Und wahrscheinlich bestanden solche Uebereinkünfte namentlich zwischen den rätischen Völkerschaften selbst, und insbesondere zwischen denjenigen, welche an den Pässen wohnten.

Ueber die staatlichen Einrichtungen der einzelnen Völkerschaften selbst ist uns nicht das Mindeste überliefert. Einzig mit Bezug auf die Vindelicier findet sich eine sachbezügliche historische Notiz. Es wird nämlich berichtet, dass Decimus Brutus, zur Zeit Caesar's römischer Statthalter in Gallien, um der Verfolgung des Antonius zu entgehen, von Gallien aus über Aquileia nach Macedonien zu fliehen beschloss. Nachdem er zu diesem Ende über den Rhein gesetzt hatte, wurde er auf der Reise von Räubern überfallen, die er in keltischer Sprache fragte, unter welchem keltischen Herrscher diese Völkerschaft stehe, worauf ihm als solcher ein gewisser Camillus genannt wurde.[3])

---

[1]) συνηθροίζοντο (in der oben angeführten Stelle des Polybius II, 18).

[2]) Dio Cassius LIV, 22 (s. S. 42 Note 1): „τοῖς τε ὁδῷ τῶν Ῥωμαίων .... διὰ τῆς σφετέρας γῆς χρωμένους ἐλυμαίνοντο καὶ ταῦτα μὲν συνήθη πῶς τοῖς οὐκ ἐνσπόνδοις ποιεῖν ἐδόκουν.

[3]) Appianus de bell. civil. III, 97: ἤρετο μὲν (nämlich Brutus) ὅτου Κελτῶν δυνάστου τὸ ἔθνος εἴη. μαθὼν δ᾽ ὅτι Καμίλλου ... ἄγειν αὐτὸν αὐτοῖς ἐς τὸν Κάμιλλον ἐκέλευεν.

Dass dieses in Vindelicien sich ereignete ist zwar nicht gewiss, aber doch wahrscheinlich, theils weil der kürzeste Weg vom Rhein nach Aquileia durch dieses Land führte, theils weil auf diesem Wege einem aus Gallien Kommenden wol kein anderes Volk als die Vindelicier als rein keltisch erscheinen konnte.¹) Ist diese Voraussetzung richtig, so darf aus jener Erzählung wol der Schluss gezogen werden, dass die vindelicischen Völkerschaften von Fürsten beherrscht waren.

Es wäre aber gewagt, hieraus folgern zu wollen, dass auch die Rätier Fürsten hatten. Vielmehr ist es wahrscheinlich, dass die der persönlichen Ungebundenheit Vorschub leistende Beschaffenheit des rätischen Gebirgslandes eine eigentliche fürstliche Gewalt nicht aufkommen liess, und wirklich scheint auch die Zerfahrenheit der Rätier im Kriege gegen Drusus den Mangel an zusammenfassenden Kräften zu beurkunden. Die Kleinheit der rätischen Völkerschaften, die Zerstreutheit der Bewohner und das grossentheils karge, von Gebirgen vielfach zerrissene Land machen es sogar unwahrscheinlich, dass in Rätien eine starke und organisirte Aristokratie, wie bei den Etruskern²) und den Kelten des Flachlandes (wenigstens Galliens)³), Wurzel fassen konnte. Anderseits musste aber der Kulturstand der Rätier dennoch nothwendig mit sich bringen, dass die durch Geburt, Vermögen oder persönliche Eigenschaften Hervorragenden bei ihnen, wie bei allen germanischen, keltischen und italischen Völkerschaften, einen vorwiegenden Einfluss ausübten; nur ist es uns nicht möglich, das Mass dieses Einflusses und die Art, wie er sich äusserte, zu bestimmen.⁴) Und dass auch die Priester (beziehungsweise die Wahrsager), wie bei den Kel-

---

¹) Die, früher von den Helvetiern bewohnten Gegenden zwischen den Donau-Quellen und dem Rhein mussten nämlich damals ziemlich öde liegen.
²) Bei den Etruskern bestand ein eigenes, allein regierungsfähiges Patriziat.
³) Caesar de b. gall. VI, 13 sagt von den gallischen Völkerschaften, dass bei ihnen nur die Druiden und die Ritter (der Adel) Rechte haben, das übrige Volk aber so zu sagen rechtlos sei.
⁴) Es dürfte indess annähernd von den Rätiern gelten was Caesar VI, 23 (freilich nicht ganz in Uebereinstimmung mit Tacitus) von den Germanen sagt: Cum bellum civitas aut illatum defendit aut infert, magistratus, qui ei bello praesint, ut vitae necisque habeant potestatem, diliguntur. In pace nullus est communis magistratus, sed principes regionum atque pagorum inter suos ius dicunt controversiasque minuunt.

ten¹) und Etruskern, so auch bei den Rätiern auf öffentliche Unternehmungen und wol auch auf die Strafgewalt durch Erforschung und Deutung des Götterwillens erheblich einwirkten, beweist die Thatsache, dass sie bei den Kriegszügen über Leben und Tod der Schwangeren verfügten.

Es ist übrigens wahrscheinlich, dass die staatlichen Einrichtungen nicht bei allen rätischen Völkerschaften die nämlichen waren und dass namentlich diejenigen der südlichen aristokratischer gefärbt waren als diejenigen der nördlichen, vielleicht sogar an etruskische Traditionen erinnerten²), wie diejenigen der nördlichen an keltische.

Endlich lässt sich aus der Mittheilung Strabo's, „dass Damasia, die Stadt der Likatier, gleichsam ihre Burg sei"³), schliessen, dass die einzelnen Völkerschaften eine Art Hauptort, und zwar gewöhnlich einen befestigten, zu haben pflegten, wo sie ihre grösseren Versammlungen hielten und im Nothfall auch Zuflucht und Schutz fanden. Dass für die Brigantier Brigantium die nämliche Stellung, wie Damasia für die Likaten, einnahm, ist unzweifelhaft; denn dass es für die Brigantier Hauptort war, liegt schon im Namen, und dass es (durch Ringwall oder Burg) befestigt war, wissen wir aus Ptolemaeus.

Dass die rätischen Völkerschaften staatlich auch noch in gewisse Unterabtheilungen — Gaue oder wie man sie sonst nennen will — zerfielen, beziehungsweise kleinere Gemeinwesen in sich fassten, ist als sicher anzusehen — nicht nur nach der Natur der Sache, sondern weil wir in einem Edikt des Kaisers Claudius vom J. 46 n. C. einen positiven Anhaltspunkt für diese Annahme haben. In diesem Edikt, das man aus einer im J. 1869 im südlichen Tirol entdeckten ehernen Tafel kennt, werden nämlich die Rechtsverhältnisse von vier kleinen Völkerschaften oder Gemeinwesen behandelt, die unstreitig rätisch waren, nämlich der **Bergalei, Anauni, Tulliasses** und **Sinduni.**⁴)

---

¹) In Gallien waren (zufolge Caesar VI, 13) die Druiden auch Richter; und selbst bei den Germanen sollen nach Tacitus Germ. 7 (im Widerspruch mit Caesar) Priester auf die Strafgerichtsbarkeit Einfluss gehabt haben.

²) Ob an den Namen Lukmanier, wie man gewöhnlich annimmt, sich eine Reminiszenz an die Lucumones der Lepontier knüpfe, will ich nicht entscheiden.

³) Strabo IV, 6: καὶ ἡ τῶν Λικατίων ὥσπερ ἀκρόπολις Δαμασία.

⁴) Diese Inschrift einer, den 29. April 1869 in einem Acker bei Cles auf-

Was die **Bergalei** betrifft, so erfahren wir aus dem erwähnten Edikt, dass dieselben mit den Comensern gewisse Streitigkeiten hatten, die sich wahrscheinlich, wie diejenigen der übrigen mitgenannten Völkerschaften, zunächst auf Gebietsverhältnisse bezogen. Der Name „Bergalei", verbunden mit dem Umstand, dass sie Angrenzer des Stadtbezirks Como sein mussten, berechtigt, sie für die Bewohner des bei Chiavenna ausmündenden **Bergeller** Thales anzusehen, die freilich bis an den Comer See reichen mochten.

Dass die **Anauni** Bewohner des heutigen Non-Thales, somit rätischen Ursprungs waren, ergibt sich theils ebenfalls aus der gefundenen ehernen Tafel ist wichtig genug, um in ihrem ganzen Umfang hier beigesetzt zu werden, zumal ich mich in der Folge noch öfter auf sie berufen werde. Sie lautet:

M. IVNIO. SILANO. Q. SVLPICIO. CAMERINO. COS. | IDIBVS. MARTIS.
BAIS. IN. PRAETORIO. EDICTVM. | TI. CLAVDI. CAESARIS. AVGVSTI.
GERMANICI. PROPOSITVM. FVIT. ID. | QVOD. INFRA. SCRIPTVM. EST. |
TI. CLAVDIVS. CAESAR. AVGVSTVS. GERMANICVS. PONT. | MAXIM.
TRIB. POTEST. VI. IMP. XI. P. P. COS. DESIGNATVS. IIII. DICIT. |
CVM. EX. VETERIBVS. CONTROVERSIS. PE(nd)ENTIBVS. ALIQVAMDIV.
ETIAM. | TEMPORIBVS. TI. CAESARIS. PATRVI. MEI. AD. QVAS. ORDINANDAS. | PINARIVM. APOLLINAREM. MISERAT. QVAE. TANTVM.
MODO. | INTER. COMENSES. ESSENT. QVANTVM. MEMORIA. REFERO.
ET. | BERGALEOS. ISQVE. PRIMVM. APSENTIA. PERTINACI. PATRVI.
MEI. | DEINDE. ETIAM. GAI. PRINCIPATV. QVOD. AB. EO. NON. EXIGEBATVR. | REFERRE. NON. STVLTE. QVIDEM. NEGLEXSERIT. ET.
POSTEAC. | DETVLERIT. CAMVRIVS. STATVTVS. AD. ME. AGROS.
PLEROSQVE. | ET. SALTVS. MEI. IVRIS. ESSE. | IN. REM. PRAESENTEM. MISI. PLANTAM. IVLIVM. AMICVM. ET. COMITEM. QVI. | CVM.
ADHIBITIS. PROCVRATORIBVS. MEIS. QV(i) QVE. IN. ALIA. | REGIONE.
QVIQVE. IN. VICINIA. ERANT. SVMMA. CVRA. INQVI | SIERIT. ET
COGNOVERIT. CETERA. QVIDEM. VT. MIHI. DEMON | STRATA. COMMENTARIO. FACTO. AB. IPSO. SVNT. STATVAT. PRONVN | TIETQVE.
IPSI. PERMITTO. | QVOD. AD. CONDICIONEM. ANAVNORVM. ET.
TVLLIASSIVM. ET. SINDVNO | RVM. PERTINET. QVORVM. PARTEM.
DELATOR. ADTRIBVTAM. TRIDEN | TINIS. PARTEM. NE. ADTRIBVTAM. QVIDEM. ARGVISSE. DICITVR. | TAM. ET. SI. ANIMADVERTO.
NON. NIMIVM. FIRMAM. ID. GENVS. HOMI | NVM. HABERE. CIVITATIS.
ROMANAE. ORIGINEM. TAMEN. CVM. LONGA. VSVRPATIONE. IN.
POSSESSIONEM. EIVS. FVISSE. DICATVR. ET. ITA. PERMIX | TVM.
CVM. TRIDENTINIS. VT. DEDVCI. AB. IS. SINE. GRAVI. SPLENDI(di).
MVNICIPI. | INIVRIA. NON. POSSIT. PATIOR. EOS. IN. EO. IVRE. IN.
QVO. ESSE. SE. EXISTIMA | VERVNT. PERMANERE. BENEFICIO. MEO.
EO. QVIDEM. LIBENTIVS. QVOD. | PLER(i)QVE. EX. EO. GENERE.
HOMINVM. ETIAM. MILITARE. IN. PRAETORIO. | MEO. DICVNTVR.
QVIDAM. VERO. ORDINES. QVOQVE. DVXISSE. | NON. NVLLI. (a)LLECTI.
IN. DECVRIAS. ROMAE. RES. IVDICARE. | QVOD. BENEFICIVM. IS. ITA.

52 ERSTER ABSCHNITT.

Namensverwandtschaft, theils daraus, dass die Tafel, welche uns Kenntniss von dem fraglichen Edikt gibt, in Cles, dem Hauptort des Non-Thales (Val di Non) gefunden wurde, und endlich daraus, dass zufolge jenes Ediktes die Anauni wahrscheinlich dem Stadtgebiet Trient zugetheilt, jedenfalls demselben benachbart waren.

Die Gegend der **Tulliasses** und **Sinduni** lässt sich zwar nicht genau bestimmen; doch erhellt aus dem Edikt des Kaisers Claudius, dass sie ebenfalls dem Tridentiner Gebiet benachbart sein mussten, indem es sich hinsichtlich ihrer wie hinsichtlich der Anauni um die Frage handelte, ob ihr Gebiet zum Tridentinischen gehöre und sie selbst als römische Bürger anzusehen seien oder

TRIBVO. VT. QVAECVNQVE. TANQVAM. | CIVES. ROMANI. GESSERVNT. EGERVNTQVE. AVT. INTER. SE. AVT. CVM. | TRIDENTINIS. ALĪSVE. RAT(a). ESSE. IVBEA(m). NOMINAQVE. EA. | QVAE. HABVERVNT. ANTEA. TANQVAM. CIVES. ROMANI. ITA. HABERE. IS. PERMITTAM. Die Inschrift ist abgedruckt in Mommsen, Edikt des Kaisers Claudius über das röm. Bürgerrecht der Anauner vom J. 46 (in der Zeitschr. Hermes IV. B. S. 99). Den historischen Inhalt dieses Ediktes gibt Mommsen in der erwähnten Abhandlung folgendermassen:

„Bereits unter Tiberius Caesar wurde der kaiserlichen Regierung Anzeige gemacht, dass an dem Südabhang der rätischen Alpen ausgedehnte, der römischen Regierung von Rechtswegen zustehende Landstrecken widerrechtlich aus ihrem Besitz gekommen seien, welche Anzeige indess, wenn den kaiserlichen Concipienten sein Gedächtniss nicht getäuscht hat, sich blos auf das Gebiet oberhalb Comum und die Streitigkeiten zwischen den Comensern und den Bergaleern bezog. Der Kaiser entsendete zur Untersuchung den Pinarius Apollinaris; aber weder er selbst noch sein Nachfolger Gaius (37—41 n. C.) forderten von ihm Bericht, und so blieb die Sache liegen. Nachdem Claudius zur Regierung gekommen, machte Camurius Statutus eine ähnliche Anzeige, welche sich insbesondere gegen die Tridentiner richtete und die Distrikte der Anauner, der Tulliasser und der Sinduner als römische Staatsdomänen bezeichnete. Der Kaiser beauftragte Einen aus seinem Gefolge, den Julius Planta, mit der Untersuchung, welche dann auch stattfand unter Zuziehung der in jenen Gegenden sowie der in der Nachbarschaft fungirenden kaiserlichen Prokuratoren. Das Ergebniss hinsichtlich der Bodenverhältnisse war, dass der Kaiser die weitere Feststellung dem Planta anheimgibt, dass das bezeichnete Gebiet nicht, wie die Bewohner angenommen hatten, ein Theil des Territoriums von Trient, sondern zum Theil dieser Gemeinde nur attribuirt sei, zum Theil sogar in gar keiner rechtlichen Beziehung zu Trident stehe. Dagegen ordnet der Kaiser die persönliche Rechtsstellung der Bewohner des streitigen Gebietes. Diese hatten, wie ihr Land für einen Theil der Pertica von Trient, so sich selbst für Bürger dieses Municipiums und insofern auch für römische Bürger gehalten und in öffentlichen wie in privaten Rechtsverhältnissen sich als solche gerirt. Obwol ein Rechtsgrund hiefür mangelt und sie nicht im Stande sind, die Erwerbung des römischen Bürgerrechts darzuthun, wird ihnen dennoch aus kaiserlicher Gnade dasselbe jetzt, und zwar mit rückwirkender Kraft verliehen".

nicht. Somit dürfen auch die Tulliasses und Sinduni unbedenklich als ursprünglich rätische Völkerschaften angesehen werden, welche Thalschaften des südlichen Tirols, und zwar wahrscheinlich ebenfalls an der Grenze der römischen Provinz Rätien und in der Nachbarschaft von Val di Non bewohnten.

In diesem Edikt erscheinen die Bergalei, da sie mit Como einen Prozess führen, unzweifelhaft als eine eigene Körperschaft; ebenso mehr oder weniger die drei Völkerschaften des südlichen Tirol in ihrem, wie es scheint, nicht gleichartigen Verhältniss zu Trient, und zwar kann ihre gemeindliche Besonderheit nur aus vorrömischer Zeit rühren, da es sich um Anstände handelte, die offenbar aus der Bildung der Provinz Rätien und aus der Zutheilung nicht in dieselbe aufgenommener Völkerschaften an benachbarte Stadtbezirke ihren Ursprung hatten. Folglich bestanden die in dem Edikt genannten vier Völkerschaften schon in vorrömischer Zeit als besondere Körperschaften oder Gemeinwesen, und zwar als Bestandtheile grösserer, im Trophaeum genannter Völkerschaften (civitates), und liegt darin der Beweis, dass in letzteren noch besondere gemeindliche Verbindungen, die wahrscheinlich den verschiedenen Thalschaften entsprachen, enthalten waren.

ZWEITER ABSCHNITT.

RAETIEN UNTER DEN RÖMERN.

I. BILDUNG DER PROVINZ RAETIEN.

Nachdem Tiberius und Drusus, Stiefsöhne des Kaisers Augustus, im J. 15 v. C. in einem strategisch gut angelegten, kurzen, aber blutigen Feldzuge die zerfahrenen rätischen und vindelicischen Völkerschaften überwunden und unterworfen hatten, liessen es sich die Römer vor Allem angelegen sein, die Widerstandskraft derselben dauernd zu brechen. Es geschah dies zunächst dadurch, dass sie den grössten und kräftigsten Theil der Mannschaft wegführten und nur so viel davon zurückliessen, als zur Bebauung des Landes unumgänglich erforderlich war.[1]

Diese Massregel darf uns nicht befremden, sondern kann uns verhältnissmässig sogar als mild erscheinen, wenn wir erfahren, wie viel härter Kaiser Augustus die kurz vorher (23 v. C.) unterworfenen Salasser (Bewohner der savoyischen Alpen) nach ihrer Unterwerfung behandelte, indem er sie sämmtlich, 38000 Seelen, als Sklaven versteigern liess[2], somit dieses Volk gänzlich ausrottete.

[1] Dio Cassius LIV, 22: . . . τό τε κράτιστον καὶ τὸ πλεῖστον τῆς ἡλικίας αὐτῶν ἐξήγαγον, καταλιπόντες τοσούτους, ὅσοι τὴν μὲν χώραν οἰκεῖν ἱκανοί, νεοχμῶσαι δέ τι ἀδύνατοι ἦσαν.

[2] Strabo IV, 7.

Die weggeführten Rätier mögen dem nämlichen Schicksal verfallen sein, denn es war im Allgemeinen römischer Grundsatz, Kriegsgefangene als Sklaven zu verkaufen.[1]) Doch mag die Elite der Rätier schon damals zu Hülfstruppen gebildet und den in entfernten Gegenden stationirten Legionen beigegeben worden sein, denn noch bestanden zwar die regelmässigen Truppen (die Legionen) so ziemlich ausschliesslich aus römischen Bürgern (d. h. aus Italikern, die seit 89 v. C. alle das römische Bürgerrecht besassen); allein bereits hatte auch das System begonnen, denselben aus römischen Unterthanen (Provinzialen oder Nichtitalikern) gebildete sog. Auxiliar- od. Hülfstruppen beizugeben[2]), und dass die Rätier als Soldaten sehr geschätzt waren wird sich in der Folge zeigen.

Als selbstverständliche Massregel darf sodann die vollständige Entwaffnung des Volkes betrachtet werden, welche ebenfalls ein Grundsatz des römischen Kriegsrechtes war. Gegenüber dem schon früher unterworfenen ligurischen Alpenvolk z. B. scheint sich die Entwaffnung bis auf die Werkzeuge erstreckt zu haben.[3])

Nachdem solchergestalt die Römer Herren Rätiens und Vindeliciens geworden, wurden beide Länder (Rätien zwar, wie wir sehen werden, nur theilweise) zu einer Provinz, d. h. zu einem, einer gemeinschaftlichen Verwaltung unterstellten Lande, unter dem Namen Raetia vereinigt[4]), so dass fortan nur noch ethnographisch zwischen Rätien und Vindelicien unterschieden wird.[5])

Aus den abgerissenen und zum Theil ungenauen Angaben der römischen Schriftsteller Strabo (18. J. n. C.), Tacitus (Ende des I. Jahrh. n. C.) und Ptolemäus (Mitte des II. Jahrh. n. C.) lässt sich Umfang und Begrenzung der Provinz Rätien folgendermassen bestimmen.

Im Westen wird uns Helvetien, das damals zur gallischen Provinz Gallia comata (später belgica) gehörte, als Nachbarland be-

---

[1]) Walter, Gesch. d. röm. Rechts I S. 218.
[2]) Kramer, Komment. zu Caesar de b. g. S. 49.
[3]) Florus II, 3: Postumius ita exarmavit (Ligures), ut vix reliquerit ferrum, quo terra coleretur.
[4]) Velleius Paterculus II, 39 sagt von Tiberius: Raetiam et Vindelicos ac Noricos Pannoniamque et Sordiscos novas imperio nostro subiunxit provincias.
[5]) So namentlich, wie wir später sehen werden, zwischen den rätischen und vindelicischen Truppen.

zeichnet¹), und zwar werden als Grenzpunkte angegeben einerseits der Gotthardstock²), und anderseits der Bodensee, an dessen südlichem Ufer die Rätier mit den Helvetiern zusammentrafen.³) Diese von Strabo nur allgemein angegebene Grenze lässt sich aber an der Hand späterer Nachrichten genauer feststellen. Es ist uns nämlich aus späterer Zeit bekannt, dass nicht nur die römische Station und Burg Arbor felix oder Arbona (das heutige Arbon), sondern auch die römische Station Adfines (das heutige Pfyn), rätisch waren⁴), und zwar die zweitgenannte, wie es schon der Name andeutet, (in der Richtung von Ost nach West) die letzte auf rätischem Gebiet. Ferner wissen wir, dass im Beginne des IX. Jahrh. das Kloster Schännis auf rätischem Gebiet gestiftet wurde⁵), und dass später der wenig davon entfernte vom Speer herkommende Steinerbach die westliche Grenze des Bisthums Chur

---

¹) Strabo IV, 6. Ῥαιτοὶ καὶ Οὐινδελικοὶ   συνάπτοντες Ἐλουητίοις καὶ Βοίοις.

²) Dieser ist offenbar unter dem „Adula, auf welchem der Rhein entspringt" Ἀδούλας τὸ ὄρος, ἐξ οὗ ῥεῖ ὁ Ῥῆνος) zu verstehen (Strabo IV, 6). Freilich scheint nach Strabo der Adula so ziemlich das ganze rätische Alpengebirge vom Gotthard bis zum Wormser Joch zu umfassen, denn er lässt die Adda auf dem Adula entspringen. Auch Ptolemaeus II, 12 sagt: Τῆς Ῥαιτίας ἡ μὲν δυσμικὴ πλευρὰ ὁρίζεται τῷ τε Ἀδούλᾳ ὄρει und verlegt in den Adula ebenfalls den Ursprung des Rheins. Tacitus Germ. 1 endlich sagt einfach, dass der Rhein in den rätischen Alpen entspringt (Rhenus Raeticarum alpium . . . . . vertice ortus).

³) Strabo VII, 1: Προσάπτονται δὲ τῆς λίμνης ἐπ' ὀλίγον μὲν οἱ Ῥαιτοί, τὸ δὲ πλέον Ἐλουήτιοι καὶ Οὐινδελικοί.

⁴) Arbona (in der Tabula Peut. und im Itinerarium Antonins Arbor felix genannt) wird in der Notitia Dignitatum c. XXXIV unter den rätischen Besatzungsplätzen aufgeführt. — Die Station Adfines kommt sowol in der Tabula Peut. als im Itinerar. Anton. vor, und zwar kann desshalb kein Zweifel darüber walten, dass dieselbe rätisch war, weil zufolge des Itinerar's in der Richtung von O. nach W. die Angabe der Stationsdistanzen nach gallischen (statt nach den im übrigen Reich üblichen römischen) Meilen (Leugae) erst in Adfines beginnt, woraus erhellt, dass Gallien (wozu Helvetien, wie oben bemerkt, auch gerechnet wurde) erst hier seinen Anfang nahm. Da indess Strabo in der in Note 2 zitirten Stelle sagt, dass die Ufer des Bodensees zum grösseren Theil von den Helvetiern (und Boiern) und nur zum kleineren Theil von den Rätiern bewohnt werden, so müsste, wofern diese Angabe richtig wäre, angenommen werden, dass hier bei Einrichtung der Provinz Rätien ein Stück helvetisches Gebiet zu derselben hinzugezogen wurde und dass Strabo in jener Stelle nicht sowol die politische als die ethnographische Grenze im Auge hatte.

⁵) Nämlich von Graf Hunfried (Handschr. vom heil. Blut c. 16).

bildete¹), und endlich ist bekannt, dass das Ursern-Thal bis in das XV. Jahrh. rätisch war.²) Demzufolge lässt sich die Grenze der Provinz Rätien gegen Helvetien annähernd durch eine Linie bestimmen, welche, von der Furka ausgehend und Ursern einschliessend, über den Crispalt längs dem westlichen Gebirgszug des Kantons Glarus nach dem Steinerbach (zwischen Schännis und Kaltbrunn) und von hier auf den Speer und längs dem, das Toggenburg westlich begrenzenden Gebirgszug, sodann (vom Hörnli weg) der Murg nach in der Richtung auf Pfyn fortlief und auf die Spitze des Untersees traf.

Nördlich vom Bodensee bildete die Donau von ihrem Ursprung an bis zu ihrer Vereinigung mit dem Inn die Grenze³), so dass die westliche Grenze durch eine von Untersee nach der Quelle der Donau zu ziehende Linie zu ergänzen wäre; doch lässt der später zu Tage tretende Besitzstand der Römer annehmen, dass diese Linie nicht westwärts bis an den eigentlichen Ursprung des Stromes, sondern in ziemlich gerader Richtung nordwärts lief, somit etwa in der Gegend von Sigmaringen auf die Donau traf.⁴)

Im Osten wurde die Grenze Rätiens gegen die Provinz Noricum (welche fast bis Wien reichte und nahezu die gesammten heutigen deutschen östreichischen Lande südlich der Donau, mit Ausschluss des rätischen Theiles von Tirol, umfasste) zunächst durch den Inn bestimmt.⁵) Demzufolge lief dieselbe von dem Ausfluss des Inn in die Donau (bei Passau) weg, dem ersteren Strom entlang aufwärts bis zu demjenigen Punkt im heutigen Tirol, wo rätisches Gebiet begann, um sodann, einen Winkel bildend, durch die Tiroler Gebirge sich südwärts fortzusetzen.

Ueber diesen Grenzpunkt, so wie über den Fortlauf der Grenze im Tirol lassen uns die römischen Schriftsteller in Dunkel, daher wir darauf angewiesen sind, dieselben durch andere Hülfsmittel, wenigstens annähernd, ausfindig zu machen.

¹) Nüscheler, die Gotteshäuser der Schweiz I S. 2.
²) Mohr, Gesch. von Currätien I S. 316.
³) Ptolemaeus II, 12: . . ἡ δὲ ἀρκτικὴ μέρει τοῦ Δανουβίου ποταμοῦ τῷ ἀπὸ τῶν πηγῶν μέχρι τῆς τοῦ Αἴνου ποταμοῦ ἐκτροπῆς. — Tacitus Germ. 1: Germania omnis a Gallia Rhaetisque et Pannoniis Rheno et Danubio fluminibus separatur.
⁴) Ptolemaeus II, 12 bestimmt diese Grenze vag durch eine von dem Ursprung des Rheins an den Ursprung der Donau zu ziehende Linie (καὶ τῇ μεταξὺ τῶν κεφαλῶν τοῦ τε Ῥήνου καὶ τοῦ Δανουβίου ποταμοῦ [γραμμῇ]).
⁵) Tacitus hist. III, 5: Aeni fluminis, quod Raetos Noricosque interfluit. Ptolemacus in der in Note 3 zitirten Stelle.

Als besten Leitfaden hiezu bietet sich nun die Begrenzung des, ehemals rätischen, Bisthums Seben oder des spätern Bisthums Brixen an. Es ist nämlich Thatsache, dass sich die alten Bisthumssprengel, ihrem Umfange nach, meist schon vorhandenen politischen Eintheilungen und Begrenzungen anlehnten. So liesse sich für Italien nachweisen, dass dort durchwegs die Bisthumssprengel in Umfang und Begrenzung den ehemaligen römischen Stadtbezirken (civitates) gleich waren, so dass man ziemlich sicher von jenen auf diese, so weit nicht seither Veränderungen stattfanden, schliessen kann. Aehnlich auch im südlichen Gallien, Spanien und andern Gegenden, in welchen noch unter römischer Herrschaft Bisthümer entstanden und dieselbe überdauerten. Eben so hatten in fränkischer Zeit entstandene Bisthümer meist den Umfang eines oder mehrerer Gaue zur Unterlage.[1]

Da nun schon im J. 591 ein Bischof von Seben auftritt[2]), und, wie ich später zeigen werde, anzunehmen ist, dass dieses Bisthum schon unter den Römern gegründet wurde, so dürfte dessen Begrenzung gegenüber dem benachbarten, ehemals norischen Bisthum Salzburg (dem römischen Juvavia) so ziemlich auch für die Grenze Rätiens gegen Noricum massgebend sein. Danach würde die Zirl von ihrer Einmündung in den Inn (unweit Rattenberg) an, ihrem ganzen Laufe nach bis zu ihrem Ursprung oberhalb Brandberg als rätische Grenze anzunehmen sein, die sich sodann durch den Ziller-Grund über die Gebirgshöhen bis in das Puster-Thal, welches sie bei Toblach durchschritte, fortsetzen würde.[3]) Was den Grenzpunkt im Inn-Thal betrifft, so dürfte derselbe um so zuverlässiger sein, als die Grafschaft Tirol selbst, bevor die ehemals bayerischen Herrschaften im Unter-Innthal dazu kamen, nicht weiter reichte.[4])

Noch schwieriger ist es, die südliche Grenze zu bestimmen, zumal auf dieser Seite die vorrömische Grenze des rätischen Gebietes bei Bildung der Provinz unzweifelhaft erhebliche Veränderungen erlitt. Ich werde daher vorerst die vorrömische Grenze Rätiens gegen Italien zu ermitteln und sodann die durch

---

[1]) Vgl. Lang, Baierns Gaue S. 65. Indess bilden die deutschen Gaue bei Weitem keine so sichere Grundlage für die Umschreibung der Diözesen als die römischen Civitates.

[2]) nämlich Ingenuinus in dem später zu erwähnenden Kapitelstreit.

[3]) Vgl. Lang, Baierns Gaue S. 156 ff.

[4]) Steub, zur rät. Ethnologie S. 102, will auch die Spuren alträtischer Namen nicht über diesen Grenzpunkt hinaus finden.

die Römer an derselben vorgenommenen Veränderungen nachzuweisen suchen.

Da die Lepontier, wie oben gezeigt, als die Bewohner der südlichen Abhänge des Gotthard- und Adula-Stockes, somit der heutigen südlich abfallenden Thäler des Kantons Tessin anzusehen sind, so darf angenommen werden, dass jedenfalls der westlich vom Monte Cenere gelegene Theil desselben rätisch war — vielleicht auch noch die nördliche Umgebung des Luganer Sees, während der Bezirk Mendrisio unzweifelhaft, wie es schon seine Lage mit sich bringt, schon früher Bestandtheil des Stadtbezirks Como war. — Ebenso lässt sich aus dem Umstand, dass die Val Camonica (die Heimath der Camuni) rätisch war, und aus den, offenbar zumeist auf das Valtellin zu beziehenden, Erwähnungen des rätischen Weins mit Sicherheit schliessen, dass auch dieses Thal, und mit ihm die obere Spitze des Comer Sees, in welche dasselbe ausmündet, alsdann aber auch Chiavenna und nächste Umgebung (d. h. ungefähr die ehemalige Grafschaft Clefen) zu Rätien gehörten, so dass eine von Magadino (am Lago maggiore) nach Colico (am Comer See) gezogene und von hier längs den, das Valtellin umfassenden Gebirgen fortlaufende und sodann die Val Camonica oberhalb des Iseo-Sees übersetzende Linie so ziemlich der rätischen Grenze in diesen Gegenden entsprechen möchte.

Dass die Tridentiner auch zu den von Augustus unterworfenen rätisch etruskischen Völkerschaften gehörten, sagt Strabo deutlich.[1]) Südlicher noch als diese, und zum Theil zwischen ihnen und den Camuni hineingeschoben scheinen die, im trophaeum Alpium zuerst genannten, Triumpilini gesessen zu sein[2]),

---

[1]) Strabo IV, 6: ὑπέρκεινται δὲ τοῦ Κώμου πρὸς τῇ ῥίζῃ τῶν Ἀλπέων ἱδρυμένου τῇ μὲν Ῥαιτοὶ καὶ Οὐέννωνες ἐπὶ τὴν ἔω κεκλιμένοι, τῇ δὲ Ληπόντιοι καὶ Τριδεντῖνοι καὶ Στόνοι καὶ ἄλλα πλείω μικρὰ ἔθνη, κατέχοντα τὴν Ἰταλίαν ἐν τοῖς πρόσθεν χρόνοις, λῃστρικὰ καὶ ἄπορα. — Offenbar unterscheidet hier Strabo zwischen den in den nordöstlichen (Strabo sagt „ostwärts") Alpen sitzenden Völkerschaften, die er kurzweg als Rätier und als Venonen bezeichnet (die Venones waren sicher Bewohner des rätischen Tirol, da sie im Trophaeum nächst den Venostes aufgeführt werden) und den Völkerschaften der südlichen Abhänge, aus welchen er die Lepontier, Tridentiner und Stoner hervorhebt. Auch sagt Strabo IV, 6: οἱ μὲν οὖν Ῥαιτοὶ μέχρι τῆς Ἰταλίας καθήκουσι τῆς ὑπὲρ Οὐήρωνος καὶ Κώμου. Hätte Strabo Trident nicht für rätisch gehalten so würde er wol gesagt haben „bis über Trient."

[2]) Es erhellt dies theils aus der Tabula Peut., wo dieselben eingezeichnet sind, theils aus der Lage der Val Trombia, die wol ihren Namen von den Trium-

die aber kein rätisches Volk waren, sondern zu den, mit halbem römischem Bürgerrecht beschenkten Euganeern gehörten.¹) Demnach lief die vorrömische rätische Grenzlinie von der Stelle, wo sie die Val Camonica überschritt, muthmasslich über den lago d'Iddro hinweg zur Spitze des Garda-Sees und von da unter Roveredo fort, um längs der Bergkette, welche heute das Südtirol von dem Venetianischen scheidet, bis Noricum sich fortzusetzen.

Es ist aber zweifellos, dass bei Bildung der Provinz Rätien die genannten südlichen Thäler abgelöst und der Provinz Gallia Cisalpina einverleibt wurden, und zwar wahrscheinlich so, dass aus dem Tridentinischen und der Val Camonica je ein eigener Stadtbezirk (civitas) gemacht, das Valtellin mit Chiavenna und die tessinisch rätischen Thäler aber theils zu dem Stadtbezirk Como theils zu dem Stadtbezirk Mailand geschlagen wurden. Die Gründe hiefür sind folgende.

1) Zunächst ist es die Art, wie von römischen Schriftstellern über die südliche Begrenzung der Provinz Rätien berichtet wird²), welche jene Ablösung vermuthen lässt. Ptolemaeus nämlich sagt: Die südliche Seite Rätiens wird begrenzt durch die über Italien sich hinziehenden Gebirge;³) Dio Cassius (geb. 155 n. C.): Die Rätier haben ihren Sitz zwischen Noricum und Gallien bis zu den, Italien benachbarten tridentinischen Alpen;⁴) Orosius (anfangs des V. Jahrh.): Pannonien, Noricum und Rätien haben im Süden Istrien und im Südwesten die peninischen Alpen als Grenze.⁵)

So wenig bestimmt diese Angaben sind, so treffen sie doch alle unzweideutig in der Ansicht zusammen, dass die Alpen

---

pilini hat, und endlich aus dem trophaeum Alpium, in welchem ihnen zunächst die Camuni aufgeführt sind, so wie aus Plinius selbst (s. folg. Note).

¹) Plinius, hist. nat. III, 20: Verso deinde Italiam pectore Alpium, latini iuris Euganeae gentes, quarum oppida triginta quatuor enumerat Cato. Ex iis Triumpilini venalis cum agris suis populus, dein Camuni.

²) Strabo gibt offenbar die ethnographischen Grenzen an, d. h. er bezeichnet die Völkerschaften rätischen Ursprungs (die Ῥαιτοί) und kommt daher hier nicht in Betracht.

³) Ptolemaeus II, 12: ἡ δὲ ἀπὸ μεσημβρίας τοῖς . . ὑπὲρ τὴν Ἰταλίαν Ἀλπίοις ὄρεσιν.

⁴) Dio Cassius LIV, 22: „Ῥαιτοὶ οἰκοῦντες μεταξὺ τοῦ τε Νωρίκου καὶ τῆς Γαλατίας πρὸς ταῖς Ἄλπεσι ταῖς πρὸς τῇ Ἰταλίᾳ ταῖς Τριδεντίναις".

⁵) Orosius I, 2: Pannonia, Noricus et Raetia habent ab oriente Moesiam, a meridie Istriam, ab africo alpes Peninas, ab occasu Galliam Belgicam, a circio Danubii fontem et limitem.

die Grenze zwischen Rätien und Italien bilden, was die Annahme ausschliesst, dass auch die ehemals rätischen südlichen Thäler zu Rätien gehörten; am allerwenigsten würde diese Grenzbeschreibung auf die, weit in die Lombardie sich erstreckenden und flach auslaufenden Thäler der Val Camonica und des Tridentinischen passen.

2) Es wird ausdrücklich von Plinius berichtet, dass eine Anzahl unterworfener Völkerschaften der Cottischen Alpen desshalb nicht in das trophaeum Alpium aufgenommen wurden, weil sie benachbarten Munizipien oder Stadtbezirken einverleibt wurden.[1] Es würde also schon dieser Vorgang es wahrscheinlich machen, dass mit Bezug auf die an das Gebiet cisalpinischer Munizipalstädte angrenzenden rätischen Landschaften und Völkerschaften ähnlich verfahren worden sei.

3) Allein zum Ueberfluss gibt uns der nämliche Schriftsteller selbst darüber, dass dieses Verfahren auch gegenüber Rätien eingehalten worden sei, volle Gewissheit, indem er ausdrücklich sagt, dass „die Camuni und mehrere andere ähnliche Völkerschaften benachbarten Munizipien zugeschieden wurden."[2] Ohne Zweifel gehörten nun zu diesen „andern" abgelösten Völkerschaften namentlich auch die Tridentiner und die Lepontier; wobei nur auffallend bleibt dass, während die Camuni und die Lepontier, trotz ihrer Vereinigung mit Cisalpinien im Trophäum aufgeführt werden, die Tridentiner in demselben nicht genannt sind. Diese Auslassung darf wol als ein Fingerzeig dafür angesehen werden, dass Trient schon vor der Eroberung Rätiens von den Römern anlässlich einer ihrer früheren Expeditionen in das Etschthal erobert worden war.[3]

4) Die Annahme dass bei der Bildung der Provinz Rätien die südlichen Thäler von derselben abgelöst wurden, wird endlich durch folgende Thatsachen unterstützt:

---

[1] Plinius, hist. nat. III. 20: Non sunt adiectae Cottianae civitates XII. quae non fuerunt hostiles, item attributae municipiis lege Pompeia. (Diese lex Pompeia, wonach die Einverleibung erfolgte, war eine Art Gemeindegesetz.)

[2] Plinius, hist. nat. III, 20: Dein Camuni compluresque similes finitimis attributi municipiis.

[3] Solche frühere Expeditionen sind diejenigen des Munatius Plancus (37 v. C.). des Marcus Apuleius (24 v. C.) und des Drusus (16 v. C.).

a) Während **Trient** in römischer und ostgothischer Zeit in **Rätien** keine Rolle spielt — was sich kaum erklären liesse falls es zu dieser, an grösseren Städten armen Provinz gehört hätte — tritt es beim Eindringen der Langobarden in Oberitalien (568) vom ersten Anbeginn an als zu Italien gehörig auf, indem es eines der von Alboin gegründeten 36 Herzogthümer bildet[1]), und der Umstand, dass letztere durchwegs in den bedeutenderen, bereits mit umfangreichem Gebiet versehenen Städten (als: Bergamo, Brescia, Verona, Mantua, Padua, Piacenza, Mailand, Pavia, Turin, Vercelli u. s. w.) errichtet wurden, spricht dafür, dass **Trient** schon bei Ankunft der Langobarden, somit auch schon unter den Ostgothen, eine **italienische** Stadt, und zwar hervorragenden Ranges und mit eigenem Gebiet ausgestattet war. Und da die Ostgothen an dem von den Römern überkommenen staatlichen Organismus nichts änderten, so ist der weitere Rückschluss erlaubt, dass Trient auch schon unter den Römern eine zu Cisalpinien gehörige Stadt (civitas) war, für deren frühe hervorragende Stellung übrigens auch der Umstand spricht, dass schon im J. 381 ein tridentiner Bischof an einem Konzil zu Aquileia sich betheiligte.[2])

Man weiss sodann aus einer Inschrift, dass Trient eine **römische Kolonie** war[3]) und es ist wahrscheinlich, dass dieselbe gleich bei Ablösung jener Stadt von Rätien gegründet wurde, nicht nur um die Tridentiner und Triumpiliner im Zaum zu halten, sondern auch zum Schutz der benachbarten cisalpinischen Landschaften gegen allfällig erneuerte Einbrüche der Rätier, und ohne Zweifel wurde bei **diesem** Anlass der Stadt Trient gleichzeitig ein selbstständiges Gebiet angewiesen, wie dies in der Regel in Fällen geschah, in welchen die kolonisirte Stadt nicht schon ein solches besass.

Die Vermuthung, dass Trient von den Römern schon **vor** der Unterwerfung der übrigen rätischen Völkerschaften erobert

---

[1]) Paulus Diaconus, de gestis Langobardor. II, 32. III, 9 u. 26.
[2]) nämlich Abundantius (Tatti, Annali sacri della città di Como, S. 277).
[3]) Diese, in Trient gefundene, Inschrift lautet: C. VALERIO. C. F. P. | MARIANO. | HONORES. OMNES. ADEPTO. TRIDENT. | FLAMINI. ROMANO. ET. AVG. | PRAEF. QVINQ. AVGVR. | ADLECTO. ANNON. LEG. III. | ITAL. SODALI. SACROR. TVSCVLANOR. IVDICI. SELECTO. DECVR. TRIB. | DECVRIONI. BRIXIAE. | CVRATORI. REI. P. MANT. | EQVO. PVBL. PRAEF. FABR. | PATRONO. COLON(iae sc. Tridentinae) PVBLICE (Orelli, inscription. lat. collectio ur 2183).

war, wird aber vollends durch eine Inschrift beurkundet, welche bei der genannten Stadt auf der nämlichen Anhöhe, auf welcher später die Veste Veruca stand, entdeckt wurde; denn dieses Denkmal wurde, wie es die Inschrift selbst bezeugt, von dem Legaten M. Appuleius auf Befehl des Kaisers Augustus im 11. Jahr seines Konsulats, somit im J. 23 v. C. gesetzt, und zwar wahrscheinlich in die Mauer eines dort errichteten Kastells.¹) Somit hat ohne Zweifel Marcus Appuleius auf seiner rätischen Expedition des J. 24 v. C. Trient erobert und im darauf folgenden Jahr ein Kastell dort errichtet.

b) Ebenso scheint die **Val Camonica** bei Anlass ihrer Einverleibung mit dem cisalpinischen Gallien, wahrscheinlich wegen ihrer isolirten Lage, zu einem eigenen sog. Stadtbezirk gestaltet worden zu sein; denn wir erfahren aus zwei Inschriften, dass dieses Thal unter den Römern ein eigenes, mit römischen Munizipalbeamteten versehenes Gemeinwesen war.²)

c) Die **übrigen südlichen rätischen Thäler** erscheinen in nachrömischer Zeit schon sehr früh (im VIII. u. IX. Jahrh.) als Bestandtheile italienischer Grafschaften und Bisthümer; und da es nicht bekannt ist, dass erst nach dem Untergang des römischen Reichs die südliche Grenze Rätiens so erheblich verändert worden wäre, darf man diesen Umstand wol als eine Inzicht dafür ansehen, dass ihre Ablösung von Rätien schon bei Bildung dieser Provinz erfolgte. Und zwar ist es, auf Grund der nachrömischen Sachlage, wahrscheinlich, dass die tessinischen Thäler diesseits des Monte Cenere mit dem Stadtbezirk **Mailand**³), Lugano und

---

¹) Diese in der Kirche St. Apollinare auf dem sog. Doss Trento zuerst von Maffei um die Mitte des vor. Jahrh. entdeckte Inschrift lautet nach Cresseri (Ragionamento intorno ad un' iscrizione Trentina d'Augusto) wie folgt: IMP (erator). CAESAR. DIVI. F (ilius). | AVGVSTVS. COS. (consul) XI. TRIB (unicia). | POTESTATE. DEDIT. | M. (arcus). APPVLEIVS. SEX (ti). F (ilius). LEG (atus). | IVSSV. EIVS. FAC (iundum). CVRAVIT. — Die Inschrift findet sich auch im Museum Veron. (S. 379) und in Kenner, Beiträge (im „Archiv für Kunde östreichischer Geschichtsquellen der kais. Akademie der Wissensch. XXIV. Band.)

²) Orelli, insript. nr. 3789 („RESPVBLICA CAMVNORVM.") und nr. 5195 („CLAVDIANVS DVOVIR. IVRI. DICVNDO. CAMVNIS" und „RESPVBLICA. CAMVNORVM.").

³) Wenigstens erscheint Locarno im J. 807 als Bestandtheil der mailändischen Grafschaft Stazona (Fumagalli, Codice diplomat. nr. 39); und das Liviner-, das Blegno- und das Osagna-Thal erscheinen schon im J. 945

Umgegend dagegen, wofern sie rätisch waren, mit dem Stadtbezirk Como[1]) und endlich auch das Valtellin, obwol es im J. 867 mailändisch ist[2]), und Chiavenna, das schon im J. 803 als Kirche von Como genannt wird[3]), ursprünglich mit dem Stadtbezirk Como verbunden wurden. Mit Bezug auf Chiavenna ist dies um so sicherer, als die oben erwähnte Cleser Inschrift unverkennbar selbst auf eine Verbindung des Bergell mit Como deutet, und eben so erhellt aus derselben, dass einige kleinere, wahrscheinlich meist rätische, Völkerschaften des südlichen Tirol zu Trient geschlagen wurden. Dass aber die Rechtsverhältnisse der einverleibten rätischen Landschaften gegenüber den betreffenden Städten nicht immer genau geordnet wurden, ergiebt sich aus dem Inhalt des nämlichen kaiserlichen Ediktes (s. S. 50 Note 4).

d) Zufolge einer, von Paulus Diaconus, einem Langobarden aus der 2ten Hälfte des VIII. Jahrh., uns hinterlassenen Beschreibung der langobardischen Provinzen ist es unzweifelhaft, dass in langobardischer Zeit die, ehemals rätischen südlichen Alpenthäler nicht mehr zu Rätien gehörten, denn er sagt ausdrücklich, dass letzteres „inner den Alpen" liege.[4])

Da nun die Ostgothen, wie ich oben bemerkte und später nachweisen werde, an der römischen staatlichen Organisation im Ganzen und Grossen nichts änderten, so müssten jene Thäler, falls sie in römischer und somit auch in ostgothischer Zeit rätisch gewesen wären, von den Langobarden erobert worden sein, indem Rätien, als sie das Reich Theoderich's stürzten, schon nicht mehr zu diesem gehörte, sondern theils fränkisch theils bojarisch war.

---

als Eigenthum des mailänder Klerus (Giulini, memorie spettanti alla storia di Milano S. 506) — wol desshalb weil die mailänder Diözese ursprünglich den nämlichen Umfang wie der mailänder Stadtbezirk hatte.

[1]) Nach Fumagalli, Cod. dipl. nr. 1 und 61 (s. auch die bezüglichen Noten) gehörten sie zwar im J. 847 zur Grafschaft Seprio. Es ist aber wol nicht anzunehmen, dass Seprium in römischer Zeit einen eigenen Stadtbezirk bildete.

[2]) Fumagalli, Cod. dipl. nr. 99 („Valtellina iudiciaria mediolanensis"). Dieses erklärt sich vielleicht daraus, dass Como selbst um jene Zeit mailändisch war (Giulini, memorie S. 249.)

[3]) Tatti, Annali sacri S. 799.

[4]) Paulus Diaconus de gest. Langob. II, 15: duae provinciae, id est Rhetia prima et Rhetia secunda (Raetia prima hiess damals Currätien, Rhaetia secunda das rätische Tirol) inter Alpes consistentes, in quibus proprie Rheti habitare noscuntur."

Allein die Geschichte berichtet uns nichts von einer solchen Eroberung, welche nothwendig die Langobarden mit den Herren Rätiens in blutigen Konflikt hätte versetzen müssen.

5) In der That sind die Gründe, welche die Römer zur Ablösung der südlichen rätischen Thäler bestimmen mochten, sehr einleuchtend. Einestheils nämlich wurde durch diese Spaltung Rätiens dessen eigenartige Volks- und Widerstandskraft dauernd gebrochen und überdies der abgelöste bevölkertere Theil durch Einverleibung mit benachbarten römischen Gebieten einer desto rascheren Romanisirung entgegengeführt, anderntheils aber wurde dadurch die Verwaltung der Provinz Rätien wesentlich erleichtert, indem es einem römischen Statthalter derselben fast unmöglich gewesen wäre, seine Jurisdiction und Aufsicht auch über den Alpengrat hinaus zu erstrecken.

Demgemäss lief die südliche Grenze der Provinz Rätien vom Gotthardstock aus, der Wasserscheide der lepontischen Alpen nach über den Maloia zur Bernina-Kette und dieser nach zum Wormser Joch. Im Tirol dürfte die Grenze am sichersten nach derjenigen des Herzogthums Trient unter den Langobarden zu bestimmen sein, da von diesem vorausgesetzt werden darf, dass seine rätische Grenze die nämliche geblieben war wie diejenige des römischen Stadtbezirkes Trient. Unter dieser Voraussetzung lief die südliche Grenze der Provinz Rätien von dem Wormser Joch weg über den Ortles dem Gebirgszuge nach, welcher die Val di Non nördlich und östlich umschliesst und vom Vinstgau und Etsch-Thal scheidet[1]), zwischen Deutsch- und Welschmez (Mezzo tedesco und Mezzo lombardo)[2]) über die Etsch und auf der andern Seite dem, das Fliemser-Thal nordwestlich säumenden Gebirgszuge nach bis zum Ursprung des Avisio-Flusses, sodann der südlichen Grenze des heutigen Tirol entlang bis zur Vereinigung mit der östlichen

---

[1]) Dass die Val di Non in langobardischer Zeit noch zu Italien beziehungsweise zum Herzogthum Trient gehörte und auch die Grenze bildete, ergibt sich aus Paulus Diaconus, de gest. Lang. III, 28, indem dieser sagt, dass das „castrum Anagnis" (d. h. das castello di Non in der Val di Non) sich „in confinio Italiae" befinde. Beda Appell, histor. Unters. S. 374, nimmt den Fluss Noce (lat. Nosius) in Val di Non als Grenze an.

[2]) Dass hier die lombardisch-rätische Grenze war, zeigt schon der Name unzweideutig an (Mezzo wird wol auch von dem lat. meta, Ziel, Endziel, Grenze, abgeleitet). Vgl. über Umfang und Begrenzung des Herzogth. Trient auch Kink, akad. Vorlesungen S. 94.

Grenze Rätiens etwa in der Gegend des Höllenstein-Thales. — Freilich würde durch diese Begrenzung der grösste Theil der bojarischen Grafschaft Bozen, obwol er noch zur Diözese Trient gehört, auf rätisches Gebiet zu liegen kommen, was mit der oben entwickelten Theorie, dass in römischer Zeit die Grenzen der Bischofssprengel und diejenigen der Stadtbezirke einander deckten, nicht stimmt. In der That ist es nicht unmöglich, dass unter den Römern Bozen auch zu Trient gehörte und dass jenes erst in nachrömischer Zeit von den Bojaren, die hier lange mit den Langobarden mit wechselndem Glück im Kampfe lagen, den letzteren entrissen wurde. Wäre dies der Fall gewesen, so würde sich die rätische Provinzialgrenze von Val di Non weg mit der Grenze des Bisthums Chur nach Meran und von hier mit der Grenze des Bisthums Brixen bis Clausen (Seben) und sodann der Eisak nach abwärts bis Kardaun und von hier aus über das Lattemar-Joch bis auf die Predazzo-Spitze und ferner, östlich des Fassa-Thales, der Gebirgshöhe nach auf Vedret Marmolatta und endlich weiter in der schon beschriebenen Linie gezogen haben.[1]) Selbstverständlich würde, wenn die rätische Provinzialgrenze den Diözesangrenzen von Chur und Seben (Brixen) folgen sollte, der rätische Besatzungsplatz Foetibus (auf welchen ich im Kapitel über das Militärwesen zu sprechen komme) nicht in Pfäten und überhaupt nicht in der ehemaligen Grafschaft Bozen, sondern anderswo zu suchen sein.

Wenn dagegen, wie ich annehme, die spätere Grafschaft Bozen unter den Römern zu Rätien gehörte, so müsste das Eingreifen des Bisthums Trient aus nachrömischer Zeit rühren.[2])

---

[1]) Um das J. 1050 wurden die Diözesen von Brixen und Trient von Clausen weg durch die angegebene Linie gegen einander abgegrenzt (Resch, Annales ecclesiae Sabionensis, Urk. nr. 72).

[2]) Auf welche Irrwege die Schriftsteller mit Bezug auf Rätien schon gerathen sind, beweist u. A. der veltliner Quadrio, der die zwei Bände seiner Dissertazioni auf die Voraussetzung baut, dass das Valtellin zur Provinz Rätien gehört habe. Auch Roschmann, Veldidena, rechnet irrig Trient zu dieser Provinz; ebenso Bergmann, Beiträge zur Geschichte des Vorarlbergs, u. A.

Zu Verdeutlichung der Begrenzung der Provinz Rätien dient die Karte in Beil. I.

II. DIE KOLONIE AUGUSTA VINDELICORUM.

Eine der wichtigsten Massregeln zur Sicherung der neugebildeten Provinz nach Innen und Aussen war die Anlage einer grossen römischen Pflanzstadt (Kolonie).

Die römischen Kolonien dienten verschiedenen Zwecken. Ursprünglich, in republikanischer Zeit, vorzugsweise zur Versorgung armer römischer Bürger bestimmt, hatten sie seit Sulla insofern einen vorwiegend militärischen Karakter angenommen, als man sie besonders zur Ansiedlung ausgedienter Soldaten (Veteranen), die man eben so wol versorgen, als für ihre Dienste belohnen wollte, benutzte. Je mehr aber Rom seine Eroberungen ausdehnte, desto mehr dienten sie zugleich als Stützpunkte der römischen Herrschaft, indem sie einerseits gleichsam permanente Besatzungen bildeten, auf welche sich die Regierung sowol gegenüber inneren Aufständen als (in Grenzprovinzen) gegenüber äusseren Angriffen verlassen konnte, und anderseits als Mittelpunkte römischen Lebens zur Romanisirung der unterworfenen Völkerschaften mächtig beitrugen[1]) und endlich (wie wir später sehen werden) in dem ihnen hiezu angewiesenen Landbezirk der Regierung einen Theil der Verwaltungslast abnahmen.

Ganz besonders war es der staatsmännische Geist des Kaisers Augustus, der die hohe politische Bedeutung dieser Kolonisirungen gewahrte und daher sowohl in Italien als in den römischen Provinzen zahlreiche Kolonien anlegte.[2])

So beeilte er sich denn auch, die neue Provinz Rätien durch eine römische Pflanzstadt zu sichern, die er, weil sie in der grossen vindelicischen Ebene am Lech (an der Stelle des heutigen Augs-

---

[1]) Siculus Flaccus de cond. agr.: Coloniae autem inde dictae sunt, quod Romani in ea municipia miserint colonos vel ad ipsos priores municipiorum populos coercendos vel ad hostium incursus repellendos. — Tacitus, Annal. XII. ... Colonia deinde in agros captivos, subsidium adversus rebelles, et imbuendis sociis ad officia legum, deducta.

Auch Appianus (de bell. civil.) sagt: es sei bei den Römern Uebung gewesen, den italischen Völkerschaften, die sie unterwarfen, zu Gründung von Kolonien Boden abzunehmen, oder auch solche in bereits bestehende Städte zu senden, und zwar hätten diese Kolonien als Besatzungen gedient.

[2]) In Italien allein legte Augustus, zufolge der Aufzeichnung eines Denkmals in Ancyra, 28 Kolonien an.

burg) angelegt wurde, Colonia Augusta Vindelicorum hiess. Zwar hat man über die Gründung dieser Kolonie keinerlei Bericht, indem dieser Stadt zuerst von Tacitus in seinem zu Ende des I. Jahrh. geschriebenen Werk über Deutschland Erwähnung geschieht.[1]) Dass aber Augusta Vindelicorum eine römische Kolonie war, erhellt aus der nämlichen Stelle des Tacitus, der sie ausdrücklich als solche bezeichnet, und dass Augustus sie gründete, sagt ihr Name selbst; häufig erhielten nämlich Kolonien den Namen ihres Gründers. Auch lässt die Politik des Kaisers Augustus, deren wir oben gedachten, die Annahme kaum zu, dass er in der wichtigen rätischen Grenzprovinz keine Kolonie gründete.

Dass diese Kolonie zahlreich gewesen sein muss, ist theils desshalb zu vermuthen, weil sie, so viel bekannt, die einzige von Staatswegen in der Provinz Rätien angelegte und überdies zum Sitze der Provinzialregierung bestimmt war, theils ist dies aus ihrer hohen Blüthe schon zur Zeit Traian's zu schliessen.[2])

Dass diese Augusta Vindelicorum höchst wahrscheinlich in der vindelicischen Stadt Damasia gegründet wurde, habe ich oben schon dargethan, und ich bemerke hier blos noch, dass, wo sich in eroberten Ländern schon Städte an geeigneter Stelle befanden, die Verlegung von Kolonien in solche gewöhnlicher als die Gründung ganz neuer Orte war[3]); und in der That hatte ersteres Verfahren den grossen Vortheil, dass die Kolonisten schon angebaute Felder und selbst Wohnungen vorfanden, indem nach römischem Kriegsrecht kein Eigenthum der bezwungenen Landeseinwohner anerkannt wurde. — Auch ist es Thatsache, dass neukolonisirte Orte sehr häufig in Folge der Kolonisirung ihren ursprünglichen Namen änderten, und ohne Zweifel geschah dies um so sicherer, je zahlreicher und wichtiger die Kolonie war.[4])

Bei Anlage einer Kolonie in einem eroberten Lande wurde, gleichviel ob es sich um Gründung einer neuen Stadt handelte

---

[1]) Tacitus, Germ. 41: . . splendidissima Rhaetiae provinciae colonia.
[2]) „splendidissima colonia" sagt Tacitus.
[3]) Hygenus de limit. const. I. sagt von Augustus: „suarum legionum milites colonos fecit (in Italien und in den Provinzen) . . . quibusdam deletis hostium civitatibus novas urbes constituit: quosdam in veteribus oppidis deduxit et colonias nominavit."
[4]) Welser, Opera S. 218 sagt hierüber: Novarum urbium coloniis nova nomina indita: antiquarum retenta quaedam, adiectione quadam aucta, quaedam omnino mutata.

oder nicht, das derselben anzuweisende Gebiet (pertica, territorium) abgesteckt und abgegrenzt[1]), sodann, so weit es zur Vertheilung bestimmt war, geometrisch abgemessen und durch Ziehung sich kreuzender Grenzlinien, die theils von Ost nach West theils von Süd nach Nord liefen, in Jucharte (iugera) abgetheilt, wovon durch das Loos ursprünglich je 100 Kolonisten 200, somit jedem Einzelnen zwei zugetheilt wurden.[2]) Später wurden die Loose grösser.[3]) Doch wurde bei Bestimmung der Loose auch Rücksicht auf die grössere oder geringere Fruchtbarkeit des Bodens genommen.[4]) Was inner diesem Gemeindegebiet nicht den Kolonisten als Privateigenthum zugetheilt wurde, das verblieb zunächst dem Staat, wurde aber in der Folge, wie wir sofort sehen werden, vielfach, sei es den Kolonisten als gemeinschaftliches Weideland sei es den Stadtgemeinden als öffentliches Gut überlassen.

Die kolonisirte Stadt selbst wurde regelmässig mit einer Mauer umzogen.[5])

Die Ansiedelung einer Staatskolonie erfolgte in der Kaiserzeit unter Leitung eines vom Kaiser hiemit Beauftragten (curator, legatus). Der Auszug geschah in militärischer Ordnung. Uebrigens war die Anlage der Kolonie regelmässig mit religiöser Feierlichkeit verbunden. Die Anzahl der Kolonisten betrug in republikanischer

---

[1]) Lex Manlia de coloniis: Qui hac lege coloniam duxerit . . . in eo agro, qui ager intra fines eius coloniae . . . erit, limites decumanique (decumani hiessen die von Ost nach West gezogenen Grenzlinien) fiant terminique statuantur curato (sc. curator). Quosque fines ita statuerit, hi fines eorum sunto: dum ne extra agrum colonicum territoriumve fines ducat. Cum curator hac lege non erit u. s. w.

[2]) Siculus Flaccus de cond. agr.: antiqui Romanorum agrum ex hoste captum victori populo per bina iugera partiti sunt, centenis hominibus ducentum iugera dederunt. Doch scheint zufolge des nämlichen Schriftstellers in der Folge, bei den Militärkolonien, in Zutheilung von Loosen auch Rücksicht auf militärische Verdienste und Rang genommen worden zu sein: „neque tamen omnibus aequaliter datum, sed et secundum militiam modus est datus."

[3]) Unter den Kaisern stiegen die Loose bis auf 10 Juch. und mehr für jeden Kolonen. 1 iugerum betrug 2528 □ Mètres, also ungef. 150 □ Ruthen. Aber auch schon in republikanischer Zeit waren die Loose unter Umständen grösser gewesen. So erhielten die Kolonisten des eroberten karthagischen Gebietes je 30, ja sogar 200 iugera als ihr Privateigenthum (Lex Thoria c. 3, 4 u. 28).

[4]) Frontinus de agror. qual.: pro aestimo ubertatis et natura locorum agri assignati sunt, und: ager pro aestimo ubertatis est divisus. Ebenso Siculus Flaccus.

[5]) Hygenus, de limit. const. I.: „Antiqui propter subita bellorum pericula non solum erant contenti urbes muris cingere, sed. . ."

Zeit gewöhnlich 300, erreichte aber unter den Kaisern auch die Zahl von mehreren Tausend.[1])

Das nämliche Verfahren und die nämlichen Förmlichkeiten wurden ohne Zweifel auch bei Anlage der Kolonie Augusta Vindelicorum beobachtet, denn die Römer hielten sich streng an hergebrachte Formen.

Gemäss der nämlichen Politik wurde auch in der gleichzeitig mit Rätien eroberten Nachbarprovinz Noricum die Kolonie Laureacum (Lorch) als Hauptstadt gegründet.

III. DER PROVINZIALBODEN.

Mit Bezug auf den Boden eines eroberten Landes befolgten die Römer überall die nämlichen Grundsätze, so dass letztere auch in der neugebildeten Provinz Rätien werden zur Anwendung gekommen sein. Man muss sich dieselben klar machen, um Manches, was später aus ihnen hervorging, zu verstehen.

Es war römischer Staatsgrundsatz, dass aller Boden eines eroberten Landes, gleichviel ob angebaut oder nicht, dem Staate, beziehungsweise dem Kaiser (nachdem dieser Inhaber aller Staatsgewalt geworden) als Eigenthum zufiel.[2]) Den Landeseinwohnern wurde zwar im Interesse der Kultur oder aus besonderen Rücksichten in der Regel ein Theil ihres Grundbesitzes belassen[3]), dieselben hatten aber daran kein wahres Eigenthum[4]), sondern nur eine Art Nutzungsbesitz und konnten daher aus demselben zu Gunsten neuer römischer Ansiedler auch später vertrieben werden[5]) — selbstverständlich jedoch nur so lange bis auch sie das römische Bürgerrecht erlangt hatten.

---

[1]) Walter, Gesch. d. röm. Rs. I. S. 252. In das eroberte karthagische Gebiet wurden aber auch schon (ca. 121 J. v. C.) 3000 Kolonisten auf einmal versandt.

[2]) Gaius, instit. II, 7: Sed in provinciali solo placet plerisque, solum religiosum non fieri, quia in eo solo dominium populi Romani est vel Caesaris.

[3]) Siculus Flaccus: „Nec tantum omnibus personis victis ablati sunt agri, nam quarundam dignitas aut gratia aut amicitia victorem ducem movit, ut eis concederet agros suos" -- und „aliquibus vero auctores divisionis reliquerunt aliquid agri eis quibus abstulerunt."

[4]) Gaius a. a. O. fährt fort: „nos autem possessionem tantum et usufructum habere videmur." Vgl. Savigny, über das ius ital. (in d. Z. S. für geschichtl. Rechtswiss. Bd. V.)

[5]) Siculus Flaccus sagt daher, es sei mitunter auch nur Einzelnen Land angewiesen worden „monte illo, pago illo, illi iugera tot aut illi agrum illum qui fuit illius."

DER PROVINZIALBODEN. 71

Was weder den römischen Kolonisten zugetheilt noch den Provinzialen belassen wurde, ward entweder zu Landanweisungen an neue römische Ansiedler aufbewahrt[1]) oder für Rechnung des Staates verkauft[2]) oder verpachtet.[3]) Um den Kauf oder die Pacht solcher Staatsländereien pflegten sich besonders Gesellschaften römischer Spekulanten zu bewerben. Die Verpachtung erfolgte bald auf kürzere bald auf längere Zeit[4]), und der Pachtzins bestand bald in einem Zehnten (einem Theil der Früchte) bald in Geld.[5]) Doch scheinen Pachten von langer und selbst unbeschränkter Dauer bei Staatsländereien mehr und mehr in Gebrauch gekommen zu sein; denn in späterer Kaiserzeit findet sich viel Staats- und Krongut in römischer Erbpacht (Emphyteusis).[6]) Von denjenigen Gütern, welche die Kaiser, so lange zwischen Kron- und Staatsgut unterschieden wurde, zu ihrer persönlichen Benutzung und Verfügung sich vorbehielten, wurden aber viele für Rechnung des Kaisers durch kaiserliche Kolonen und Sklaven und unter Aufsicht eigener kaiserlicher Verwalter bebaut.[7]) An solchem Krongut konnte es

---

[1]) Siculus Flaccus „. . . deinde terrae nec tantum occupaverunt quod colere potuissent, sed quantum in spe colendi reservavere."

[2]) Siculus Flaccus: „Ut vero Romani omnium gentium potiti sunt, agros ex hoste captos in victorem populum partiti sunt: alios vero agros vendiderunt" — und: „quaestores dicuntur agri, quos ex hoste captos Populus Romanus per quaestores vendidit." — Ebenso Hygenus de limit. const. II.

[3]) Hygenus a. a. O.: „qui superfuerant agri vectigalibus subiecti sunt, alii per annos, alii vero mancipibus ementibus id est conducentibus in annos centenos, plures vero, finito illo tempore, iterum venduntur locanturque ut vectigalibus est consuetudo." — Hygenus, Comment. . . „quidam vectigalibus certo tempore locanta (sc. subseciva, d. h. was von der Landanweisung übrig geblieben ist).

[4]) s. Hygenus in obiger Note 3.

[5]) Hygenus I.: „Agri vectigales multas habent constitutiones. In quibusdam provinciis fructus partem constitutam praestant, alii quintas, alii septimas; nunc multi pecuniam." Ein Beispiel solcher gegen Entrichtung eines Zehnten abgegebener Staatsländereien finden wir in dem sog. Zehntland (agri decumates) des Neckargebietes (s. d. V. Kap. dieses Abschnittes). Mit Bezug auf das ehemals karthagische Gebiet s. Lex Thoria (ungef. aus dem J. 117 v. C.) c. 40: . . . is pro eo agro (sc. publico in Africa) vectigal decumas scripturam populo aut publicano dare debeto.

[6]) s. Cod. Theod. tit. de locatione fundorum iuris emphyteutici und de conlatione fundorum patrimonialium. Diese römische Emphyteusis unterschied sich von der deutschen Erbpacht hauptsächlich durch ein ausgedehnteres Verfügungsrecht des Nutzeigenthümers. — Auch bei der Emphyteusis bestand der Zins (Canon, pensio) bald in Naturalien (annona) bald in Geld. (l. 3. Cod. Th. de conl. fundor. patrim.)

[7]) Es erhellt dies namentlich aus Cod. Theod. l. ult. de actoribus, procu-

namentlich in Rätien, das eine kaiserliche Provinz war¹), nicht fehlen.

Es leuchtet ein, dass unter solchen Umständen unmittelbar nach Eroberung eines Landes und nachdem dasselbe zur römischen Provinz gemacht worden, das Staats- und Krongut in derselben von grossem Belang sein musste, denn es umfasste: 1. den, den Provinzialen abgenommenen und noch an keine römischen Ansiedler als freies Eigenthum angewiesenen bebauten Boden; 2. allen nicht angebauten, aber doch tragbaren Boden, also namentlich Waldungen und Weiden²), so weit solche nicht den römischen Kolonisten ebenfalls zugetheilt wurden³), und 3. allen weder angebauten noch tragbaren Boden.⁴) Es ist anzunehmen, dass in Rätien und Vindelicien unmittelbar nach Bildung der Provinz die Kron- und Staatsdomänen namentlich auch viel angebautes Land umfassten, da ja von den Ureinwohnern nur so viele übrig gelassen wurden, als für den Landbau unerlässlich schien⁵); und es findet diese Annahme sogar ausdrückliche Bestätigung durch die Cleser Inschrift, wonach in den (zwar nicht zur Provinz Rätien gekommenen) rätischen Thälern am Südabhang der Alpen vieles angebaute und nicht angebaute Land Krongut war.⁶)

Bald aber verminderte sich das Kron- und Staatsgut sehr erheblich — nicht nur durch Verkäufe und durch nachträgliche Landanweisungen, sondern besonders auch durch Usurpationen; namentlich scheint das Weidland vielfach von den anstossenden

---

ratorib., l. 2 de fugitivis colonis, l. 5 de extraord., l. 2 de domib. ad rem priv. und aus Cod. Just. tit. 66 (de fundis et saltib. rei dominicae) und 67 (de agricolis et mancipiis dominicis.)

¹) s. unten das Kap. über die Provinzialeinrichtungen.

²) Siculus Flaccus sagt von dem nicht angewiesenen Boden des abgegrenzten Kolonie-Gebietes, „Non omnis ager centuriatus in assignationem cecidit, sed et multa vacua loca relicta sunt quorum ea conditio est quae subscecivorum. Subscecivorum haec conditio est facta, quod silvae et aspera loca in assignationem non venerunt." Um so mehr muss das von dem ausser dem Kolonie-Gebiet liegenden Provinzialboden gelten.

³) Siculus Flaccus fügt nämlich obiger Stelle bei: „Comperimus vero in aliquibus regionibus et pascua et silvas assignatas esse" — immerhin blos inner dem Kolonie-Gebiet. Die Lex Thoria c. 4 hatte den afrikanischen Kolonisten ebenfalls gemeinschaftliche Weiden (agrum compascuum) angewiesen. Ich komme unten auf diesen Punkt zurück.

⁴) Frontinus, de agr. qual.: „Relicta loca sunt quae sive locorum iniquitate sive arbitrio conditoris relicta limites non acceperunt: haec sunt iuris subsecivorum" d. h. sie bleiben zur Verfügung des Staates.

⁵) Dio Cassius, LIV, 22. (s. die Stelle auf S. 54. Note 1.)

⁶) „agros plerosque et saltus mei iuris esse" (s. die Inschrift auf S. 50. Note 4).

Grundbesitzern in Anspruch genommen worden zu sein[1], und die mehrerwähnte Cles'sche Inschrift zeigt, dass solche Usurpationen schon früh eintraten und zu weitschichtigen Untersuchungen Veranlassung gaben. Zudem wurde in der Folge viel Wald und selbst Weidland den Städten zu Befriedigung ihrer öffentlichen Bedürfnisse zugewiesen[2]) und von denselben sodann vielfach, ähnlich wie es durch den Staat geschah, in Pacht gegeben. Weidland wurde sogar oft den anstossenden Grundbesitzern, welche sich in den Genuss desselben gesetzt, geradezu als Eigenthum überlassen[3]) oder wenigstens nur gegen geringen Zins in Pacht gegeben[4]); woraus sich gewissermassen eine Weidgenossenschaft bildete.[5]) Aber stets behielt der Grundsatz, dass aller nicht angewiesene oder abgetretene Provinzialboden dem Staat gehöre, seine Geltung.

IV. STRASSEN.[6])

Ein Haupterforderniss, Rätien dauernd zu beherrschen, war, es für Truppen und militärische Zufuhren leicht zugänglich zu

---

[1]) Frontinus de agr. qual.: „quicquid de extremitate perticae possessor proximus aliusve detinebit ad subsecivorum controversiam pertinebit" und „de locis publicis (zu denen Wälder und Weiden auch gehörten) sive populi Romani sive coloniarum municipiorumve controversia est, quoties ea quae neque assignata neque vendita fuerint aliquis possederit.

[2]) Aggenus, Com.: „In tutelam rei urbariae assignatae sunt silvae, de quibus ligna in reparationem publicorum moenium traherentur" — und „Loca autem quae sunt publica (nämlich der Municipien) videamus: Sunt silvae, de quibus lignorum copia in lavacra publica ministranda caeduntur. Sunt et loca publica quae in pascuis sunt relicta."—Hygenus I: „illa quae reipublicae (d. h. einer Kolonie oder einem Munizipium) assignabimus priva terminatione circumibimus et in forma ut erit ostendemus silvas sive pascua" (Hygenus spricht nämlich von der Katastrirung).

[3]) Aggenus, Com.: „Domitianus per totam Italiam subseciva (d. h. was inner dem Weichbild einer Stadtgemeinde nicht angewiesen worden war, also noch dem Staat gehörte) possidentibus donavit." Ebenso Siculus Flaccus („de quibus subsecivis Domitianus finem statuit id est possessoribus ea concessit.") Vgl. auch Lex Thoria c. 3, 4 und 10.

[4]) Hygenus I: „proximis possessoribus datum est in commune nomine compascuorum. Nam et vectigal, quamvis exiguum, praestant."

[5]) s. obige Stelle des Hygenus (N. 4); ferner Siculus Flaccus: „Inscribuntur (in die Katastertafeln) et compascua, quod est genus quasi subsecivorum sive loca quibus proximi quique vicini i. e. qui ea contingunt pascua (fruuntur.)" Endlich Frontinus „. . . est et pascuorum proprietas pertinens ad fundos, sed in commune." S. auch l. 20 § 1. D. si servit. (S. 5).

[6]) Literatur über das rätische Strassenwesen: Welser, Opera. Mannert,

machen und zugleich einen geordneten und nicht allzu schwierigen Verkehr zwischen der Staats- und der Provinzialverwaltung einzurichten d. h. zu diesem doppelten Zwecke **Heer- oder Staatsstrassen** (viae publicae, militares) zu bauen.

Es darf uns daher nicht wundern, von Strabo zu vernehmen, dass Kaiser Augustus „mit der Vertilgung der Räuber auch die Verbesserung der Strassen verband" — freilich fügt er diesem Berichte sofort einschränkend bei: „so weit es möglich war[1]), denn die Natur lässt sich nicht überall besiegen wegen der Felsen und ungeheuren Abhänge, die theils über dem Weg theils in der Tiefe sind." Diese Verbesserung scheint nun allerdings noch keine kunstgerecht durchgreifende gewesen zu sein, denn Strabo (der dieses ungefähr 3 Jahre nach dem Tode des Kaisers Augustus schrieb) schildert die rätischen Alpenstrassen noch als zum Theil so schmal, dass Fussgänger und selbst Lastthiere, die es nicht gewohnt seien, vom Schwindel ergriffen werden; „dem konnte man, fügt er bei, freilich nicht abhelfen."

Man ersieht hieraus, dass die rätischen Alpenstrassen, trotz der von Augustus ausgeführten Verbesserungen, noch immer mehr den Karakter von Bergpfaden als von Bergstrassen hatten, und man hat um so mehr Grund anzunehmen, dass von denselben unter Augustus noch keine kunstgerecht erstellt worden war, als Strabo nur den Pass der Salassier (Mont Cenis) und den Okra (in den illyrischen Alpen) als fahrbar bezeichnet.[2])

Welche Strassen und Pässe Augustus gangbar machen liess, wird uns nun zwar nicht berichtet. Denn Strabo sagt blos, dass „der Uebergänge über das (Alpen-) Gebirg, deren es früher nur wenige und höchst beschwerliche gab, nunmehr, Dank der erfolgten Verbesserung, **viele** seien.[3])

Germania, Raetia, Noricum, Pannonia. Buchner, Reise auf der Teufelsmauer. Leichtlen, Schwaben unter den Römern. Raiser, die röm. Alterthümer zu Augsburg u. s. w. Stälin, würtemb. Geschichte. Mone, Urgesch. d. Bad. Landes. Paulus, die Römerstrassen. v. Hundt, über die Römerstrassen des linken Donau-Ufers. v. Pallhausen, Boiariae topographia. Meyer, die röm. Alpenstrassen in der Schweiz (in den zürch. antiq. Mitth. XIII). Douglass, die Römer im Vorarlberg.

[1]) Strabo IV, 6: προσέθηκε γὰρ ὁ Σεβαστὸς Καῖσαρ τῇ καταλύσει τῶν λῃστῶν τὴν κατασκευὴν τῶν ὁδῶν ὅσην οἷόν τ' ἦν· οὐ γὰρ δυνατὸν πανταχοῦ βιάσασθαι τὴν φύσιν διὰ πετρῶν καὶ κρημνῶν ἐξαισίων, τῶν μὲν ὑπερκειμένων τῆς ὁδοῦ, τῶν δ' ὑποπυπτόντων.

[2]) Strabo IV, 6.

[3]) Strabo IV, 6 νυνὶ πολλαχόθεν εἶναι.

Wenn aber auch Strabo bei diesem Ausdruck offenbar nicht blos an die rätischen, sondern an alle damals schon in Gebrauch gestandenen Alpenübergänge denkt; so ist man doch zur Annahme berechtigt, dass Augustus in Rätien jedenfalls mehrere Pässe verbessert und geöffnet habe.

Dass zu den letzteren ein Tiroler Pass gehörte, ist zufolge der Inschriften zweier in Tirol (in Töll und in Rabland) gefundenen römischen Meilensteine unzweifelhaft, indem von Drusus in einer derselben gesagt wird, dass 'er zuerst die dem Durchgang entgegenstehenden grössten Naturhindernisse (obices) beseitigt habe[1]), und in der andern, dass er, nachdem er die Alpen durch den Krieg geöffnet, den Weg gerade gezogen habe (derexerat);[2]) Drusus kann dieses aber nur im Namen des Augustus gethan haben, indem er selbst niemals regierte. Da ferner diese Meilensteine nicht auf der Brenner-Strasse, sondern in der Vinstgauer Strasse gefunden wurden (denn die Fundorte Rabland und Töll sind oberhalb Meran), so ist es wahrscheinlich, dass dieser von Drusus geöffnete Weg nicht über den Brenner, sondern durch das Vinstgau über

---

[1]) Die Inschrift des bei Töll (im J. 1552) gefundenen Meilensteins lautet: TI(berius). CLAVDIVS. CAESAR. | AVGVSTVS. GERM(anicus). | PONT(ifex). MAX(imus). TRIB(unicia). POTEST(ate). | COS(consul). DESIG(natus). IIII. IMP(erator). XI. P(ater). P(atriae). | VIAM. CLAVDIAM. | QVAM. DRVSVS. CAESAR. PRIVS. | OBICIB(us). PATEFACTIS. | ITER(um). EXSI(cato). | FLVMINE. PVRGAV(it). | M(uniendam ac) REST(ituendam) | S(ua). P(ecunia) (per) M(illia) P(assuum) . . . . . CV(ravit). Abgedruckt in Raiser, röm. Alterthümer in Augsb. Heft v. 1823 u. Hormayr, Gesch. v. Tirol I. 1; weniger vollständig im Museum Veronense S. 453.

[2]) Die Inschrift dieses bei Rabland entdeckten (in der Folge ins Schloss Maretsch gekommenen) Meilensteines lautet: TI(berius). CLAVDIVS. CAESAR. | AVGVSTVS. GERMANICVS. | PONT. MAX. TRIB. POT. VI. | COS. DESIG. III. IMP. XI. P. P. | VIAM. CLAVDIAM. AVGVSTAM. | QVAM. DRVSVS. PATER. ALPIBVS. | BELLO. PATEFACTIS. DEREXERAT. | MVNIT(munivit?). A. FLVMINE. PADO. AT(ad). FLVMEN. DANVVIVM(Danubium). PER. (M.) P. CC . . . Ich gebe die Meilenzahl nach Giovanelli (Ara Dianae S. 110), Raiser und Hormayr a. a. O., Steiner, Cod. inscript. nr. 2739. Dagegen geben sie Orelli (inscript. nr. 5400) und Bergmann (Beiträge zur Gesch. d. Vorarlb. S. 54) zu CCCXX an. Diese Zahl ist aber, wenn sie die Entfernung von Augsburg bezeichnen soll, zu gross; sie stimmt auch nicht mit dem Meilenstein von Feltre (s. Seite 77 Note 1), der, obwol von Augsburg viel weiter entfernt, nur die Meilenzahl CCCI trägt. Für die Entfernung von der Donau wäre aber hinwieder die letztere Zahl zu klein, denn das Itinerarium Antonini (von welchem später die Rede sein wird) gibt die Entfernung von Altinum nur bis Augsburg zu 360 röm. M. an.

den Arlberg und durch das, angeblich dem Drusus nachbenannte Drusus-Thal[1]) (den heutigen Wallgau im Vorarlberg) an den Bodensee und von hier nach der Hauptstadt der Provinz führte.

Allein wol eben so sicher ist, dass wenigstens **einer** der Pässe zwischen **Como und Chur** (und zwar, wie wir zeigen werden, wahrscheinlich der Splügen) schon von Augustus gangbar gemacht wurde, indem dieselben von Mailand aus nicht nur in kürzester Linie nach **Augsburg** führen, sondern auch nach dem **Oberrhein**, welchen Tiberius bald nach seinem rätischen Feldzug eroberte, eine nähere Verbindung boten als der (damals schon römische) St. Bernhard (Mons Poeninus) im Wallis, somit aus diesem doppelten Grund für Rom wichtig sein mussten.

Die beiden erwähnten, bei Rabland und Töll entdeckten Meilensteine bezeugen sodann auch, dass schon Kaiser **Claudius** (im J. 46 oder 47 n. C.) **die tiroler Strasse verbessern liess**[2]), wesshalb diese Strasse nach ihm (Via Claudia) genannt wurde.

---

[1]) vgl. **Salis-Seewis**, gesammelte Schriften, S. 149. Dass die Meilensteine nicht, wie man wol auch annimmt (s. z. B. **Giovanelli**, über das Strassenmonument von Maretsch) ursprünglich auf der Brenner-Strasse standen, beweist schon der Umstand, dass sie aus **Vinstgauer** Kalkstein gefertigt sind.

[2]) Das in diesen Inschriften vorkommende Wort „**munire**" kann ich nicht, wie es gewöhnlich geschieht, im Sinne von „**befestigen**" verstehen (wonach Claudius die Strasse mit Burgen versehen hätte). Vielmehr beweist lib. XV. tit. 3. **Cod. Theod.** de itinere **muniendo**, dass iter oder viam munire nichts anderes heisst als: die Strasse wiederherstellen oder unterhalten.

Die Jahreszahl 46—47 n. C. ergibt sich daraus, dass zufolge dieser Meilensteine Claudius im 6ten Jahre seines Volkstribunats das Werk vollführte. Da nun die Kaiser sich **jährlich**, und zwar in der Regel bei ihrer Thronbesteigung, mit diesem Amt bekleiden liessen und Claudius seine Regierung im J. 41 antrat, so lässt sich die Jahreszahl darnach berechnen. Ich bemerke dies für weniger Kundige ein- für allemal mit Rücksicht auf diese Art der Zeitberechnung.

Mit Bezug auf die mit Inschriften versehenen Meilensteine mag hier ferner erwähnt werden, dass dieselben erst seit Augustus, jedoch nur für die Heerstrassen in Gebrauch kamen und dazu dienten, die Entfernung von einer Hauptstadt nach röm. Meilen anzugeben, daher von Meile zu Meile ein solcher gesetzt wurde.

Die röm. Meile berechnet sich wie folgt: 1 röm. M. (milliarium) = 1000 röm. Doppelschritten (passus), 1 Doppelschr. = 5 röm. Fuss, 1 röm. Fuss = 0,2963 Métres. Das Verhältniss zur deutschen Meile ist folgendes: 1 röm. M. = $\frac{1}{5}$ deutsche M. oder, da die deutsche M. 7420 Meter hat, = 1484 Meter = ca. 18 Minuten Weges. (Meilensteine **ohne** Inschriften waren freilich schon in republikanischer Zeit gebräuchlich.)

Ebenso beurkundet eine (im J. 1786) bei Feltre (Cesio maggiore) gefundene Strassensäule, dass Claudius von Altinum (einer von Attila zerstörten Stadt am adriatischen Meer) bis an die Donau die Claudische Strasse, welche Drusus trassirte, herstellen liess.[1])

Ob Claudius in ähnlicher Weise auch die, wie wir annehmen, schon von Augustus geöffnete, chur-rätische Alpenstrasse bedacht habe, wissen wir nicht, indem auf den Churer Strassen bisher kein römischer Meilenstein entdeckt wurde.

In der Folge wurde freilich jene Arlberg-Strasse, wenigstens als Militärstrasse, verlassen oder trat doch in den Hintergrund und kam statt ihrer die Brenner-Strasse in Aufnahme. Der Zeitpunkt, wann dieses geschah, lässt sich nicht genau bestimmen. Nur sagen uns eine Anzahl Meilensteine, die auf der Brenner-Strasse gefunden wurden, dass der Kaiser **Septimius Severus** (193—211) und dessen Söhne M. Aurel. Antoninus Pius (bekannter unter dem Namen Caracalla) und Septimius Geta, welche nach seinem Tode kurze Zeit gemeinschaftlich regierten, diese Strasse und ihre Brücken wieder herstellen liessen; somit hatte sie schon früher bestanden. Solche Meilensteine fanden sich bei Matrei, Vilten, Kematen, Mittenwald, Partenkirch.[2])

Es findet dies seine Bestätigung in der römischen Militär-

---

[1]) Die Inschrift dieses Meilensteins lautet nach Raiser und Hormayr: TI. CLAVDIVS. DRVSI. F(ilius). | CAESAR. AVG. GERMA | NICVS. PONTIFEX. MAXV | MVS. TRIBVNICIA. POTESTA | TE. VI. COS. IIII. IMP. XI. P. P. | CENSOR. VIAM. CLAVDIAM. AVGVSTAM. | QVAM. DRVSVS. PATER. | ALPIBVS. BELLO. PATEFACTIS. | DERIVAVIT. MVNIT. AB. ALTINO. | VSQVE. AD. FLVMEN. | DANVVIVM. M. P. CCCI. Giovanelli, über das röm. Strassenmonum. v. Maretsch (in der Z. S. für Tirol und Vorarlberg I. Bd.) gibt diese Zahl mit CCC.L und liest 350.

[2]) Die Inschriften sind, so weit sie erhalten sind, mit Ausnahme der Meilenzahl, die überall die Entfernung von Augsburg angibt, alle gleichlautend. Ich setze daher blos diejenige von Vilten (dem alten Veldidena) her: IMP(erator), CAES(ar). L(ucius). SEPTIMIVS. | SEVERVS. PIVS. PERTINAX | AVG (ustus). ARAB(icus). ADIABEN(icus). PAR | THIC(us). PONT(ifex). MAX(imus). TRIB(unicia). POT(estate). VIIII. | IMP(erator). XII. COS(consul). II. P(ater). P(atriae). PROC(onsul). ET. IMP(erator). | CAES(ar). M(arcus). AVRELIVS. ANTONINVS. | PIVS. AVG. TRIB. POT. IIII. PROCOS. | ET. IMP. P. 'SEPTIMIVS. GETA. | ANTONINVS. VIAS. ET. PONTES. | REST(ituerunt). AB. AVG(usta Vindelicorum). M(illia) P(assuum) CX. Abgedruckt in Pallhausen, Boiariae topogr. S. 194 und Steiner, Cod. inscript. nr. 2744. Somit ist es das J. 201 oder 202, in welchem Sept. Severus die rätischen Strassen wiederherstellte.

karte, deren auf uns gekommene Ausgabe (gewöhnlich Tabula Peutingeriana genannt) höchst wahrscheinlich aus der Zeit des Alexander Severus (222—235) stammt[1], somit wenig jünger als jene Meilensteine ist. Diese Militärkarte gibt zwar die geographische Richtung der Heerstrassen nicht an, indem sie blos ihre Stationen und deren Entfernung von einander zum Verhalte der Truppenführer[2] anzuzeigen bezweckt; allein wenn man die Lage der Stationen kennt, lässt sich aus derselben auf die Strassenrichtung schliessen.

Für die von Verona kommende **Tiroler Strasse** gibt nun diese Karte von Trient bis Augsburg folgende Stationen an, deren Mehrzahl man mit Sicherheit bestimmen kann: **Tredente** (Trient), **Ponte Drusi** (Bozen), **Sublabione** (Clausen, wo das Kloster Seben noch den Namen davon hat), **Vepiteno** (Sterzing), **Matreio** (Matrey), **Vetonina** (unbekannt), **Scarbia** (Scharnitz), **Tartanum** (wahrscheinlich verschrieben statt Partanum, ist Partenkirch), **Coveliacas** (unbekannt), **Avodiaco** (wahrscheinlich Epfach), **Adnovas** (unbekannt), **Augusta Vindelicorum**.[3] Von Trient bis Coveliacas beträgt die Gesammtentfernung, wenn man die Stationen zusammenrechnet, 147 römische Meilen; von Coveliacas bis Augsburg fehlen die Distanzangaben. Demzufolge unterliegt es keinem Zweifel, dass zur Zeit, als diese Karte verfasst wurde, wie unter Septimius Severus, die tiroler Heerstrasse nicht über den Arlberg, sondern über den Brenner führte.

---

[1] Ich folge in Bezug auf das Alter der Tab. Peut. der von **Mannert** in seiner Vorrede zu derselben begründeten Ansicht. Aus der Darstellung der rätischen Strassen auf dieser Karte ist so viel ersichtlich, dass sie aus der Zeit rühren muss, in welcher die römische Macht diesseits der Alpen am höchsten stand, indem das Schwabenland und das nördliche Donau-Ufer sich damals noch in römischem Besitz befanden; anderseits zeigen die vielen halbkeltischen Namen der in dieser Karte verzeichneten rätischen und schwäbischen Stationen, dass sie sehr alten Ursprungs sein muss. Diese beiden Umstände sind ebenfalls geeignet, die Ansicht von Mannert zu unterstützen.

Diese auf uns gekommene Militärkarte ist indess nur eine **Kopie**, welche ein oberrheinischer Mönch um das J. 1265 nach einem römischen Original machte und welche später in das Peutinger'sche Haus in Augsburg kam, woher sie nunmehr den Namen trägt.

[2] **Vegetius de re mil.** III, 6: Primum dux Romanus itineraria omnium regionum, quibus bellum geritur, plenissime debet habere praescripta, ita ut locorum intervalla non solum **passuum numero**, sed et viarum qualitate perdiscat: compendia, **diverticula**, montes, flumina ad fidem descripta consideret.

[3] s. Beil. II.

STRASSEN.

Ebenso ist aus dieser Karte die Richtung der weströtischen Heerstrasse genau ersichtlich. Dieselbe führt nämlich von Clavenna (Chiavenna, Clefen) über Tarveseda (Entfernung 20 Meilen), Cunna aureu (10 M.), Lapidaria (17 M.), nach Curia, dem heutigen Chur (32 M.). Sodann von hier über Magia (16 M.), Clunia (18 M.), Brigantio oder Bregenz (17 M.), ad Rhenum (9 M.), Vemania (15 M.), Viaca (23), Augusta Vindelicorum (20 M.).

Was die Strassenstrecke von Clefen bis Chur betrifft, so ist diese unzweifelhaft die Splügner Strasse, indem der Splügen bis in die neuere Zeit, besonders in der Umgegend der ital. Mauth, im Volksmund auch Cuneo d'oro heisst.[1]) Demnach ist die Station des Cuneus aureus wahrscheinlich in der Gegend des Dorfes Splügen zu suchen. Alle übrigen Stationen dieser Strasse, mit Ausnahme von Chur und Bregenz, sind, so viel man sich darum bemüht hat[2]), nicht mit Sicherheit zu ermitteln. Einzig lässt sich die Vermuthung aussprechen, dass die Station Magia in dem, zwar mehr als 16 römische Meilen von Chur entfernten Schan gewesen sein möchte, indem man hier eine befestigte römische Stationsherberge gefunden haben will.[3]) Vemania sucht man gewöhnlich in Wangen, Viaca in Memmingen. Jedenfalls führte die Strasse nicht über Kempten (Cambedunum) nach Augsburg.

Die Militärkarte gibt aber noch ein zweites Strassen-Tracé von der Spitze des Comer Sees bis Chur mit Angabe der Gesammtentfernung (60 röm. Meilen), aber nicht der Stationen. Dieses zweite Tracé ist ohne Zweifel die Septimer Strasse, denn in einem, etwa 1½ Jahrhunderte jüngeren, römischen Reisehandbuch (dem sog. Itinerarium Antonini, von welchem später näher die Rede sein wird) tritt die Septimer Strasse ebenfalls mit Stationen versehen neben der Splügner Strasse auf. Dass diese Stationen in der Tab. Peut. nicht aufgeführt sind, berechtigt zur Annahme, dass sie zur Zeit des Alex. Severus noch nicht bestanden und dass somit die Splügner Heerstrasse älter ist als die des Septimer. Ja

---

[1]) a Marca, Compendio storico della Valle Mesolcina S. 42.

[2]) z. B. Salis-Seewis im N. Sammler VII S. 305, Mannert, Germania u. s. w. S. 710—712, Meyer, die röm. Alpenstrassen.

[3]) Keller, Statistik der röm. Ansiedlungen in der Ostschweiz (in den zürch. antiq. Mitth. XV). Diese befestigte Gebäulichkeit war 216' lang und 175' breit, die Umfassungsmauer 12' dick mit 8 viereckigen Thürmen, sie hatte 3 Abtheilungen mit mehreren Mühlsteinen und einer Cisterne.

es drängt sich unwillkürlich die Vermuthung auf, dass es erst Septimius Severus (dessen grossartige Strassenarbeiten sich keineswegs auf Rätien beschränkten) gewesen sein möchte, der die Septimer Strasse baute, zumal sie mit grösserer Sorgfalt als die Splügner ausgeführt zu sein scheint. In solchem Falle wäre es erklärlich, dass zur Zeit als die Militärkarte gefertigt wurde, die Stationen an derselben noch nicht errichtet waren oder noch nicht benutzt wurden. Selbst der Name des Septimer scheint auf Septimius Severus zurückzuweisen.[1])

Von Chur aus führt aber zufolge der römischen Militärkarte auch eine eigene Strasse nach Arbor felix (Arbon), Adfines (Pfyn) und Vindonissa (Windisch). Wenn die Zeichnung nicht fehlerhaft ist, so muss nach derselben angenommen werden, dass diese Arboner Strasse sich nicht erst in Bregenz von der Augsburger Strasse abzweigte (wie dies später zufolge des Itinerarium Antonini der Fall war), sondern sich schon vom Churer Thal aus von derselben trennte; immerhin dürfte sie, da sie keine Stationen hatte und später ganz verschwindet, nur als eine Nebenstrasse angesehen werden. In der That lassen sich auf der linken Rheinseite längs den Rheinthaler Bergabhängen Spuren einer Römerstrasse verfolgen, die aber nach denselben keine eigentliche Heerstrasse gewesen zu sein scheint.

Eine dritte Heerstrasse führte zufolge der Tab. Peut. quer durch Rätien von Ost nach West, nämlich von Salzburg (Juvavia) über Rosenheim (Ad Enum oder Pons Oeni) nach Kempten. Die Stationen von der rätischen Grenze bei Ad Enum (Rosenheim) weg sind folgende: Isunisca (20 M.), Bratananio (12 M.), Urusa (12), Abodiaco (13), Esione (18), Camboduno (22).[2]) Von allen diesen Stationen lässt sich, ausser Adenum und Cambedunum, nur Abodiacum mit ziemlicher Sicherheit bestimmen. Denn Abodiacum war auch eine Station der aus dem Tirol nach Augsburg führenden Strasse, befand sich somit im Kreuzpunkt dieser beiden Strassen;

---

[1]) Wäre diese Vermuthung richtig, so läge darin ein neuer Beweis dafür, dass die Tab. Peut. nicht lange nach Sept. Severus entstand.

[2]) Buchner, Reise auf der Teufelsmauer III S. 78 bestimmt diesen Strassenzug, besonders an der Hand der Distanzangaben der Peut. Tab., wie folgt: Rosenheim — zwischen Grünwald und Baierbrun über die Isar — Brentenried bei Gauting an der Würm — Uttingen am Ammer-See — Epfach — Eschenau an der Wertach — Kempten.

dieser Kreuzpunkt trifft aber auf Epfach, wo überdies ansehnliche Kastellruinen Zeugniss davon geben, dass hier ein strategisch wichtiger Punkt war.

Diese Querstrasse stand in Verbindung einestheils mit einer von Aenum (Rosenheim) dem Inn nach gen Veldidena und über den Brenner, anderntheils mit einer durch das Steiermark über Juvavia (Salzburg) nach Laureacum (Lorch an der Donau), der Hauptstadt von Noricum, führenden Strasse.

Eine vierte Heerstrasse führte zufolge der römischen Militärkarte von Kempten über die Stationen Navoae (18 M.) und Rapis (24 M.) nach Augsburg (18 M.). Auch diese beiden Stationen sind nicht mit Sicherheit zu ermitteln. Dagegen beurkunden drei in Eggenthal und Rohrwang gefundene Meilensteine des Septim. Severus (und seiner Söhne Caracalla und Geta), welche die Entfernung von Augsburg mit den Zahlen XXXXI, XXXXII und XXXXIII angeben[1], dass die Strasse durch die genannten Orte führte, und dass hier auch die Station Navoae (welche 42 M. von Augsburg entfernt war) zu suchen ist.

Die römische Karte gibt auffallender Weise zwar keine Verbindung von Kempten mit der Bregenz-Augsburger Strasse an, dessenungeachtet muss das, erst im späteren Itinerarium Antonini zum Vorschein kommende Strassenstück zwischen Kempten und Vemania (Wangen?) schon damals bestanden haben; denn es ist undenkbar, dass die Salzburg-Kemptner Strasse keine Fortsetzung in dieser Richtung gehabt hätte, da ja sonst die Verbindung zwischen Noricum und Vindonissa beziehungsweise Gallien, welche jene Querstrasse augenscheinlich hauptsächlich bezweckte, unterbrochen gewesen wäre. Und eben so undenkbar ist, dass die Strasse Kempten-Augsburg nicht einen Anschluss an die Bregenz-Churer Strasse sollte gehabt haben. — Für den damaligen Bestand dieses Verbindungsgliedes besitzen wir aber zum Ueberfluss einen urkundlichen Beweis in einem in der Gegend von Isny gefundenen Meilensteine des Septim. Severus, der indess nicht die Entfernung von Augsburg, sondern diejenige von Kempten, und zwar mit der Meilenzahl XI, angibt[2] — ohne Zweifel desshalb, weil dieses Strassenstück nicht direkt nach Augsburg führte.

---

[1] Steiner. Cod. inscript. nr. 2461—2463.
[2] Steiner a. a. O. nr. 2454. Es fällt diese Distanzangabe auf die Mitte des Weges zwischen Isny und Kempten.

ZWEITER ABSCHNITT.

Endlich ist noch eines, etwa 340 röm. Meilen langen Strassenzuges zu erwähnen, der nach der nämlichen Karte von Vindonissa aus durch das heutige Schwaben (das damals zur römischen Provinz Obergermanien gehörte) auf der linken Seite der Donau bis Eining und von hier auf der rechten Seite nach Regensburg und Passau führte.

Die Stationen, welche diese Strasse von Vindonissa aus berührte, waren folgende: Tenedone, Julio mago, Brigobanne, Aris flavis, Samulocenis, Grinarione, Clarenna, Adlunam, Aquileia, Opie, Septemiaci, Losodica, Medianis, Iciniaco, Biricianis, Vetonianis, Germanico, Celeuso, Arasena, Regino, Sorvioduro, (folgt ein nicht recht leserlicher Name), Castellum, Boioduro. — Es ist dies die sog. Oberdonaustrasse, die mit Rücksicht sowol auf ihre Entwickelung als auf ihre Stationen die Gelehrten vielfach beschäftigt hat.

Zur Zeit, als diese Militärkarte verfasst wurde, waren nämlich die Römer, wie es jener Strassenzug klar beweist, nicht nur Herren eines grossen Theiles des nördlichen Donau-Ufers, sondern auch des ganzen heutigen Schwabenlandes und die in Rede stehende Strasse verband Helvetien mit Rätien mitten durch das heutige Würtemberg. Sie ist daher nicht ihrem ganzen Zuge nach rätisch, sondern betrat erst in der Gegend von Lorch das damalige Gebiet der Provinz Rätien. Obwol sie uns daher nur von hier weg näher interessirt, so wollen wir doch bemerken, dass mit Bezug auf ihren Lauf auf heutigem würtembergischem Gebiet nur so viel mit Gewissheit gesagt werden kann, dass sie über Rotweil (Arae Flaviae) und Rotenburg (Samulocena) führte. Insbesondere lassen Steindenkmäler keinen Zweifel darüber, dass Samulocena an der Stelle von Rotenburg war.

Auch von den auf rätisches Gebiet fallenden Stationen dieser Strasse lässt sich ausser Regino (Regensburg) keine einzige zuverlässig ermitteln. Demnach sind wir darauf angewiesen, den Zug der Oberdonaustrasse in Rätien annähernd zu bestimmn theils an der Hand ihrer, freilich nur stückweise, aufgedeckten Spuren, theils mit Berücksichtigung der römischen Vesten, die zufolge fleissiger Forschungen ungefähr in der Linie dieser Strasse sich befanden und ohne Zweifel durch dieselbe verbunden werden sollten.

Mit Benutzung dieser beiden Faktoren lässt sich mit annähernder Sicherheit feststellen, dass diese Strasse (donauaufwärts) von Passau über Wischelburg, Straubing, Geiselhöring, nach Regensburg, von hier nach Abensberg führte, sodann bei Eining auf das linke Donau-Ufer setzte und sich weiter über Oetling nach Kösching zog. Hier aber theilte sie sich, zufolge sehr deutlicher Spuren, in zwei Stränge, wovon der eine in westlicher Richtung über Nassenfels gen Dolnstein und Dietfurt leitet und in Nassenfels sich überdiess südlich nach Stepperg abzweigt, der andere aber die nordwestliche Richtung über Pfünz und Weissenburg einschlägt.

Welche dieser beiden Richtungen diejenige der sog. Oberdonaustrasse sei, wäre kaum zu entscheiden, wenn nicht zwei Meilensteine des Sept. Severus und seiner Söhne uns auch hier zu Hülfe kämen, nämlich: ein zwischen Kösching und Nassenfels, etwa ½ St. von letzterem Ort, entdeckter, der die Entfernung von Augsburg zu 45 röm. M. und sodann diejenige von einem mit den Buchstaben LG bezeichneten Ort zu 54 M. angibt[1]) und ein bei Ikstätten westlich von Nassenfels aufgefundener mit der Meilenzahl 56 von Augsburg aus.[2]) Diese beiden Strassensäulen lassen darüber keinen Zweifel, dass über Nassenfels eine Reichs- oder Heerstrasse führte und da wir die Meilensteine des Sept. Severus bisher stets in Uebereinstimmung mit der Tab. Peut. fanden, hindert uns nichts, diese Strassenrichtung für diejenige der röm. Militärkarte zu halten — eine Annahme, die an Wahrscheinlichkeit noch gewänne, wenn man voraussetzen dürfte, dass durch die Buchstaben LG (oder LC.?) in der zweiten Distanzangabe eine Hauptstation dieser Oberdonaustrasse (etwa Losodica) bezeichnet werden wollte.

Von Nassenfels aus würde diese Strasse wahrscheinlich über Pappenheim, beim Spilberg vorbei über Oettingen, Bopfingen und sodann über Aalen und Lorch oder über Geislingen nach Rotenburg geführt haben.[3])

Die Annahme, dass die über Nassenfels und nicht die über Pfünz führende Strasse die Reichsstrasse der Tab. Peut. gewesen

---

[1]) Steiner, Cod. inscript. nr. 2577.
[2]) Steiner a. a. O. nr. 2550.
[3]) Stälin, württemb. Gesch. I § 6 vermuthet, dass diese Strasse von Vindonissa über Zurzach, Hüfingen, Rotweil, Rotenburg, Böblingen, Welzheim, Aalen, Bopfingen, Oettingen, Markhof, Izing, Burgmanshofen, Nassenfels, Kösching, Kelheim, Abensberg führte.

sei, wird noch durch folgende zwei Umstände unterstützt, nämlich:
1. dadurch, dass Nassenfels (in welchem man die Station Vetonianis vermuthet) jedenfalls ein sehr wichtiger Verkehrspunkt war, indem sich hier mit der Strasse Kösching-Pappenheim (wie wir später sehen werden) diejenige von Pfünz nach Augsburg kreuzte, auch viele Bauüberreste und antiquarische Funde beweisen, dass hier eine bedeutende römische Niederlassung gewesen sein musste; und 2. dadurch, dass es nicht wahrscheinlich ist, dass eine, auch für militärische Zufuhr und den Postenlauf bestimmte Heerstrasse in unmittelbarer Nähe des Grenzwalls geführt und dadurch den feindlichen Streifereien so sehr ausgesetzt worden wäre.

Anlangend den **Zeitpunkt**, in welchem diese von der röm. Militärkarte verzeichneten Heerstrassen möchten entstanden sein, so haben wir hinsichtlich der beiden aus Italien über die Alpen führenden schon die Ansicht begründet, dass dieselben unter Augustus angelegt, durch spätere Kaiser aber, besonders durch Septimius Severus, erheblich verbessert, die tiroler Strasse sogar in ihrer Richtung abgeändert, wurden.

Schwieriger ist es, auf den Ursprung der beiden grossen Querstrassen Salzburg-Kempten und Passau-Vindonissa zurückzugehen.

Dass eine derselben von **Trajan** (98—117) gebaut wurde, unterliegt keinem Zweifel, denn es wird berichtet, dass derselbe eine Strasse vom Pontischen Meer bis Gallien geführt habe, und, wo es nöthig war, durch Burgen sicher gestellt habe.[1]) Allein dieser Bericht kann sich auf jede der beiden in Rede stehenden Strassen beziehen, denn auch die Strasse Vindonissa-Passau erscheint später ostwärts bis Laureacum (Lorch) fortgeführt, so dass von hier weg beide gemeinschaftlich an der Donau bis Pannonien liefen. Man konnte somit auf beiden Strassen vom schwarzen Meer durch Pannonien, Noricum, Rätien nach Gallia Belgica (später Sequana), zu welcher Helvetien gehörte, gelangen; nur hatte die sog. Oberdonaustrasse den Vortheil, dass sie überdiess die Provinz Obergermanien (zu welcher Rotenburg und Rotweil gehörten) auch berührte. Beide Strassen hatten somit eine hohe strategische und kommerzielle Be-

---

[1]) Aurel. Victor de Caes. XIII: Iter conditum per feras gentes, quo facile ab usque Ponticio mari in Galliam permeatur, castra suspectioribus atque opportunis locis exstructa, ponsque Danubio impositus, ac deductae coloniarum pleraeque.

deutung. In Bezug auf die Priorität lässt sich, beim Abgang historischer Daten, nur die Vermuthung wagen, dass die Salzburg-Kemptner Strasse die ältere und zu einer Zeit angelegt sein möchte, als noch die Donau die Grenze bildete. Gewiss ist, dass die sog. Oberdonaustrasse [erst ausgeführt werden konnte, als der Grenzwall vollständig erstellt war, so dass, wenn, wie gewöhnlich angenommen wird, erst Hadrian (117—138) den rätischen Grenzwall vollendet haben sollte, die Wahrscheinlichkeit dafür spräche, dass Traian Urheber der Salzburg-Kemptner Strasse war und dass die Oberdonaustrasse später gebaut wurde.

Allein das eben besprochene Strassennetz wurde im Laufe der Zeit theils durch die Veränderung der rätischen Grenzen eingeschränkt, theils durch das wachsende Bedürfniss ausgedehnt, wie sich aus einem auf uns gekommenen, wahrscheinlich aus dem letzten Viertel des IV. Jahrh. stammenden Verzeichniss der römischen Stationen (dem sog. Itinerarium Antonini) ergibt.[1])

Zufolge dieses Stationenbuchs bestanden dazumal in Rätien folgende Reichs- oder Heerstrassen:

1. Von **Augsburg** nach **Verona** über Abuzaco (Avodiaco, Epfach), Parthano (Partenkirchen), Veldidena (Vilten), Vipiteno (Sterzing), Sublavione (Clausen oder Seben), Endidae (Egna im Etschthal), Tridento (Trient). Es ist dies also ganz die östliche Alpenstrasse der Tab. Peut., mit dem einzigen Unterschiede, dass die Stationen der letzteren auf 7 herabgesetzt sind.

2. Von **Bregenz** nach **Como** über Curia (50 M.), Tarvesede (60 M.), Clavenna (15 M.). Also die Splügner Strasse mit ebenfalls reducirten Stationen.

3. Von **Bregenz** nach **Mailand** über Curia (50 M.), Tinetione (20 M.), Muro (15 M.), Summo lacu (20 M.). Da Tinetione unverkennbar **Tinzen** ist, so ist dies die Septimer Strasse, die in der Militärkarte blos tracirt, aber noch nicht mit Stationen versehen war.

4. Von **Augsburg** nach **Bregenz** über Guntia oder Günz-

---

[1]) Mannert in seiner Vorrede zur Tab. Peut. nimmt meines Erachtens mit Recht an, dass die auf uns gekommene Ausgabe des Itinerar. Antonini (denn die erste Anlage dieses Reisebuchs wird in die erste Kaiserzeit verlegt) nicht **vor** 364 entstanden sein kann, indem Mesopotamien, das im J. 364 verloren ging, in demselben nicht mehr erscheint. — s. Beil. III.

burg (22 M.), Celiomonte, wahrscheinlich Kelmünz (16 M.), Campoduno, Kempten (14 M.), Vemania, wahrscheinlich Wangen (15. M), Brigantia, Bregenz (24 M.). Diese Strasse kommt in der Tab. Peut. nicht vor. Sie war dadurch nöthig geworden, dass, wie wir später sehen werden, um diese Zeit die Römer durch den Verlust des Schwabenlandes an die Alemannen genöthigt worden waren, die westliche Grenze Rätiens von der Donau in das Iller-Thal zurückzuziehen und sie hier durch eine Reihe befestigter Plätze, zu denen Guntia und Celiomonte auch gehörten, zu sichern. Diese augsburg-bregenzer Strasse diente also gleichzeitig zur Verbindung der gedachten Plätze.

5. Von **Augsburg nach Bregenz** über Rostro Nemaviae (25 M.), Campoduno oder Kempten (32 M.), Vemania (15 M.), Brigantia oder Bregenz (24 M.). Diese Strasse ist offenbar die nämliche, welche zufolge der Tab. Peut. von Augsburg über Rapis und Navoae nach Kempten führte, mit Inbegriff des Verbindungsstückes zwischen Kempten und Wangen. Auf dieser Strasse Augsburg-Kempten sind ebenfalls die Stationen der Militärkarte reduzirt, nämlich von 3 auf 2.

Dagegen scheint die Strasse von Vemania über **Viaca** nach Augsburg, welche in der Tab. Peut. vorkommt, zur Zeit des Itinerar. Antonini als **Heerstrasse** nicht mehr bestanden zu haben, obwol sie die direkteste von Bregenz nach Augsburg war. Es erklärt sich dieser auffallende Umstand eben aus dem obgedachten Rückzug der westlichen Grenz- und Vertheidigungslinie auf das Iller-Thal, in Folge dessen die **direkte** Verbindung zwischen Bregenz und Augsburg über Vemania, ohne alemannisches Gebiet zu berühren, unmöglich geworden sein mochte.

6. Von **Salzburg nach Augsburg** über Ponte Aeni oder Rosenheim, Isinisco (20 M.), Ambre (32 M.), Augsburg (27 M.). Diese Strasse führt somit nicht mehr, wie die Querstrasse der Militärkarte, nach Kempten, auch nicht bis Epfach, das als Station sicher genannt worden wäre, sondern in gerader Richtung über die Amber (Ambre) nach Augsburg. In der That hat man sehr deutliche Spuren einer von Gauting aus in der Richtung nach Augsburg sich ziehenden Römerstrasse, die ohne Zweifel eben diese von der alten Querstrasse sich abzweigende des Itiner. Ant. ist. Demzufolge war die Strecke von Gauting bis Kempten zur Zeit dieses Stationenverzeichnisses als Militär- und Reichsstrasse aufgegeben.

Immerhin mochte noch für die tiroler Strasse über Partenkirchen die Verbindung von Epfach mit Kempten fortdauern.

7. Die Strasse von **Veldidena** durch das **Unter-Innthal** nach **Ponte Aeni** (Rosenheim), die auch schon zur Zeit, als die Tab. Peut. verfasst wurde, bestehen musste, wird nun im Itinerar. Anton. ausdrücklich genannt.

8. Von **Rosenheim** aus führt nun aber eine, auf der Militärkarte noch nicht vorkommende Strasse über die nicht bestimmbaren Stationen Turo (43 M.) und Jovisura (64 M.) ad castra d. h. in die Militärlager an der Donau (62 M.), wahrscheinlich in gerader Richtung nach der Donau-Strasse.

9. Strasse von **Passau (Boioduro)** nach **Augsburg** längs der **Donau** über die (später zu besprechenden) Besatzungsplätze Quintanis und Augustanis, Regino (Regensburg), Abusina, Vallato, Summuntorio. Bis Abensberg (das man für Abusina hält) war dies ohne Zweifel die viel besprochene alte Oberdonau-Strasse, die aber hier, um über die Donau zu setzen, nach Eining ablenkte. Dass die Donaustrasse des Itinerars ihr nun nicht mehr auf das linke Ufer folgt, sondern sich auf dem rechten Ufer fortsetzt, beweist, dass die linkseitigen Besitzungen damals verloren gegangen waren und dass wieder die Donau die nördliche Grenze Rätiens bildete.

Die Station Summuntorio (ein befestigter Platz auf dem rechten Donau-Ufer), von welcher die Strasse, da sie die letzte vor Augsburg ist, nach dieser Stadt südlich ablenken musste, war ohne Zweifel **Stepperg**; denn aus einem, unweit Nassenfels in der Richtung nach Stepperg entdeckten Meilenstein des **Septim. Severus**, der auf Augsburg weist[1]), wissen wir, dass schon zur Zeit des genannten Kaisers eine Strasse von Nassenfels aus über Stepperg nach Augsburg führte.

10. Von **Bregenz** nach **Vindonissa** über Arbor felix (Arbon) und Finibus (Pfyn). Diese Strasse, die sich von Vindonissa aus dem Rheine nach fortsetzt, war doppelt wichtig geworden, nachdem die frühere direkte Verbindung von Augsburg mit dem Oberrhein dadurch, dass das Schwabenland alemannisch wurde, aufgehört hatte.

Von einer Strasse von Chur nach Arbon ist aber in diesem Itinerar keine Rede mehr.

---

[1]) Steiner, Cod. inscript. nr. 2551.

Endlich gehört theilweise noch hierher

11. Die Strasse, die von Aquileia (einer damals sehr ansehnlichen Handelsstadt an der nördlichen Spitze des adriatischen Meerbusens) durch das Steiermark und über Lienz (Lomio), Agento und Littano im Puster-Thal in die Brenner-Strasse führte, mit welcher sie sich bei der Station Sebatum (Schabs) vereinigte; das rätische Gebiet betrat diese Strasse erst im obern Puster-Thal in der Gegend von Toblach. Diese Strasse verband somit Augsburg direkt mit dem adriatischen Meer.

Dies sind alle, mit Stationen versehenen, d. h. eigentlichen Reichs- und Heerstrassen, die in der Provinz Rätien im Beginne des III. und gegen Ende des IV. Jahrh., urkundlich erweisbar, bestanden.

Welche Kaiser seit Septimius Severus noch an den rätischen Strassen arbeiten liessen und von welchen namentlich die im Itinerar Ant. neu zum Vorschein kommenden angelegt wurden, lässt sich natürlich nicht ermitteln. Im Allgemeinen lässt sich wol annehmen, dass seit Septimius Severus, wie auf andern Gebieten des staatlichen Lebens, so auch im Strassenwesen ein Rückgang und Verfall eintrat. Doch wird auf Meilensteinen der Brenner-Strasse noch mehrerer Kaiser gedacht, nämlich des Decius, des Maxentius, des Maximinus und des Julianus, von denen man also, obwol die Inschriften dies nicht ausdrücklich sagen, annehmen kann, dass sie an derselben arbeiten liessen. Des Decius gedenken Inschriften auf einem bei Vilten und einem bei Zirl entdeckten Meilensteine, von denen die erstere aus dem J. 250, die letztere aus dem J. 249 stammt.[1]) Den Maxentius (306—312), erwähnt eine in Blamau (im Eisak-Thal) gefundene Strassensäule in einer nur theilweise erhaltenen Inschrift[2]), und den Maximinus ein in Lueg (auf dem Brenner)[3]), und endlich den Julianus

---

[1]) Da diese beiden Inschriften fast gleichlautend sind, setze ich nur diejenige der Viltner Strassensäule her: IMP(eratori). CAES(ari). C(aio). | MESSIO. Q(uinto). TR(aiano). DECI(o). P(io). F(elici). INV(icto). | AVG(usto). P(ontifici). M(aximo). TR(ibunicia). P(otestate). II. | P(atri). P(atriae). ET. MESS(iis). DECI(o). | AVG(usto). ET. QVINTO. | NOBILISSI(mo). CAES(ari). | FILIIS. AVG(usti). CAES(aris). D(omini) N(ostri). M. P. CXII. (Steiner, Cod. inscript. nr. 2743).

[2]) Dieses Bruchstück lautet: IMP. CAES. | M. AVR. VAL. | MAXENTIO. | P. F. INVICTO. | AVG. (Pallhausen, Boiar. topogr. S. 145).

[3]) Die Inschrift lautet (nach Pallhausen a. a. O. S. 184): IMP. CAES. | C(aio). I(ulio). VERO. MAXIMI(no). PIO. FELICI. INVICTO. AVG. P. M.

ein in der Gegend von Epfach gefundener Meilenstein, ersterer vom J. 306, letzterer vom J. 361 oder 362.¹) Da das Tracé der Brenner-Strasse nicht geändert wurde, so können diese Inschriften blos **Unterhaltungsarbeiten** beurkunden.

Die rätischen Heerstrassen wurden somit nicht nur, wie der zu Töll gefundene Meilenstein in Bezug auf die dortige Strasse ausdrücklich bezeugt²), von den Kaisern, beziehungsweise vom römischen Staate (und nicht etwa von den Provinzialen) **gebaut**, sondern auch **unterhalten**, und zwar scheinen zu den Strassenarbeiten vielfach die Soldaten verwendet worden zu sein.

Diese Heerstrassen waren, wie wir bisher schon gesehen, in eine Anzahl **Stationen** eingetheilt, die allem Anscheine nach, wenn thunlich, in schon bestehende Ortschaften verlegt wurden, und die keineswegs in gleichmässigen Entfernungen, sondern, je nach der Oertlichkeit, bald in geringeren bald in grösseren, einander folgten. Auch behielt man, wie sich aus der Vergleichung des Itinerar. Antonini mit der Tab. Peut. ergibt, nicht immer die nämlichen Stationen noch die nämliche Anzahl derselben bei, vielmehr scheint die letztere im Laufe der Zeit verringert worden zu sein. So z. B. waren nach der Tab. Peut. von Clefen bis Augsburg 11 Stationen in Entfernungen von 9 bis 32 röm. M., nach dem Itiner. Ant. dagegen (über Rostro Nemaviae) in Entfernungen von 15 bis 60 röm. M.³) Auch ist in letzterem auf der Strasse Kempten-Augsburg eine neue Station, Rostro Nemaviae, an der Stelle der beiden eingegangenen, Navoae und Rapis, getreten.

Von den Stationen weiss man im Allgemeinen, dass sie Ruhepunkte für die Truppen sowol als für Reisende und zu diesem Zweck mit sog. **mansiones** d. h. mit Gebäulichkeiten versehen waren, in welchen Menschen und Vieh ein Unterkommen und Nahrung fanden.⁴) Da die Stationen in der Regel nicht mehr als

---

TRIB. POTEST. COS. P. P. GERMAN(ico). MAX(imino). | ET. C(aio.) I(ulio). VERO. MAX(imino). NOBILIS | SIMO. CAES. | AB. AVG. M. P. CXXX.

¹) Das Bruchstück lautet: . .IVLIANO. FELICI. AVG. | PONT. MAX. | . . IMP. CONSVLI. IIII. | PATRI. PATRIAE. | BONO. REIPVBLICAE. N(ato). AB. AVG. M. P. XXX. (Mus. Veron. p. 454 nr. 3.)

²) „sua pecunia" S. 75. Note 1.

³) Die Station von 60 röm. M. ist die von Chur bis Tarveseda (über den Splügen). Da aber auf der Strasse über den Septimer nach dem Itiner. die längste Station blos 20 r. M. betrug, so darf man wol daraus schliessen, dass zu dieser Zeit der Septimer begangener und der Splügen in Abgang gekommen war.

⁴) Chéruel, dictionnaire des antiq. und Du Cange ad v. mansio.

8, selten 10 und mehr Wegstunden von einander entfernt waren, so bildeten sie wahrscheinlich auch die regelmässigen Tagmärsche für die Truppen. Und da man weiss, dass es auch für den Pferdewechsel der Staatspost Stationen gab, so ist anzunehmen, dass diese Poststationen (mutationes) in der Regel mit den Militärstationen zusammenfielen.

Auf der Peut. Taf. finden wir einige wenige solcher Stationen mit zwei neben einander stehenden, meist fensterlosen Gebäulichkeiten mit zugespitztem Dache angezeigt. In Rätien sind es Bregenz, Arbon, Augsburg und Regensburg, die in solcher Weise ausgezeichnet sind. Wahrscheinlich wurden so diejenigen Stationen auf der Militärkarte bezeichnet, in welchen die Truppen Rasttag hatten, denn wir wissen, dass es Raststationen (mansiones stativae) gab.[1]

Spuren römischer Stationsherbergen will man in Schan (Magia?), Arbon (Arbor felix) und Pfyn (Ad fines) entdeckt haben.[2] Auch in Bregenz aufgefundene Mauerreste einer umfangreichen römischen Gebäulichkeit dürften von einer solchen Herberge herrühren.[3]

Es muss aber in Rätien auch Reichsstrassen ohne Stationen, somit gewissermassen Reichsstrassen zweiter Klasse gegeben haben. Zu diesen rechne ich namentlich:

1. Die oben erwähnte Strasse von Nassenfels (oder Pfünz) über Stepperg nach Augsburg, die schon unter Septimius Severus, somit auch zur Zeit, als die Tab. Peut. gefertigt wurde, bestand und deren Spuren sich von Nassenfels nach Stepperg sehr wohl verfolgen lassen. Dass diese Strasse eine Reichsstrasse war bezeugt jener Meilenstein selbst, der dem Kaiser Severus und dessen Söhnen ihre Erstellung oder Verbesserung zuschreibt. Dessenungeachtet findet sie sich in der Tab. Peut. nicht — ohne Zwei-

---

[1] Lampridius (in Alex. Severus) berichtet, dass Alex. Severus, wenn er von Rom abreiste, vorher durch ein Edikt seine Marschroute und sein erstes Nachtquartier (prima mansio) anzeigte, sodann „per ordinem" (der Reihe nach) mansiones, deinde stativae, deinde ubi annona esset accipienda.

[2] Keller, Statistik der röm. Ansiedelungen in der Schweiz, und „röm. Ansiedelungen in der Ostschweiz."

[3] Douglass (die Römer im Vorarlberg S. 38) beschreibt diese Mauerreste. Danach war das Gebäude 100' lang und 80' breit, die Aussenmauern waren 4' dick, im Innern waren zahlreiche Mauernansätze.

fel desshalb, weil sie keine Reichsstrasse erster Klasse und daher auch nicht mit Stationen versehen war.

2. Die Strasse, die sich von **Kösching** aus über **Pfünz** dem Grenzwall entlang zog und deren Spuren sich sehr gut bis **Weissenburg** verfolgen lassen. Dass dies eine Staats- oder Reichsstrasse war, verräth nicht blos ihr sorgfältiger Bau, sondern ist auch nach dem **Zweck** derselben anzunehmen. Denn ihre Bestimmung war offenbar, den Besatzungen des Grenzwalls und seiner nächsten Festungswerke für Truppenbewegungen und Zufuhren zu dienen, wofür man freilich keiner Stationen bedurfte. Diese Wallstrasse, wenn man sie so nennen darf, bestand sicher schon zur Zeit der Peut. Tafel, denn ich habe schon bemerkt, dass die von letzterer dargestellte, über Nassenfels führende Oberdonaustrasse nothwendig voraussetzt, dass damals der Wall nebst zugehörigen Festungswerken schon ausgeführt war, und gewiss wurde jene, dem Verkehr der Grenzvertheidigung so unentbehrliche Wallstrasse nicht erst lange nachher, sondern gleichzeitig gebaut.

3. Die Strasse, die von **Como** oder **Mailand** durch den Kanton Tessin und das Misoxer Thal über den St. **Bernhardin** (mons avium) führte und sodann in diejenige des Splügen mündete. Von einer gepflasterten Römerstrasse finden sich nämlich auf diesem Berg noch sehr wohl erhaltene Stücke.

Die Reichs- oder Heerstrassen waren im Allgemeinen mit grosser Sorgfalt angelegt und ausgeführt. Im **Tracé** wurden sie — wahrscheinlich zum Theil aus strategischen Gründen — durchgängig hoch gehalten, d. h. sie wurden im Hochgebirg in der Regel nicht in der Thalsohle, sondern an den Gebirgsabhängen, und zwar vorzugsweise auf der Sonnenseite; im Tiefland aber meist auf den Wasserscheiden und wo erhabenes Terrain fehlte wol auch auf künstlichen, 2 bis 6′ hohen Erdwällen geführt.

Die Fahrbahn hatte regelmässig eine (im rätischen Hochgebirg vielfach noch sichtbare) Unterlage aus grossen wohl zusammengefügten Steinen. Dieses Pflaster war aber mit einer festgestampften Schicht aus Sand und Kies bedeckt. Auf der linken Donaustrasse will man an einzelnen Stellen diese obere Schichte noch so fest und glatt wie ein Dreschtenn und die Strassenwölbung noch so gut erhalten gefunden haben, dass kein Wasser darauf stehen blieb. Sehr wohl erhaltene Stücke der Septimer Strasse (bei Tinzen, auf dem Septimer, unter Casaccia) zeigen auf beiden Seiten derselben nach der Schnur gelegte Randsteine meist bedeutender Grösse und lassen die Wölbung der 9—11' breiten Fahrbahn sehr wohl erkennen. Die Steigung erscheint kunstgerecht ausgeglichen und erhebt sich nicht über ca. 15%; die Kehren sind sehr schön und weit und lassen vollends darüber keinen Zweifel, dass die Strasse fahrbar war. Der Septimer Strasse in der Konstruktion sehr ähnlich war die Bernhardiner Strasse, wovon auf beiden Seiten des Berges noch sehr schöne Ueberreste sich finden. Nur scheint die letztere durchschnittlich etwas schmaler gewesen zu sein — ich sage durchschnittlich, denn ich habe die Ueberzeugung gewonnen, dass die Breite der beiden Strassen nicht überall gleich war, sondern je nach dem Terrain etwa um 3' variirte. Auch scheinen die Kehren bei der Bernhardiner Strasse nicht so sorgfältig als bei derjenigen des Septimer ausgebaut. Als bemerkenswerth ist sodann bei der Bernhardiner Strasse noch hervorzuheben, dass auf der Höhe des Berges sich noch Ueberreste steinerner Schneesäulen finden. Dieselben waren so mit dem Strassenrand verbunden, dass aus letzterem hervorragende starke Steinplatten sie durch eine hiefür angebrachte Oeffnung hindurchliessen. Auch sind an der Bernhardiner Strasse sehr kunstgerechte Wasserabflüsse wahrnehmbar. Nach dem Wenigen dagegen, was man von dem Tracé der Splügner Strasse kennt, und nach ihren äusserst dürftigen Ueberresten zu urtheilen, war ihr Bau weniger kunstgerecht, als derjenige der beiden eben besprochenen Gebirgsstrassen. Es dürfte dies nicht nur den späteren Ursprung der beiden letzteren anzeigen, sondern es auch erklären, dass, wie wir aus dem Itinerar. Anton. gesehen, in der Folge der Splügen gegenüber dem Septimer in Abgang kam. Und wenn ein römischer Dichter noch gegen Ende des IX. Jahrh. eine schauerliche Schilderung der Gefahren der Alpenstrassen gibt [1], so wird dieselbe wol vorzugsweise dem Splügen, vielleicht auch der vinstgauer Strasse in der Gegend von Finstermünz gelten.

In der Niederung scheinen die Heerstrassen breiter als im Gebirg gewesen zu sein: denn dort betrug die Fahrbahn durchschnittlich etwa 12', an der Donau sogar bis 18'.

---

[1] Claudianus, de bello getico v. 340 sqq.:
 Sed latus Hesperiae quo Rhaetia iungitur orae,
 Proruptis ferit astra iugis panditque terendam
 Vix aestate viam u. s. w.

Nebst den eigentlichen **Heerstrassen** gab es aber in Rätien auch Strassen, welche vorzugsweise für den Handelsverkehr benutzt worden zu sein scheinen, daher als **Handelsstrassen** bezeichnet werden können.

Dahin gehört vor Allem die Strasse **Chur—Zürich**. Denn man weiss aus einer in Zürich gefundenen Grabschrift [1]), dass hier für die aus Rätien in Gallien (wozu auch Helvetien gehörte) eintretenden Waaren eine eigene Zollbeamtung bestand, welche von denselben zu Gunsten des kaiserlichen Aerars den 40sten Theil ihres Werthes (quadragesima Galliarum sc. mercedum) oder $2\frac{1}{2}$ % erhob. Wahrscheinlich war diese Strasse theils als die kürzeste Richtung von Mailand nach Vindonissa (dem Hauptwaffenplatz in Helvetien) und dem Oberrhein, theils weil von Wallenstadt weg die Wasserstrasse benutzt werden konnte, für den Handel besonders beliebt.[2]) Die Spuren dieser, von der Chur-Bregenzer Heerstrasse sich abzweigenden Handelsstrasse leiten von Ragaz aus über Vilters, Wangs, Mels und kreuzen das Thal der Seez in der Richtung von Heiligenkreuz, um am jenseitigen Bergabhang den Lauf bis Wallenstadt fortzusetzen.[3])

Auch die **Vinstgauer** Strasse muss, nachdem sie als Heerstrasse aufgegeben war, vorzugsweise für den Handel benutzt worden sein. Denn zufolge einer im Schloss Knillenburg entdeckten Inschrift vom J. 180 bestand in **Mais** bei Meran eine ähnliche Zollbeamtung.[4]) Da aber auch diese, wie diejenige in Zürich, den Zoll von $2\frac{1}{2}$ % von den nach **Gallien** bestimmten Waaren (Galliarum) erhob, so lässt sich die Errichtung eines solchen Zollamtes im südlichen Tirol wol nur durch die Annahme erklären, dass, da die Kontrole der über die tiroler Strassen kommenden, durch

---

[1]) Diese Grabschrift bezeichnet nämlich einen gewissen AELIVS. VRBICVS. von VNIO. als AVGVSTI. LIBERTVS. PRAEPOSITVS. STATIONIS. TVRICENCIS. QVADRAGESIMAE. GALLIARVM. (Keller, die röm. Ansiedlungen in der Ostschweiz I.) Diese Inschrift soll aus dem Zeitraum von 222—229 n. C. stammen. (Mommsen, die Schweiz in röm. Zeit.)

[2]) vgl. Schinz, Handelschaft der Stadt und Landschaft Zürich.

[3]) Keller, Statistik der römischen Ansiedlungen in der Ostschweiz.

[4]) Diese Inschrift lautet: IN. H(onorem). D(eorum). D(earum). SANC(tae). DIANAE. | ARAM. CVM. SIGNO. AETETVS. | AVGG(ustorum). NN(nostrorum). LIB(ertus). P(rae)P(ositus). STAT(ionis). M(ai) ENS(is). | XXXX (quadragesimae). GALL(iarum). DEDIC(avit). ID(ibus). AVG(usti). PRAESENTEI. COS(consule). (Museum Veron. S. 454, Steiner, Cod. inscript. nr. 2740.) Die Jahreszahl 180 n. C. lässt sich nach dem Konsulat des Praesens berechnen.

Rätien und vielleicht auch durch Obergermanien durchgehenden Waaren längs der langen und auf vielen Strassen erreichbaren gallischen Grenze sehr schwierig gewesen wäre, den in das Tirol eintretenden Waaren die vinstgauer Strasse (die ihrer Kürze wegen ohnehin für den Handel beliebter als die längere über den Brenner sein mochte), wie den über die churer Pässe kommenden die zürcher Strasse angewiesen war. Ob sodann die durch das Vinstgau geführten Waaren über den Arlberg oder vielleicht durch das Engadin über den Julier (über welchen auch eine Römerstrasse führte) nach Chur und von hier in die chur-zürcher Strasse übergingen, will ich dahingestellt sein lassen. Letzteres erscheint mir jedoch wahrscheinlicher, nicht nur wegen der direkteren Verbindung der vinstgauer mit der zürcher Strasse, sondern auch weil sich durch diese Annahme die aus den bekannten Juliersäulen und vielen Münzfunden nicht zu bezweifelnde starke Frequenz des Julier-Passes unter den Römern am besten erklären lässt.

Uebrigens scheint, wie wir später sehen werden, die vinstgauer Strasse, wenigstens im Beginn des V. Jahrh., auch für militärische Zufuhren an die rätischen Besatzungen, und zwar ohne Zweifel vorzugsweise an diejenigen der Bodenseegegend, benutzt worden zu sein. Doch ist anzunehmen, dass diese Waaren über den Arlberg gingen.

Ausser den Heer- und Handelsstrassen gab es in Rätien unstreitig, wie überall, wo Römer sich zahlreich niederliessen, viele, rein bürgerlichen Bedürfnissen dienende Verbindungsstrassen (viae vicinales und agrariae), bei welchen vielleicht auch zwei Klassen unterschieden werden könnten, je nachdem sie zur Verbindung grösserer und entfernterer Verkehrspunkte oder nur benachbarter Dörfer und Höfe dienten.

Da diese Strassen bei Weitem nicht so solid, wie die Reichsstrassen, gebaut zu werden pflegten, ist es begreiflich, dass sie nur wenige Spuren hinterlassen haben[1], daher ich auf dieselben hier nicht näher eintrete. Nur will ich erwähnen, dass von Augsburg aus sowol eine Strasse nach Donauwörth, welche in Langwied sich auch nach Lauingen abgezweigt zu haben scheint, als eine solche nach Günzburg zog; und wahrscheinlich setzten sich dieselben, da an allen drei Orten Brückenübergänge waren, auf der

---

[1] Hundt (über die Donau-Strassen des linken Donau-Ufers) führt eine Reihe solcher Strassenspuren auf.

andern Seite der Donau fort, und zwar die Günzburger ohne Zweifel durch das heutige Würtemberg und Baden (wol über Gaislingen, Marbach und Bruchsal) bis Speier, wodurch sie, so lange jene Gegenden römisch waren, eine höchst wichtige Verbindung zwischen Rätien und dem Oberrhein bildete; wahrscheinlich war es dieser Weg, welchen Constantius Chlorus (im J. 296) einschlug, als er, wie berichtet wird, von der „Rheinbrücke" bis zum Donau-Uebergang in Günzburg die Alemannen verfolgte.¹)

Schliesslich mag noch bemerkt werden, dass die Römer auch die Wasserstrasse der Donau, so weit sie schiffbar war, benutzten, und zwar nicht nur als Handels-²), sondern unter Umständen auch als Heerstrasse für kleinere Truppenabtheilungen³) und wol auch für militärische Zufuhren. In grösserem Mass wurde freilich erst unter Passau die Donau für die Schifffahrt benutzt.⁴) Ebenso ist uns bekannt, dass die Römer, wenigstens zur Zeit als die Iller die rätische Grenze bildete, in Bregenz eine Flottille unterhielten⁵) und es lässt sich hieraus schliessen, dass der Bodensee als Wasserstrasse für die umliegenden Gegenden lebhaft benutzt wurde.⁶)

V. DER GRENZWALL.⁷)

Auf dem linken Ufer der Donau finden sich deutliche Spuren eines römischen Walles, der seinen Anfang an der Donau oberhalb Kelheim (6 Stunden ob Regensburg) nimmt und sich in nord-

---

¹) Eumenius in d. Lobrede auf diesen Kaiser c. 2: „a ponte Rheni usque ad Danubii transitum Guntiensem devastata atque exhausta penitus Alemannia." Diesen „pons Rheni" vermuthet Mone (Urgesch. des Bad. Landes) in Speier.

²) Eugippius in dem Leben des h. Severinus (c. 3) berichtet, dass „rates plurimae de partibus Retiarum mercibus onustae" die Donau hinabfuhren.

³) So schiffte sich Kaiser Julian mit seinen Leuten ohne Zweifel in Günzburg nach der untern Donau ein (Mamertinus in Julian. c. 7): longissimo cursu placuit navigari.

⁴) Dies dürfte namentlich von der Donauflotte gelten, von welcher Tacitus (Ann. XII, 30) spricht: (Vannius) ad classem in Danubio opperientem perfugit. Vegetius (V, 15) spricht allgemein von kleinen Fahrzeugen, deren man sich auf der Donau bediene (de lusoriis, quibus in Danubio utuntur).

⁵) Die (später zu erwähnende) Notitia Dignitatum (Beil. IIII) erwähnt nämlich eines Korps Schiffsleute in Bregenz.

⁶) Die rätischen Strassenzüge finden sich in der beigelegten Karte der Provinz Rätien eingezeichnet (Beil. I).

⁷) Ueber den Grenzwall s. besonders: Döderlin, die Teufelsmauer

westlicher Richtung über Kipfenberg und Gunzenhausen und sodann in südwestlicher Richtung über Mönchsroth und Ellwangen bis Lorch zieht, von wo aus die Spuren nach Norden weisen und mehr oder weniger, parallel mit dem Rhein, sich verfolgen lassen in der Richtung über Welzheim, Jaxthausen, Aschaffenburg, Langenschwalbach, Ems bis nach Cöln.[1]

Von der Donau bis Lorch besteht dieser Wall meist aus mässigen, durch keinen Mörtel verbundenen Steinen der Umgegend und erhielt desshalb und wegen seines anfänglich unbekannten Ursprungs den Namen „Teufelsmauer." Dieser Wall zeigt an der Grundfläche eine Breite von ungef. 10′, hat im Boden keine Grundlage und übersteigt dermalen nirgends die Höhe von 3½′. Auch war er auf seiner nördlichen Seite in der Entfernung von ca. 17 Schritten von einem parallel laufenden Graben begleitet. Von Lorch weg bis an den Rhein erscheint er als eigentlicher Erdwall, in der Grundfläche 25′ bis 30′, oben 4′ bis 5′ breit, jetzt noch an einzelnen Stellen 10′ bis 12′ hoch. Denselben begleitet ein 25′ bis 30′ breiter Graben.

Diesem Wall entlang, besonders längs der Teufelsmauer, finden sich aber auch zahlreiche Spuren von Thürmen und grösseren Befestigungswerken römischen Ursprungs.

Wenn es demnach sofort klar war, dass diese Werke von den Römern herrühren mussten, so liessen um so mehr Zweck und Zeit ihrer Entstehung verschiedenen Muthmassungen Raum.

Die historischen Untersuchungen haben indess ermittelt, dass dieselben ein Grenzwall der römischen Besitzungen, insbesondere Rätiens und Obergermaniens, gegenüber den deutschen Völkerschaften waren. Mit Rücksicht auf die Provinz Rätien lässt sich hierüber folgendes Nähere an der Hand der Quellen mittheilen.

Zur Zeit als die Römer Rätien eroberten, und die Donau im

Buchner. Reisen auf der Teufelmauer: Raiser. röm. Alterthümer. Heft v. 1820; Mayer. Beschreibung der unter dem Namen „Teufelsmauer" bekannten römischen Landmarkung: Stälin. Gesch. v. Würtemberg I S. 79 ff.

[1] Buchner a. a. O. berichtet zwar auch von Spuren eines von Lorch aus südwärts laufenden Erdwalles, welche in der Richtung von Gaislingen, Urach, Pfullingen, Salmandingen, Sulz und Rotweil sich einigermassen verfolgen lassen. Da indess dieses angeblichen Walles von andern Schriftstellern, namentlich auch von Stälin, keine Erwähnung geschieht, so habe ich ihn hier übergangen.

Norden und Nordosten als Grenze der Provinz bestimmten, scheinen die zwischen dem Oberrhein, dem Main und der Oberdonau befindlichen Landstriche, welche den grössten Theil des heutigen Kgr. Würtemberg und Grossherzogth. Baden ausmachen, sehr öde und menschenleer gelegen zu haben. Denn einestheils war es der grosse, vom heutigen Schwarzwald aus sich nördlich und östlich ausbreitende „hercynische Wald," der einen bedeutenden, besonders den südlichen, Theil dieses Landes unbewohnbar gemacht zu haben scheint[1]), anderntheils waren sowol die Helvetier, welche das Land zwischen dem Schwarzwald, Rhein und Main inne gehabt hatten, als deren östliche Nachbaren an den Quellen der Donau, die Boier, jene in die heutige Schweiz, diese gen Osten fortgezogen, ohne dass sie von andern Völkerschaften bleibend ersetzt worden wären.[2]) Die Römer hielten es daher, als sie Rätien eroberten, nicht einmal in ihrer Konvenienz, diesen öden Landstrich förmlich in Besitz zu nehmen, wahrscheinlich weil der Nutzen, den sie daraus gezogen haben würden, den Kosten der Verwaltung und der militärischen Besatzung nicht entsprochen haben würde. Immerhin ist nicht zu bezweifeln, dass sie schon damals sich dieses Landstrichs, als kürzesten Verbindungsweges zwischen Rätien und Obergermanien, besonders dessen Hauptstadt Mainz, bedienten. Man muss dies um so eher glauben, als, wie sich später zeigen wird, in Rätien anfänglich keine eigene Legion stationirt war, daher anzunehmen ist, dass einzelne Abtheilungen der in Obergermanien aufgestellten VIII. u. XXII. Legion zu Besatzungen in Rätien verwendet wurden.

Erst als allerlei Abenteurer aus den benachbarten deutschen und gallischen Völkerschaften sich in diesem so zu sagen herrenlosen Landstrich niederzulassen begannen, hielten es die Römer für zweckmässig, auch diesen zu ihrem Reich zu ziehen und der Provinz Obergermanien einzuverleiben.[3]) Die äussere Veranlassung

---

[1]) Caesar de bello gall. VI, 25. Hercyniae silvae latitudo novem dierum iter expedito patet: non enim aliter finiri potest neque mensuras itinerum noverunt. Oritur ab Helvetiorum et Nemetum et Rauracorum finibus rectaque fluminis Danubii regione pertinet ad fines Dacorum et Anactium.

[2]) Tacitus Germ. 28 . . . . igitur inter Hercyniam silvam Rhenumque et Moenum omnes Helvetii, ulteriora Boii, gallica utraque gens, tenuere. (Tacitus spricht hier in der vergangenen Zeit.)

[3]) Tacitus, Germania 29: Non numeraverim inter Germaniae populos, quamquam trans Rhenum Danubiumque consederint, eos qui decumates agros (so wurde dieses Neckargebiet genannt) exercent, levissimus quisque Gallorum et

hiezu scheint der Umstand gegeben zu haben, dass die schon von
Tiberius, wahrscheinlich am Niederrhein, begonnene Abmarkung
der überrheinisch römischen Besitzungen [1] rheinaufwärts fortgesetzt
und sodann, um gleichzeitig Rätien nördlich abzugrenzen, bis an
die Donau fortgeführt werden sollte. Es leuchtet ein, dass dieses
Unternehmen es unerlässlich machte, auch das, zwischen dem Oberrhein und der Oberdonau eingekeilte Neckargebiet mit in die Reichsgrenze hereinzuziehen und dadurch das Reichsgebiet von dem Oberrhein zur Oberdonau in ununterbrochenen Zusammenhang zu bringen.

Schwieriger ist es, den Zeitpunkt dieser Einverleibung zu
bestimmen, indem Tacitus, der sie zu Ende des I. Jahrh. berichtet,
ihn nicht näher angibt. Es ist aber sehr wahrscheinlich, dass sie
unter Domitian (81—96) vollzogen wurde, indem von diesem gemeldet wird, dass er den feindlichen Deutschen dadurch die sichere
Zuflucht in den weitläufigen Waldungen entzog, dass er eine Abgrenzung in der Länge von 120 röm Meilen vornahm. [2] Offenbar
kann diese Nachricht nur auf die durch die erwähnte grosse Landesmarkung erfolgte Einverleibung des hercynischen Waldgebietes
am Oberrhein bezogen werden.

Mit dieser Annahme stimmt einerseits, dass Tacitus von jener
Einverleibung als von einem bereits erfolgten Ereigniss spricht, und
anderseits die Thatsache, dass römische Inschriften in den einverleibten Landschaften bis in das Jahr 98 n. C. zurückgeben [3], was
beweist, dass dannzumal römische Niederlassungen in denselben
schon nicht mehr neuesten Datums sein konnten.

Mit Rücksicht auf die Grösse des Werkes und weil ausdrücklich die Länge des von Domitian ausgeführten nur zu 120 röm. M.
(= 36 Wegstunden) angegeben wird, ist nicht anzunehmen, dass
es schon von ihm bis an die Donau erstellt wurde. In der That

---

inopia audax dubiae possessionis solum occupavere. mox limite acto
promotisque praesidiis sinus imperii et pars provinciae habentur.

[1] Tacitus. Annales I, 50: at Romanus agmine propero silvam Caesiam
limitemque a Tiberio coeptum scindit. castra in limite locat.

[2] Frontinus. Stratag. I, 3, 10: Imperator Caes. Domitianus Aug.,
quum Germani more suo e saltibus et obscuris latebris subinde impugnarent
nostros. tutumque regressum in profunda silvarum haberent. limitibus per
centum et viginti millia passuum actis. non mutavit tantum statum belli,
sed subiecit ditioni suae hostes. quorum refugia nudaverat. (Offenbar fehlerhaft
ist die Lesart „militibus . . . actis").

[3] Stälin, Gesch. v. Würtemberg I S. 31.

finden sich auf dem von dem Wall abgegrenzten linken Ufer dieses Stromes keine so weit hinauf reichenden Inschriften.

Der inner der neuen Reichsgrenze befindliche Theil des von Domitian in dieselbe aufgenommenen Neckargebietes wurde grösstentheils zu Militärkolonien bestimmt, welche den Boden in Erbpacht erhielten; und da der Bodenzins im zehnten Theile der Früchte bestand, nannte man dieses Kolonieland auch kurzweg Zehntland (agri decumates).[1]) Wirklich beweisen die Denkmale, dass schon im II. Jahrh. zahlreiche römische Niederlassungen sich hier finden mussten und dass an einzelnen Orten, wie namentlich in Rotenburg (Samulocena), Rotweil (Arae Flaviae), Canstadt und Baden-Baden (civitas Aquensis), sich früh römisches Leben, römische Sitten, Gewerbe und Künste entwickelten, unterstützt von einem ausgebildeten Strassennetz, dessen Erstellung, wie es eine Reihe von Meilensteinen beurkundet, vorzugsweise dem Septimius Severus und seinen Söhnen zuzuschreiben ist.[2])

Welcher der auf Domitian zunächst folgenden Kaiser, ob insbesondere Traian oder Hadrian, die Reichsmarkung bis an die Donau geführt habe, ist nicht zu bestimmen. Da man indess aus gefundenen Inschriften weiss, dass die Kastelle von Pföring und Kösching auf dem linken Donau-Ufer schon im J. 141 von rätisch-römischen Truppen besetzt waren[3]), so darf angenommen werden, dass dannzumal die Grenze der Provinz Rätien nördlich schon über die Donau reichte und dass die, dieses linkseitige Ufergebiet abgrenzende Reichsmarkung schon erstellt war. Somit musste Traian oder Hadrian die erste Anlage dieses von dem Rhein an die Donau führenden Grenzwerkes, an welchem seit Tiberius wol unter allen Kaisern mehr oder weniger gearbeitet worden, beendigt haben.

Von Traian (98—117) wissen wir nur, dass er am Rhein und an der Donau thätig war, dass er auf überrheinischem Gebiet römische Städte wieder herstellte[4]), sogar auf fremdem Boden (man

---

[1]) Die Bezeichnung „agri decumates" ist in der oben angeführten Stelle des Tacitus (Germ. 29) enthalten. Dass die Römer neu angebaute Gegenden, mitunter selbst zum Voraus, für Militärkolonien zu bestimmen pflegten, erhellt u. A. aus Tacitus Ann. XIII, 54, wo „agri vacui et militum usui sepositi" am Niederrhein erwähnt werden.

[2]) Stälin. Gesch. v. Würtemberg I S. 97.

[3]) Die Belegstelle findet sich im Kapitel über die „Festungswerke."

[4]) Eutropius VIII, 2: Romani imperii fines longe lateque diffudit . . . urbes trans Rhenum in Germania reparavit. . . .

glaubt am Main) ein Festungswerk errichtete¹) und vom schwarzen Meer weg längs der Donau eine Strasse bis nach Gallien baute.²)

Von Hadrian (117—138) wird aber ausdrücklich gemeldet, dass er an verschiedenen Orten, wo das Reichsgebiet nicht durch Flüsse von den Barbaren geschieden war, die Abgrenzung durch einen Haag bewerkstelligt habe, der aus grossen, in die Erde gesenkten und mit einander verbundenen Pfählen bestand. Ebenso wird berichtet, dass er in Britannien durch eine, 80 röm. M. lange Mauer das römische Gebiet gegenüber den Barbaren abgegrenzt habe.³)

Man darf daher die gewöhnliche Ansicht wol gelten lassen, dass Hadrian sich vorzugsweise um diese rätische Grenzmark (limes raeticus) verdient gemacht habe. Dass er für Rätien besonders thätig gewesen, ist jedenfalls daraus zu schliessen, dass die Stadt Augsburg ihm zu Ehren den Beinamen „Aelia" annahm⁴) (der ganze Name Hadrians lautete nämlich: Publius Aelius Hadrianus), sowie auch daraus, dass Hadrian zu Ehren der „rätischen Truppen" eine eigene Münze schlagen liess.⁵)

---

¹) Ammianus Marcellinus XVII. 1: et dum nullus obsisteret, munimentum, quod in Alamannorum solo conditum, Traianus suo nomine voluit appellari. (Wenn Amm. Marcell. sagt, Traian habe das Festungswerk auf alemannischem Boden errichtet, so spricht er auf dem Standpunkt seiner Zeit; denn zur Zeit Traians waren die Alemannen noch nicht bekannt, vielmehr waren noch zu Ende des I. Jahrh., nach Tacitus Germ. 30. die Chatten die nördlichen Nachbaren der agri decumates. Mannert, Germania, Raetia etc. S. 272, hält dieses munimentum, wodurch Traian augenscheinlich die dekumatischen Felder schützen wollte, geradezu für den Grenzwall).

²) Aurelius Victor de Caes. XII: iter conditum per feras gentes, quo facilius ab usque pontico mari in Galliam permeatur.

³) Spartianus, vita Hadriani 11: Britanniam petiit, in qua multa correxit murumque per octoginta millia passuum primus duxit, qui barbaros romanosque divideret. Und ferner in c. 13: Per ea tempora et alias frequenter in plurimis locis, in quibus barbari non fluminibus sed limitibus dividuntur, stipitibus magnis, in modum muralis sepis fundatis, iactis atque connexis barbaros separavit.

⁴) Es erhellt dies aus folgender Inschrift einer römischen Kapelle in Augsburg: MVNICIPI(i). | AEL(iae). AVG(ustae). NEGOCIATOR. VISTIANIA | NVS. . . . (Veneri?) ET. MAR(ti). AEDEM. CVM. SVIS. ORNAMENTIS. SIBI. | ET. P. PAT(rono?). | C. ANTONIO AELIANO. EQVITI. ROMANO. | DECVRIONI. MVNIC(ipii). AEL(iae). AVG(ustae). PO(suit). Orelli, Inscript. nr. 493 und (etwas abweichend) Raiser, röm. Alterth. Heft 1820 S. 32.

⁵) Der Revers dieser Münze stellt Hadrian zu Pferd und ihm gegenüber drei signiferi (Träger römischer Feldzeichen) dar, mit der Umschrift EXERCITVS RHAETICVS; der Avers den Kaiserkopf mit der Umschrift HADRIANVS. AVG. COS. III. P. P. — Welser, opera S. 299.

Es ist klar, dass, indem die nördliche Grenze Rätiens in Folge jener Reichsmarkung die Donau, welche bis dahin die Provinz begrenzt hatte, verliess, nothwendig auch die westliche Grenze (gegen das nunmehr anstossende Obergermanien) eine entsprechende Abänderung beziehungsweise Erweiterung erhalten musste. Doch lässt sich die Linie, durch welche diese Grenze zwischen Rätien und Obergermanien damals bestimmt wurde, nicht zuverlässig ermitteln. Da indess in Welzheim, Rotenburg und Hüfingen Inschriften von Soldaten der obergermanischen Legionen sich fanden[1] (das besprochene Neckargebiet war nämlich der Provinz Obergermanien einverleibt worden) und anderseits in Lauingen (auf dem linken Donau-Ufer), zufolge eines dortigen Denkmals, noch eine Abtheilung der III. Legion, die seit Marc Aurel Rätien besetzt hielt, stationirt war[2], so darf man annehmen, dass die neue Grenzlinie zwischen Rätien und Obergermanien von einem Punkt der Teufelsmauer (etwa in der Gegend von Aalen oder Lorch) aus südwestlich der erstgenannten drei Orte lief und auf die Donau erst in ihrem Quellgebiete traf.

Es ist wahrscheinlich, dass anfänglich die rheinisch-rätische Reichsmarkung, wie an andern Orten, in einfachster Weise, sei es mittelst einer Pfahlhecke sei es mittelst eines Erdwalles, ausgeführt wurde, indem dieselbe ursprünglich vorzugsweise den Zweck hatte, den römischen Besitzstand zu beurkunden. Als aber dieser Besitzstand mehr und mehr von den deutschen Völkerschaften angefochten und gewaltsam eingebrochen wurde und die Römer dadurch in die Lage versetzt wurden, ihre Grenze vertheidigen zu müssen, war es eine natürliche Folge, dass die Grenzscheide sich mehr und mehr in ein Vertheidigungswerk d. h. in einen mit Thürmen versehenen und durch einen Graben geschützten Stein- oder Erdwall verwandelte und dass Hand in Hand damit auch längs der Linie Kastelle und verschanzte Lager entstanden oder sich mehrten oder grössere Festigkeit erhielten.[3]

---

[1] Stälin, Gesch. v. Würtemberg I S. 75—77.
[2] Stälin a. a. O. S. 77. Buchner II S. 114 erwähnt zwar auch eines angeblich in Rotweil gefundenen Denksteins, auf welchem L III sichtbar gewesen sei. Stälin, der alle würtembergischen Inschriften zusammenstellt, weiss aber hievon nichts.
[3] Man weiss zwar, dass schon Tiberius, obwol der limes von ihm erst begonnen worden, am Rhein über 50 Kastelle anlegte (Florus IV, 12: Praeterea

Eine solche Verwandlung erfuhr namentlich die **rätische Grenzscheide** (der limes raeticus), indem dieselbe, wie wir Eingangs sahen, zuletzt in einem ununterbrochenen Steinwall bestand, dessen weitere Vertheidigungswerke wir später kennen lernen werden.

Auf die Frage: wann und durch welche Kaiser dieser Umbau erfolgte, geben uns die Quellen wieder keine bestimmte Auskunft, wol aber einige Anhaltspunkte zu Muthmassungen.

Seit die **Alemannen** unter **Caracalla (213)** zum ersten Male als Feinde der Römer auftraten, wiederholten sie ihre Angriffe unausgesetzt, bald auf die rheinischen Besitzungen der Römer und über den Rhein hinaus auf das eigentliche Gallien, bald auf Rätien, so dass der Reihe nach fast alle römischen Kaiser seit **Caracalla (211—217)** mit denselben bald am einen, bald am andern Ort zu kämpfen in den Fall kamen. So insbesondere **Alex. Severus (222—235)**, **Valerianus (253—259)**, **Gallienus (259—268)**, **Aurelianus (270—275)**, **Probus (276—282)**, **Maximinianus (286—305)**, dessen Mitregent **Constantius Chlorus (292—306)**; dann wieder **Constantius II. (350—361)**, **Julianus (361—363)** und **Valentinianus (364—375)**. Diese immer hartnäckigeren Angriffe der Alemannen waren es hauptsächlich, welche die Römer nöthigten, sowol ihre rheinische als ihre rätische Grenzmark mehr und mehr in eine feste Vertheidigungslinie zu verwandeln. Wie uns aber drei Kaiser bekannt sind, welche an der britischen Grenzmark, die schliesslich auch ein fester Steinwall (murus) wurde, arbeiteten (nämlich Hadrian, Antoninus Pius und Sept. Severus): so darf man es als sicher annehmen, dass der Ausbau der rheinisch-rätischen Befestigungslinie ein stehender Zweck der römischen Politik war, an dessen Verwirklichung mit mehr oder weniger Nachdruck so ziemlich alle Kaiser arbeiteten, so lange sie sich im Besitz der betreffenden Grenze befanden.

Aber immer weniger war, trotz der riesenhaftesten Vertheidigungsanstalten, der überfluthende Strom der Barbaren aufzuhalten.

(Tiberius) in tutelam provinciarum praesidia atque custodias ubique disposuit, per Mosam flumen, per Albim, per Visurgim. Nam per Rheni quidem ripam quinquaginta amplius castella direxit). Allein es ist hiebei kaum an gemauerte Festungswerke zu denken. Denn Caesar nennt castella auch blos die zu besserer Vertheidigung eines Lagers aus der Schanzenlinie vorspringenden Redouten (z. B. Caesar de bello gall. II, 8: ad extremas fossas castella constituit; und VII, 69: castra opportunis locis erant posita ibique castella XXIII facta). Vgl. Kramer, Kommentar zu Jul. Caes. S. 66.

Nachdem die Alemannen schon früher zu wiederholten Malen den rheinischen Wall durchbrochen hatten, überschwemmten sie endlich in der zweiten Hälfte des III. Jahrh. das heutige Schwabenland so, dass sie nicht mehr völlig daraus vertrieben wurden. Dieses Ereigniss kann nicht vor dem J. 268 stattgefunden haben, weil die römischen Inschriften in jenen Gegenden bis auf das gedachte Jahr herabreichen, somit bis dahin den römischen Besitz beurkunden; es kann aber auch nicht nach dem J. 296 stattgefunden haben, weil von Constantius Chlorus ein Bericht des nämlichen Jahres meldet, dass er von der Rheinbrücke (bei Mainz oder Speier) aus bis Günzburg Alemannien verwüstete[1]), somit dannzumal die Alemannen schon im Besitz des Neckargebietes und der Donauquellen waren. — Ja schon im J. 294 können die Römer das heutige Schwaben nicht mehr besessen haben, da eine Inschrift dieses Jahres beweist, dass dannzumal die helvetische Rheinlinie von den Römern befestigt wurde[2]), was nur aus der Nachbarschaft der Alemannen erklärlich ist. Vielleicht erfolgte jener alemannische Einbruch noch zu Ende der Regierung des schwachen Gallienus (259—268), von welchem es heisst, dass unter ihm Rätien verloren ging.[3]) (Selbstverständlich hielten sich nämlich die Alemannen bei ihrer Eroberung nicht an die östliche Grenze der Provinz Obergermanien, sondern bemächtigten sich gleichzeitig des westlichen rätischen Donaugebietes.)

---

[1]) Eumenius in der Lobrede auf Constantius vom J. 296 c. 2: a ponte Rheni usque ad Danubii transitum Guntiensem devastata atque exhausta penitus Alemannia. Dieser Zug mochte aber wol schon vor dem J. 296 stattgefunden haben.

[2]) Auf diese Befestigung ist aus einer (dermalen im Constanzer Dom eingemauerten) Inschrift zu schliessen, wonach die Festung Vitodurum (Oberwinterthur) im J. 294 wieder von Grund aus hergestellt wurde. Die Inschrift lautet (mit Weglassung einiger Titel): IMP(erator). CAES(ar). G(aius). AVR(elius). VAL(erius). DIOCLETIANVS. AVG(ustus). . . . TRIB(unitia). POT(estate) XI. IMP(erator) X. COS(consul) V. P(ater). P(atriae). ET. IMP. CAES. M. AVR. VAL. MAXIMIANVS. AVG. . . . TRIB. POT. X. IMP. VIII. COS. IIII. P. P. ET. IMP. FL. VAL. CONSTANTIVS. ET. GAL. VAL. MAXIMIAN(us). FILII. CAESS(caesares). MVRVM. VITODVRENSEM. A. SOLO. INSTAVRARVNT. CVRANTE. AVRELIO. PROCVLO. V(iro). C(larissimo). PR(ocuratore). PROV(inciae). MAX(imae). SEQ(uanae).

[3]) Eumenius in Maxim.: Indignum fuerat ac triste sub principe Gallieno harum provinciarum (sc. Germaniae Raetiaeque) a Romano duce dissidium, tunc . . . amissa Raetia.

So hatten denn die Römer, nachdem die Alemannen sich des Neckargebietes bemächtigt hatten, um ihnen gegenüber die Provinz Rätien zu sichern, nur die Wahl, entweder sie aus ihrem angemassten Besitzthum wieder über die Reichsmarkung (den limes transrhenanus) hinaus zu treiben oder sie wenigstens möglichst einzuschränken und die westliche rätische Grenze gegen sie zu befestigen und zu vertheidigen.

Ersteres wurde zwar wiederholt versucht: Probus (276—282) und Constantius Chlorus (292—300), und auch noch Julianus (361—363) brachten ihnen in ihrem eigenen Lande blutige Niederlagen bei.[1] Allein ohne bleibenden Erfolg.[2] So musste man denn endlich nothgedrungen auf die Sicherung und Befestigung der rätischen Grenze gegen das Alemannenland sich beschränken. Indess erhalten wir von dieser befestigten Vertheidigungslinie erst im Beginn des V. Jahrh. Kenntniss.[3] Wie wir später sehen werden, hatte sich dieselbe nicht nur hinter die Donau, sondern zwischen dem Bodensee und Ulm sogar bis zum Iller-Thal zurückgezogen.

Die nördliche rätische Grenze anlangend, so wurde auch hier der Grenzwall (limes raeticus) von deutschen Völkerschaften wiederholt überfluthet. Zwar wurde das verlorene Gebiet von Aurelianus (270—275)[4] und Maximianus (286—305)[5] wieder erobert und vorläufig der Wall als Grenze erhalten. Allein im Beginn

---

[1] Von Probus sagt Vopiscus c. 13: Tanta illic proelia feliciter gessit . . . caesis prope quadringentis millibus, qui Romanum occupaverunt solum, reliquias ultra Nicrum (Neckar) et Albam removit . . . contra urbes romanas et castra in solo barbarico posuit.

[2] Wenn wirklich der von Buchner behauptete Erdwall von Lorch aus in südlicher Richtung bestanden haben sollte, so wäre derselbe ohne Zweifel einem der genannten Kaiser zuzuschreiben und mochte den Zweck haben, die Alemannen auf das Neckargebiet zurückzudrängen und der Provinz Rätien ihre ehemalige westliche Grenze wieder zu geben. Buchner schreibt dessen Errichtung dem Probus zu. Man könnte sie aber eben so wol dem Constantius Chlorus zuschreiben, von welchem es heisst, dass er die Grenzen Rätiens und Germaniens bis an den Ursprung der Donau wieder vorgerückt habe. (Eumenius in der Lobrede auf Constantius c. 3: porrectis usque ad Danubii caput Germaniae Raetiaeque limitibus.)

[3] Aus der sog. Notitia Dignitatum, welche wir später werden kennen lernen.

[4] Vopiscus in Aurelian.: Aurelianus Vindelicos obsidione barbarica liberavit.

[5] Mamertinus in der Lobrede auf Maximian (vom J. 289) c. 9: Ingressus

des V. Jahrh. sehen wir den Wall preisgegeben und die Vertheidigungslinie auch hier hinter die Donau zurückgezogen.

Den Zeitpunkt, in welchem jenes und dieses geschah, genau anzugeben, ist nicht möglich. Vielleicht erfolgte es definitiv erst unter Valentinian (364—375). Von ihm weiss man nämlich, dass er mit Preisgebung der thatsächlich schon verlorenen überrheinischen Besitzungen längs des linken Rheinufers eine Festungslinie errichtete beziehungsweise den dort schon angelegten Werken grössere Ausdehnung und Festigkeit gab.[1]) Er verzichtete somit auf die nicht mehr zu haltende künstliche Grenze und zog sich auf die natürliche zurück. Er dürfte daher wol auch den nämlichen Grundsatz an der Donau befolgt und in richtiger Würdigung der Umstände das rätische Gebiet auf dem linken Ufer der Donau definitiv preisgegeben und dafür ihr rechtes Ufer um so besser befestigt haben, zumal das linkseitige ohne Zweifel thatsächlich ebenfalls schon lange nicht mehr in römischer Gewalt war und z. B. aus der Regierung Julians (361—363) gemeldet wird, dass, als er von Günzburg aus die Donau hinabfuhr, das linke Ufer von Deutschen bewohnt war.[2])

---

est nuper illam, quae Raetis est obiecta, Germaniam, similique virtute ultra Romanum limitem protulit victoriam. Ebenso Mamertinus in der Geburtstagsfeier auf den nämlichen Kaiser c. 5: transeo limitem Raetiae repentina hostium clade promotum. Darunter ist offenbar blos eine Erweiterung des thatsächlich durch den Einbruch der Barbaren verringerten Gebietes bis auf die frühere Grenze verstanden.

[1]) Ammianus Marcell. XXVIII: At Valentinianus, magna animo concipiens et utilia, Rhenum omnem a Rhetiarum exordio adusque fretalem Oceanum magnis molibus communiebat, castra extollens altius et castella, turresque assiduas per habiles locos et opportunos, qua Galliarum extenditur longitudo, nonnunquam (also blos ausnahmsweise) etiam ultra flumen aedificiis positis (gleichsam Vorwerke) subradens barbaros fines. —

[2]) Mamertinus in Julian. c. 4: Longissimo cursu Istrum (die Donau) placuit navigari (Julian ging nämlich nach Illyrien). Quae navigationis illius fuit pompa, cum dexterioris incliti fluminis ripam utriusque sexus omnium ordinum armatorum atque inermium perpetuus ordo praetexeret; despiceretur ad laevam in miserabiles preces genu nixa barbaria?

VI. FESTUNGSWERKE.

Die römischen Festungswerke in Rätien sind sehr bemerkenswerth. Zwar kennen wir sie bei Weitem nicht in ihrem ganzen Umfang, denn viele davon sind spurlos verschwunden. Immerhin genügen die Bauüberreste, die sich bis in die neuere Zeit erhielten, um einen Begriff von dem römischen Befestigungswesen in Rätien zu geben und um uns zugleich mit Staunen vor diesen Riesenwerken zu erfüllen.[1])

Als Hauptstützpunkte des römischen Befestigungssystems in Rätien sind, wie sich im Verlaufe dieses Kapitels zeigen wird, die **Kastelle** oder Burgen anzusehen. Als an die Kastelle sich anlehnend erscheinen: **städtische Ringmauern, Standlager, Schanzen, Einzelthürme.**

Eine annähernde Anschauung der römischen Kastelle gibt uns schon die sog. **Notitia Dignitatum** d. h. ein, höchst wahrscheinlich aus der Zeit des Kais. **Honorius** (der von 395—408 regierte) rührender Staatskalender, in welchem alle höheren römischen Civil- und Militärbeamtungen, u. A. auch der „Herzog Rätiens" (dux Raetiarum) d. h. der oberste militärische Befehlshaber dieser (damals in das 1. und das 2. Rätien getheilten) Provinz nebst den unter ihm stehenden Korpsbefehlshabern, aufgeführt werden. Dem Verzeichniss der rätischen Militärbeamtungen ist das gemalte Wappenschild des Herzogs von Rätien beigegeben, in welchem 10 rätische Kastelle — freilich alle fast gleich — abgebildet sind. Nach dieser Zeichnung erscheinen diese Kastelle als durch Quadermauern in einem Viereck eingeschlossene feste Plätze, an deren jedem Ecke ein Thurm zu stehen scheint. Der Eingang in das Kastell ist zwischen zwei Thürmen. Die Thürme zeigen bald ein flaches bald ein zugespitztes Dach. Doch dürften die zugespitzten Dächer, da unmittelbar unter denselben mehrere längliche Oeffnungen gezeich-

---

[1]) Hauptquellen zur Kenntniss dieser Bauüberreste sind: **Raiser**, röm. Alterthümer; **Buchner**, Reisen auf der Teufelsmauer; **Maier**, genauere Beschreibung der Teufelsmauer; **Maier**, über einige Fundorte römischer Münzen; **Jahresberichte** des histor. Vereins im Oberdonau-Kreise; der Heiden- und Römerthurm zu Regensburg; **Pallhausen**, Boiariae topographia; **Hefner**, das römische Baiern; **Krieg v. Hochfelden**, Geschichte der Militärarchitektonik.

net sind, blos die leichten Bedachungen vorstellen, welche den Thurmterrassen aufgesetzt zu werden pflegten; denn man hat Grund zu glauben, dass alle römischen Thürme oben flach waren sei es zur Aufpflanzung von Wurfmaschinen sei es (bei Wachtthürmen) zur freien Umschau.

Diese Zeichnung stellt nun unstreitig die Grundform des Kastells richtig dar. Indess lehren die zahlreichen Kastellruinen, dass von dieser (der römischen Lagerform entsprechenden) Grundform vielfach abgewichen wurde, theils dadurch, dass die Kastelle nicht immer ein regelmässiges, sondern je nach Beschaffenheit des Terrains, oft auch ein unregelmässiges Viereck, ja auch ein Dreieck bildeten[1]); theils dadurch, dass sie nicht immer mit vier, sondern auch nur mit drei oder zwei Thürmen, ja sogar nur mit Einem, hinwieder aber auch mit mehr als vier versehen waren. Ein wohlbefestigtes Kastell hatte in der Regel eine Doppelmauer, deren Zwischenraum bis an die Brustwehr der äusseren Mauer mit Schutt ausgefüllt war; dieser Schutt bildete alsdann einen sog. Wall- oder Mauergang, auf welchem sich die Soldaten hin- und herbewegten. In solchem Fall standen die in der Höhe angebrachten Eingänge der Thürme mit dem Wallgang in Verbindung. Ueberdies war jedes Kastell, soweit es das Terrain erforderte oder zuliess, auch mit einem Graben geschützt. Die Kastelle waren in Rätien vorzugsweise auf erhabenen, freie Aussicht gewährenden und leicht zu vertheidigenden Punkten gebaut; sodann suchte man sich bei ihrer Errichtung auch den natürlichen Schutz von Gewässern, besonders am Zusammenfluss zweier Ströme, aus.[2]) Unentbehrliches Zubehör eines jeden Kastells scheint ein Brunnen gewesen zu sein, wie es zahlreiche Spuren von Ziehbrunnen in ehemaligen römischen Kastellen beweisen.

Oft schlossen sich, zum Schutze von Städten oder grösserer Orte gegen feindliche Ueberfälle, an das Stadtkastell noch Ringmauern.

Verschieden von den Kastellen sind die sog. Standlager

---

[1]) So sagt auch Vegetius III, 8: Pro necessitate loci vel quadrata vel rotunda vel trigona vel oblonga castra constitues nec utilitati praeiudicat forma.

[2]) Dass dieses überhaupt römisches System war, erhellt aus Vegetius IV, 1: Urbes atque castella aut natura muniuntur aut manu aut utroque, quod firmius ducitur. Natura: aut loco edito vel abrupto, circumfuso mari sive paludibus vel fluminibus; manu: fossis aut muris.

(castra stativa). Ihre Spuren zeigen, dass sie von sehr verschiedenem Umfang und verschiedener Gestalt, in ihrer Grundform aber ebenfalls viereckig waren und durch ein- oder mehrfache Schanzen (Mauern oder Erd- und Steinwälle) und Gräben gebildet wurden. Mitunter scheinen auch diese Standlager (wie z. B. dasjenige auf dem Michaelsberg) mit wenigstens Einem Thurm versehen gewesen zu sein. In den Standlagern war, wie wir im nächsten Kapitel zeigen werden, das Gros der Armee regelmässig untergebracht, und es empfingen die in dieselben vertheilten Korps aus dem Hauptquartier des Kastells, dem sie untergeordnet waren, ihre Verhaltungsbefehle.

Zu grösserer Befestigung einer Position, namentlich an Flussufern oder als Thalsperren, wol auch zu Sicherung der Verbindung eines Kastells mit einem Standlager, dienten Schanzen, welche mitunter stundenlang sich hinzogen und, je nach der Festigkeit, die man ihnen geben wollte, aus ein- oder mehrfachen Mauern oder Wällen und Gräben bestanden, ja sogar durch kleine Thürme verstärkt waren.

Die Einzelthürme d. h. die Thürme, die nicht Bestandtheil eines grösseren Festungswerkes waren, erscheinen durchwegs als Wacht- oder Signalthürme, sei es für eine Vertheidigungslinie (wie streckenweise längs der Donau-Grenze, oder längs der Teufelsmauer) sei es zu Bewachung und Sicherung einer Strasse (wie z. B. der Handelsstrasse von Chur nach Zürich). Sie sind daher möglichst auf Anhöhen mit freier Aussicht gebaut, und zwar wo eine ununterbrochene Wachtkette hergestellt werden wollte, auf Punkten, die mit einander durch Signale korrespondiren konnten. Wo der Thurm nicht schon durch die Natur gesichert genug erschien, da wurde er wol auch durch Wall und Graben geschützt.

Was die Konstruktion dieser römischen Festungswerke anbetrifft, so hat deren Untersuchung gezeigt, dass sie nach Ort und Zweck verschieden war. Werke, denen man besondere Festigkeit geben wollte, wie namentlich Thürme, wol auch Kastellmauern, wurden entweder ganz, oder wenigstens in ihren Untersätzen, aus grossen Quadersteinen verschiedenen Umfanges erbaut, die äusserlich genau zusammengefügt erscheinen, an ihren Rändern meist geglättet sind, im Uebrigen aber ein bauchiges Aussehen haben. Innerhalb sind die Zwischenräume der Quadersteine mit kleineren Steinen ausgefüllt und mit einem Gusse ausgezeichneten Mörtels verbunden. Dickere Mauern sind in gleicher Weise, wie nach Aussen, auch nach Innen mit Quadern verkleidet. Entsprach diese innere Verkleidung der äussern oder reichten die nämlichen Quadern durch die ganze Mauerdicke, so wurde zu Ausfüllung der Zwischenräume mitunter auch kein Mörtel angewendet.

Es scheint auch, als ob die sorgfältiger und fester ausgeführten Militärbauten meist der früheren Kaiserzeit ihren Ursprung verdanken. Diese römischen Festungswerke befinden sich in weitaus überwiegender Zahl und Ausdehnung längs den ehemaligen Grenzen der Provinz Rätien, und zwar, da diese Grenzen wechselten, nach Massgabe des jeweiligen Bestandes der letzteren; ganz besonders längs der Donau, welche zu Anfang und zu Ende der römischen Herrschaft in Rätien die nördliche Grenze dieser Provinz bildete, und längs des Grenzwalles, bis zu welchem sich dieselbe, während die römische Macht am höchsten stand, erstreckte, und endlich längs der Iller, welche, nachdem das heutige Schwabenland an die Alemannen verloren gegangen, Rätien westlich begrenzte. Im Innern der ehemaligen Provinz Rätien dagegen sind nur Bauüberreste weniger Kastelle, überhaupt weniger grösserer Festungswerke, zahlreichere allerdings von Einzelthürmen zu finden, und zwar jene und diese fast ausschliesslich an ehemaligen römischen Heer- oder Handelsstrassen, die ersteren überdies vorzugsweise an Strassenknoten oder sonst strategisch wichtigen Punkten.

Es folgt hieraus, dass die römischen Befestigungen in Rätien vorzugsweise der Grenzvertheidigung, im Innern aber, wenigstens nach Romanisirung der Provinz, vorzugsweise dem Schutz der Heer- und Handelsstrassen und wichtiger Stationen zu dienen bestimmt waren — die Auswahl strategisch wichtiger Positionen für die inneren Kastelle deutet freilich darauf hin, dass letztere ursprünglich vorwiegend den Zweck haben mochten, die Provinzialen in Zaum zu halten und dass sie daher schon unmittelbar nach der Eroberung Rätiens erbaut wurden.

Die oben besprochene Notitia Dignitatum verzeichnet 17 Plätze d. h. Kastelle und beziehungsweise Standlager, welche unter Kaiser Honorius in Rätien besetzt waren. Es sind folgende:

Augustanis (sc. castris)[1]), Phoebianis, Vallato, Submontorio,

---

[1]) Die Ortsnamen sind überall im Ablativus loci. Im Nominativ würde demnach Augustanis Augustana (sc. castra). Vallato Vallatum heissen u. s. w.

Ripa prima, Campeduno, Guntia, Foetibus, Teriolis, Quintanis, Batavis, Abusina, Venaxamoduro, Parroduno, Piniana, Coelio, Arbona.

Was die Lage dieser Plätze betrifft, so lässt sich hierüber, abgesehen von leeren Hypothesen, nur Folgendes sagen:

1) Batavis ist Passau, und hatte seinen Namen von Batavern, aus welchen (wenigstens zur Zeit der Notitia) die Besatzung bestand. Ursprünglich trug Passau den Namen Boiodurum von einem Thurm, den die aus Vindelicien nach Böhmen ziehenden Boier an der Mündung des Inn erbaut hatten. In der Folge ging der Lagername Batava (sc. castra) auf die Stadt über.

2) Quintanis befand sich ohne Zweifel zwischen Passau und Straubing, denn in dieser Gegend bestand noch zu Ende des V. oder zu Anfang des VI. Jahrh. ein Ort Namens Quintanis.[1] Auch finden sich bei Wischelburg Spuren eines, von einem Graben umzogenen quadratförmigen festen Platzes (wahrscheinlich eines Standlagers), der auf jeder Seite 400 Schritte misst; eine Stunde weiter unten Ueberreste zweier Wälle und eine halbe Stunde südlicher eines dritten Walles. Ohne Zweifel gehörten diese Festungswerke zusammen und waren dem nämlichen Kommando unterstellt.

3) Augustanis sucht man zwischen Straubing und Geiselhöring. Auch hier finden sich Bauüberreste weitreichender Wälle. Dass sowol zu Augustanis als zu Quintanis auch ein Kastell gehörte, ist sicher, da beide Burgen im Amtsschild des Herzogs von Rätien bildlich dargestellt sind. Zum Festungsbezirk Augustanis gehörten ohne Zweifel auch die Festungswerke zwischen Eiting und Greising (an der Laber), wo doppelte Schanzen ein längliches Viereck bilden, wovon das grössere (312 Schritte lang und 280 Schritte breit) ein kleineres einschliesst. Im Ganzen finden sich in dieser Gegend Spuren von 18 Wällen.

4—6) Von den Festungen Abusina, Vallato und Submontorio wissen wir aus dem Itinerar. Anton., dass sie an der von Regensburg stromaufwärts führenden und sodann nach Augsburg ablenkenden Donau-Strasse lagen. Von Submontorio haben wir schon im Kapitel über das Strassenwesen die Ansicht begründet, dass es in Stepperg zu suchen sei; dass hier ein ansehnlicher fester Platz war ist gewiss, denn es finden sich in Stepperg

---

[1] Eugippius, vita S. Severini, c. 15: Quintanis appellatur secundarum municipium Retiarum super ripam Danubii situm.

die Ruinen eines 400—500' langen und halb so breiten Kastells und von Stepperg bis Neuburg weisen Spuren von Wällen, Gräben und Vorwerken auf starke und weitläufige Befestigungen.

War Submontorio in Stepperg, so müssen Vallato und Abusina zwischen Stepperg und Regensburg sich befunden haben.

Dass **Abusina**, wie schon der Name andeutet, an der Abens lag, darf man mit ziemlicher Sicherheit annehmen. In der That bezeichnen eine Reihe von Schanzenspuren, die sich von Siegenburg bis zum Einfluss der Abens in die Donau erstrecken, auch hier ausgedehnte Befestigungen. Zum Festungsbezirk Abusina mag auch das Kastell gehört haben, dessen Spuren sich bei Eining finden und an welches sich die Ueberreste gewaltiger Schanzen schliessen, die sich ein paar römische Meilen längs der Donau, und zwar am linken Ufer fast bis Kelheim, wo ebenfalls ein Kastell stand, erstrecken. Diese Festungswerke dienten offenbar zum Schutze theils des Donau-Ueberganges theils des zwischen Eining und Kelheim beginnenden Grenzwalls, so lange dieser in römischem Besitz war. Ohne Zweifel um dieses letzteren Zweckes willen waren gedachte Festungswerke auch schon zur Zeit, als Rätien bis an den Grenzwall reichte, militärisch besetzt, wie aus einem in Eining gefundenen Gelübdestein erhellt, den im J. 211 der Oberst der III. britischen Kohorte (die zu den römischen Besatzungstruppen in Rätien gehörte) hier dem Jupiter, der Juno und der Minerva widmete[1]); und es ist bemerkenswerth, dass zufolge der Notitia Dignitatum die nämliche 3. britische Kohorte auch im Beginne des V. Jahrh. den Lagerbezirk Abusina (wozu, wie bemerkt, wahrscheinlich auch das Kastell zu Eining gehörte) besetzt hielt. Da **Vallato** zufolge des Itinerars zwischen Abusina und Submontorio lag, so kann es nur in **Manching** gesucht werden, nicht nur weil Vallato, wie Manching, ungefähr in der Mitte zwischen Abusina und Submontorio lag, sondern auch weil sich hier einige Spuren einer römischen Burg finden. Auch das Kastell Vallato war im Amtsschild des

---

[1]) Die Inschrift lautet: . . . . AVG(ustae) | AVG(ustorum). MATRI. ET. KAST(rorum). I(ovi). O(ptimo). M(aximo). | ET. IVN(oni). RE(ginae). ET. MINER(vae). SAC(rum). GENIO. | COH(ortis). III. BRIT(onum). ARAM. T. FL. FELIX. | PRAEF(ectus). EX. VOTO. POSVIT. L. M. | DEDICAVIT. KAL. DEC. | GENTIANO. ET. BASSO. COS. Letztere waren im J. 211 Konsuln. (Steiner, Cod. inscript. nr. 2725).

Herzogs von Rätien abgebildet, was beweist, dass es zu den ansehnlicheren gehörte.

7—9) Ripa prima, Venaxamoduro und Parraduno sind ebenfalls auf dem rechten Donau-Ufer, wol zwischen Stepperg und Dilingen zu suchen, aber nicht genau bestimmbar. Eines dieser Festungswerke befand sich ohne Zweifel in Druisheim (in welchem man wol auch das Drusomagus des Ptolemaeus vermuthet), denn hier stand eine kleine Burg mit doppelter Umwallung, wovon die innere 210′ im Umfang mass.

Zu einem andern der genannten drei Festungsbezirke gehörte sicher auch Dilingen auf dem linken Donau-Ufer. Hier finden sich nämlich die Ueberreste einer Kastellmauer und zweier römischen Thürme. Jene bildet ein Dreieck, dessen kürzeste Seite 230′, die längste 280′ misst. Das Kastell stand durch einen, 190′ langen unterirdischen gewölbten Gang mit einem, noch jetzt hart an der Donau stehenden runden Wehrthurm in Verbindung und konnte auf diesem Wege von dem rechten Ufer, wo ein Standlager sich befinden mochte, Proviant und nöthigenfalls Zuzug erhalten. Und endlich war die dritte der genannten Festungen wol in Lauingen, wo ebenfalls auf dem linken Ufer ein Kastell stand.

Diese beiden linkseitigen Kastelle (zu Lauingen und Dilingen), wie auch dasjenige zu Kelheim, mochten gleichsam als Brückenköpfe zu Sicherung dieser Donau-Uebergänge so wie auch zu Signalisirung nahender Gefahr dienen.

10) Febianis hält man für Fainingen (¼ St. oberhalb Lauingen an der Donau). Hier sollen die Ueberreste zweier parallel laufender, von einem Graben umzogener Wälle auf ein grosses Kastell schliessen lassen. Das Kastell Febianis (oder Phoebianis) ist auch in der Not. Dign. bildlich versinnlicht.

11) Guntia ist Günzburg an der Donau, wie schon der Name deutlich anzeigt. Auch weiss man, dass Guntia an einem Donau-Uebergang in der Richtung nach Mainz (oder Speier) lag[1], was zu der Lage von Günzburg stimmt. Wirklich finden sich hier Spuren einer grossen Festung.

12) Piniana dürfte am ehesten in Ulm zu suchen sein, dessen

---

[1] „a ponte Rheni usque ad Danubii transitum Guntiensem devastata . . Alemannia" (Eumenius in paneg. Const. c. 2). Mone, Urgesch. des Bad. Landes II S. 286 hält diesen „pons Rheni" für Speier.

Lage am Einfluss der Iller in die Donau, also am Vereinigungspunkt der Vertheidigungslinien des Donau- und des Iller-Thales eine Befestigung jedenfalls erheischte.

13) Coelio wird in Kellmünz (zwischen Ulm und Memmingen) gesucht. Es finden sich hier am Berge Spuren bedeutender Anlagen; auf der Höhe stand ein Thurm mit weitem Ausblick.

14) Cambeduno (Kempten). Von Kempten bis Wangen scheint sich eine Festungslinie gezogen zu haben; denn in der Notitia Dign. wird die Vertheidigungslinie der Kemptner Besatzung angegeben wie folgt: Von Vimania (wahrscheinlich Wangen) nach Cassiliacum bis Cambedunum.[1]) Cassiliacum ist nicht mit Sicherheit zu bestimmen. Baureste römischer Befestigungen, besonders verschanzter Wachtthürme, sollen sich in Wangen, Gestraz, Wengen, auch zu Siegenstein, Alt-Trauchburg, Burgwang finden, die wahrscheinlich sämmtlich zu dem Kemptner Besatzungsbezirk gehörten. Jedenfalls war das Hauptquartier in Kempten, wo auf dem Iller-Berg Spuren des Kastells sich finden. Da ferner auf dem Nicolai-Berg des benachbarten Obergünzburg nach den gemachten Erhebungen ein Kastell sich befand, so erscheint es wahrscheinlich, dass auch dieses dem Kemptner Kommando unterstellt war. Diese auffallende Vertheidigungslinie lässt sich, wie wir im Kapitel über das Strassenwesen schon angedeutet haben, wol nur dadurch erklären, dass von Kempten weg die Iller die Grenze bildete — sei es, dass es den lentiensischen Alemannen, obwol sie von Kaiser Constantius II. im J. 355 aus der Bodenseegegend zurückgetrieben worden waren, dennoch gelungen war, sich in diesem Winkel festzusetzen, sei es dass die Römer aus strategischen Gründen die Iller-Grenze vorzogen.

Sehr auffallend ist, dass unter den in der Not. Dign. aufgeführten Grenzplätzen das sowol von der Tab. Peuting. als von dem Itiner. Anton. als Station benannte Regino (Regensburg) nicht erscheint, während doch erwiesener Massen römische Festungswerke sich hier befanden[2]), früher auch, wie wir später sehen werden, in der That Legionsreiterei hier lag, und die strategische Wichtigkeit dieses exponirten Platzes, als Mittelpunktes der ganzen Donau-Linie,

---

[1]) „a Vimania Cassiliacum usque Cambiduno."

[2]) Noch steht dort ein römischer Thurm, dessen in der Höhe angebrachte Eingänge beweisen, dass er Bestandtheil eines umfassenderen Werkes war. s. „Der Heiden- oder Römerthurm in Regensburg."

nothwendig eine Besatzung gefordert hätte. Dies, so wie der, sonst nicht erklärliche, Umstand, dass eine römische Vertheidigungslinie sich von dem Einfluss der Laber in die Donau bis zur Einmündung der Abens in dieselbe in einem, Regensburg umschliessenden, Bogen zu ziehen scheint, machen es zweifellos, dass zur Zeit der Not. Dign. nicht blos das Land jenseits der Donau und Iller, sondern auch Regensburg verloren gegangen war. Diese Muthmassung erhält durch die Notitia Dign. selbst in so weit ihre Bestätigung, als aus derselben erhellt, dass die damalige Besatzung von Vallato früher in Regino stand.[1]) Nun ist aber die Verlegung der Besatzung von Regino nach Vallato wieder kaum anders als damit zu erklären, dass Regino nicht mehr besetzt werden konnte.

Wir haben nun schon am Schlusse des letzten Kapitels gezeigt, dass die Verlegung der rätischen Grenze von dem linken auf das rechte Donau-Ufer durch Kaiser Valentinian (364—375) geschehen sein müsse. Es ist aber durchaus nicht anzunehmen, dass von Valentinian gleichzeitig auch Regensburg preisgegeben und die Vertheidigungslinie hinter diese Stadt zurückgezogen worden sei. Auch erscheinen im Antoninischen Reisehandbuch die linkseitigen Besitzungen zwar nicht mehr, wol aber Regensburg (Reginum); somit gab es thatsächlich eine Zeit, in welcher zwar letzteres, nicht aber jene zum römischen Reich gehörten. Den Zeitpunkt genau zu bestimmen, wann die Deutschen sich in Regensburg festsetzten, ist nicht möglich, indem dieses Ereigniss uns historisch nicht bekannt ist. Da indess die auf uns gekommene Ausgabe des Antoninischen Reisehandbuchs höchst wahrscheinlich aus dem letzten Viertel des IV. Jahrh. herrührt, so darf man annehmen, dass sich der Verlust Regensburgs gegen Ende des IV. oder spätestens im ersten Beginn des V. Jahrh. ereignete. Vielleicht ging dieser Bezirk im J. 400 verloren, denn in diesem Jahr zog der römische Feldherr Stilicho, um die aus Illyrien einbrechenden Westgothen zu bekämpfen, die Besatzungen an der Donau und am Rhein, theilweise wenigstens, nach Italien und wurde gleichzeitig Rätien von den Deutschen angegriffen. Die später, wie man zufolge der Notitia annehmen muss, wieder zurückgesandten Besatzungstruppen werden nicht mehr im Fall gewesen sein, die Deutschen ganz über die

---

[1]) Not. Dign. in part. Occid. c. XXXIV: Praefectus legionis III. Italicae partis superioris castra Regina, nunc Vallato.

Donau zurückzudrängen und sich daher, vorerst wenigstens, auf die militärische Umschliessung des Regensburger Bezirkes beschränkt haben. Ob es den Römern in der Folge noch einmal gelang, die Deutschen ganz über die Donau zurückzutreiben, wissen wir nicht, doch halte ich es aus später zu erörternden Gründen für wahrscheinlich.[1])

Was den Zeitpunkt betrifft, in welchem die erwähnten Grenzfestungen errichtet wurden, so unterliegt es vorerst nach dem so eben Gesagten keinem Zweifel, dass die, die Stadt Regensburg von dem Ausfluss der Laber bis zum Ausfluss der Abens umschliessende Linie erst in Folge des Verlustes von Regensburg, also wol gegen Ende des IV. oder im Beginne des V. Jahrh., erstellt wurde. Die Donau-Festungen dagegen von Passau bis Ulm können zum Theil schon von Tiberius unmittelbar nach der Eroberung errichtet worden sein; denn wir wissen, dass er am Rhein über 50 Kastelle, freilich wahrscheinlich nur von leichter Konstruktion[2]), zum Grenzschutz baute und das nämliche System wird er wol auch an der Donau in Anwendung gebracht haben. Dass schon unmittelbar nach der Eroberung Rätiens Festungen an der Donau errichtet wurden, scheint übrigens schon der, auf Drusus zurückweisende, von Ptolemaeus aufgeführte Stadt- oder Festungsname Drusomagus zu beurkunden, wird aber vollends zur Gewissheit erhoben dadurch, dass, zufolge des Zeugnisses des in Rabland entdeckten Meilensteins, die von Kais. Claudius im J. 47 verbesserte Heerstrasse nicht nur bis Augsburg, sondern bis an die Donau führte, was nur daraus zu erklären ist, dass schon damals bedeutende feste Plätze sich an diesem Fluss befanden. Freilich ist keineswegs anzunehmen, dass schon dannzumal alle, später zum Vorschein kommenden festen Plätze an der Donau-Linie errichtet wurden, indem erst unter Marc Aurel (161—180) die Angriffe der Deutschen begannen und eine Verstärkung der Grenzvertheidigung durch Festun-

---

[1]) Buchner a. a. O. III. S. 9 nimmt an, dass die Deutschen, welche 404 n. C. unter Radagais über die Donau gingen, Regensburg genommen haben, wodurch der Herzog Rätiens Generidus genöthigt worden, die Festungslinie zurückzuziehen. Da indess Radagais bis nach Italien drang, so wäre es nicht recht zu erklären, dass er in Rätien festen Fuss gefasst.

[2]) Florus IV, 12 sagt von Tiberius: per Rheni quidem ripam quinquaginta amplius castella direxit. Ueber diese castella s. S. 101 Anm. 3. zum Kapitel über den Grenzwall.

gen und Truppen nothwendig machten. Jedenfalls mussten Festungswerke von Passau bis zum Beginn der Teufelsmauer auch schon bevor die Besitzungen auf dem linkseitigen Donau-Ufer verloren gingen nöthig geworden sein.

Was endlich die Festungen des Iller-Thales betrifft, so ist ihre Errichtung wol dem Kaiser Valentinian zuzuschreiben. Denn da zwischen der Iller und der Donau keine Spuren einer früher nächst der Donau bestandenen Vertheidigungslinie, von Wällen und Festungen, sich finden, so ist anzunehmen, dass die Alemannen zur Zeit Valentinians, trotz der vielen vorausgegangenen Versuche, sie zurückzudrängen, diesseits der Donau schon so weit festen Fuss gefasst hatten, dass Valentinian sich mit der Iller-Grenze zu begnügen und diese zu sichern für gut fand — war es doch schon als Heldenthat des Constantius Chlorus gepriesen worden, dass es ihm momentan gelungen war, die Alemannen aus Rätien bis an die Donau-Quellen zurückzudrängen[1]) — und seither hatte sich die Lage ihnen gegenüber nicht gebessert, sondern verschlimmert.

Weit zahlreicher und grossartiger als die Festungswerke des rechten Donau-Ufers sind, nach den Bauüberresten zu urtheilen, diejenigen des linken Donau-Ufers, über welche freilich keine schriftlichen Urkunden berichten.

Es befanden sich solche theils in dem Grenzwall selbst, gleichsam als Bestandtheile desselben, theils als selbstständige Werke in verschiedenen Entfernungen hinter demselben.

Zu den ersteren gehören namentlich die Wachtthürme, die von Strecke zu Strecke, besonders an erhabenen Stellen oder an Biegungspunkten der Teufelsmauer, vielleicht auch in regelmässigen Zwischenräumen von je 1 röm. Meile standen.[2]) Diese Thürme, welche nach beiden Seiten über den Wall vorstanden, waren meist rund, mit einem Durchmesser von 25—40′, mitunter aber auch viereckig, und zwar vermuthet man, dass sie nicht alle ganz gemauert waren, sondern hie und da auch nur einen hölzernen Aufsatz hatten. Diese Thürme hatten offenbar den Zweck,

---

[1]) — „porrectis usque ad Danubii caput Germaniae Raetiaeque limitibus."
[2]) Dieses könnte man wenigstens nach dem Anonym. de reb. bell. bei Scriverius II glauben: limitum tutelae assidua melius castella prospicient, ita ut millenis interiectis passibus .... erigantur.

theils den Grenzwall zu überwachen und 'der nächstgelegenen Festung die Ankunft des Feindes zu signalisiren, theils auch nöthigenfalls den Grenzwall zu vertheidigen und endlich vielleicht, den längs desselben vertheilten Wachtsoldaten ein Unterkommen zu bieten. Wahrscheinlich ist, dass durch diese Wachtthürme längs des ganzen Grenzwalls eine ununterbrochene Korrespondenz durch Signale hergestellt werden konnte.[1])

An verschiedenen, hiezu geeigneten Stellen war aber die Linie des Grenzwalles auch durch anderartige Befestigungen verstärkt, wie namentlich durch Schanzwerke bei Petersbuch, Raitenbuch, Gunzenhausen, Ehingen, Mönchsroth, Ellwangen, Schwabsberg, Lorch, und durch Kastelle bei Altmanstein und Kipfenberg-Arnsberg, deren Ruinen sehr bemerkenswerth sind.

Das Kastell von Altmanstein befand sich auf dem Bergabhang gleichen Namens. Noch steht ein Thurm, dessen in der Höhe angebrachte Eingänge es wahrscheinlich machen, dass er mit einem Mauer- oder Wallgang zusammenhing. Das Kastell war von einer, streckenweise mit starken runden Thürmen besetzten doppelten Umwallung, zwischen welcher ein Graben lief, umschlossen. Dasselbe stand allem Anschein nach in Verbindung mit einem auf dem gegenüberliegenden Kesselberg befindlichen verschanzten Lager, das man hier ganz vor Augen hatte und auf welches am Fusse des Berges die Spuren einer weitläufigen Gebäulichkeit hinleiten. Das befestigte Lager auf dem Kesselberg wurde durch einen zirkelförmigen Wall, im Umkreis 450 Schritte messend, gebildet. Derselbe bestand aus zusammengeworfenen Steinen und ist noch in einer Höhe von 12' sichtbar. Von ihm läuft ein Graben bis in das Thal hinab.

Das Kastell auf dem Kipfenberg ist ähnlich demjenigen auf Altmanstein. In demselben steht auf der Spitze des Berges ein grosser viereckiger Thurm, dessen Seiten je $20^{1}/_{2}'$ messen, und der ehemals mit einem Wallgang zusammenhing. Die übrigen Thürme waren theils viereckig theils rund. Ausserhalb des Kastells war eine Cisterne. Von ihm aus lief ein Graben bis in das Thal

---

[1]) Die Signale wurden von den Wachtthürmen theils durch Feuer (bei der Nacht) oder Rauch (am Tag) theils durch das Aufrichten und Senken eines Brettes gegeben (Vegetius de re mil. III, 5).

hinab. — Auch dieses Kastell stand augenscheinlich in Verbindung mit einem von hier aus gut übersehbaren verschanzten Lager auf dem Plateau des gegenüberstehenden Michelsberges, mit welchem es wahrscheinlich durch eine Schanze verbunden war, wovon in dem, beide Berge scheidenden Thalgrund noch Reste sich finden. Dieses verschanzte Lager war durch einen Wall umschlossen, der noch bis 14' hoch ist. Auf der zugänglicheren Nordseite war es aber überdies noch durch drei andere, je durch einen Graben getrennte Parallelwälle geschützt. Am innersten Wall fanden sich Spuren eines, 35 Schritte im Umfang messenden Thurmes.

Dieses verschanzte Lager stand aber ohne Zweifel auch in Verbindung mit dem von hier aus ebenfalls gut sichtbaren Kastell auf der felsigen Höhe des Arnsberg, wofür auch Spuren eines Verbindungswalles sprechen. Das Kastell auf Arnsberg war ebenfalls von einer, durch Thürme befestigten Ringmauer und auf der zugänglicheren Seite durch einen tiefen Graben geschützt, über welchen, wie in Kipfenberg, eine Zugbrücke in die Burg führte. Hauptbestandtheil auch dieses Kastells ist ein starker viereckiger Thurm mit weiter Fernsicht, der ebenfalls mit einem Wallgang in Verbindung stand. Von diesem Kastell aus ziehen, wie bei Kipfenberg, an beiden Bergseiten parallel ein Wall und eine, durch einen Graben von jenem geschiedene, streckenweise mit kleinen runden Thürmen besetzte Mauer in das Thal hinab.

Hinter dem Grenzwall zeugen von gewaltigen Festungswerken und Kastellen unzweideutige Bauüberreste in Pföring, Etting, Kösching, Schelldorf, Pfünz, Weissenburg, Spielberg; sodann, noch weiter zurück, in Nassenfels, Pappenheim, Izing, Ehringen, Bopfingen. Die bemerkenswerthesten derselben finden sich in Pföring, Kösching, Pfünz, Nassenfels.

Das von Wall und Graben umzogene Kastell auf der Anhöhe bei Pföring (Biburg) bildete ein Viereck, auf jeder Seite ungef. 246 Schritte messend.

In Pfünz füllte die römische Burg nebst Zubehör die ganze Bergspitze und bildete ein unregelmässiges Viereck, das an den zwei kürzeren Seiten 170 Schr., an der längsten 223 Schr. mass. Die Burg war auf der, einem Angriff am meisten ausgesetzten Seite durch eine dreifache Mauer und eben so viele Gräben geschützt. Ausserhalb der Burg befand sich ein 38' langer und 18½' breiter Tempel, der durch einen, mit Belassung eines freien Raumes ihn umgebenden Wall befestigt war. Innerhalb der nämlichen Umwallung befand sich auch ein Ziehbrunnen, der durch den ganzen Felskegel gegraben war. Ueber beide Bergseiten zogen sich Schanzen und Gräben hinab.

Die Lage des Kastells bei **Nassenfels** bezeichnet ein gewaltiger über 100′ hoher Thurm, der nebst drei kleineren Thürmen in der Umfangsmauer sich befand.

Endlich ist noch erwähnenswerth das **ausser** der Teufelsmauer zwischen Kinding, Enkering und Ilbling auf einem Berg gestandene Kastell **Rumburg** (wo ebenfalls ein Ziehbrunnen durch den ganzen Felsen gebohrt ist) nebst dem verschanzten Lager, welches gegenüber auf dem sogenannten **Schallenberg** sich befand und von hohen, von einem Rande des Plateau zum andern reichenden und auf der Nordseite noch durch einen zweiten Wall verstärkten Schanzen gebildet war. Unstreitig stand auch hier das verschanzte Lager in Beziehung zum Kastell.

Was nun die Bestimmung dieser Kastelle betrifft, so ist es wol unzweifelhaft, dass jedenfalls die der Teufelsmauer benachbarten in Beziehung zur Bewachung der letzteren standen und da diese zum Zweck ihrer Vertheidigung sicher, wie später die Donaulinie, in Sektionen abgetheilt war, so ist anzunehmen, dass jeder derselben wenigstens ein Kastell, wol auch nebst einem Standlager, zugehört habe.

Die weiter zurückliegenden Kastelle mögen, wenn sie überhaupt nach Errichtung des Grenzwalles militärisch noch benutzt wurden, Reservetruppen gedient haben.

Diese Festungswerke des **linken Donau-Ufers** führen ohne Zweifel aus verschiedener Zeit, und werden zum Theil sicher schon bevor die Reichsmarkung gezogen wurde, errichtet worden sein. Denn es war römisches System, durch Vorschiebung von Kastellen auf benachbartem Boden Fuss zu fassen und so die Grenzen zu erweitern. So wird von Traian ausdrücklich berichtet, dass er, ohne Widerstand zu finden[1]), auf Boden der Alemannen (soll heissen „der Chatten") ein Festungswerk erbaute, und ebenso von Probus, dass er auf deutschem Boden römische Städte (d. h. Burgen mit römischen Niederlassungen) und Standlager errichtete.[2]) Die damaligen staatli-

---

[1]) „dum nullus obsisteret." (Am. Marcell. XVII.)
[2]) „urbes romanas et castra in solo barbarico posuit." (Vopiscus. de Probo c. 13.)

chen und internationalen Verhältnisse machen dieses Okkupationsverfahren und den geringen Widerstand, den es oft fand, sehr erklärlich. Einerseits nämlich war die Grenze, wo sie nicht durch Markungen bestimmt war, oft an sich schon schwankend und von dem jeweiligen Besitzstand abhängig, anderseits war das Staatsgebiet der deutschen Völkerschaften, soweit von einem solchen überhaupt die Rede sein konnte, um so weniger ein abgeschlossenes und von ihnen eifersüchtig bewachtes, als sie selbst häufig ihren Wohnsitz wechselten und überall noch weite Strecken unbenutzt und öde lagen. Es waren demnach jene römischen Okkupationen über der Donau, so lange namentlich das Gebiet durch den Wall nicht bleibend abgegrenzt war, keine Gebietsverletzung im heutigen Sinne des Wortes, wol aber lag es in der Natur der Sache, dass, zumal in Ermangelung einer schützenden natürlichen Grenze, in Burgen und Schanzen künstliche Schutzwehren gegen die unermüdlich streifenden und beutelustigen Deutschen geschaffen werden mussten.

Zwei in den Kastellen von Pföring und Kösching gefundene Inschriften beurkunden, dass diese Plätze schon in den Jahren 141 und 142 von einem Reiterflügel der rätischen Truppen besetzt waren[1]), und da diese Reiter zu der Ordonanzmannschaft des Oberbefehlshabers gehörten[2]), so lässt sich vermuthen, dass auch das Hauptquartier in dieser Gegend (etwa in Nassenfels oder Pfünz) sich befand und dass somit diese Okkupation nicht erst neuesten Datums war, sondern wol schon im I. Jahrhundert erfolgt war. — Wahrscheinlich waren es auch gerade die auf dem linken Ufer der Donau schon bestehenden Niederlassungen, welche Hadrian veranlassten, bei Absteckung des Walls auf dieselben Bedacht zu nehmen und von der natürlichen Grenze abzuweichen.

Von den ausser dem Grenzwall, auf Rumburg und Schallenberg, gestandenen Festungswerken ist schwer zu entscheiden, ob sie demselben als Vorwerke dienen sollten[3]) oder ebenfalls schon

---

[1]) Es sind dies zwei Ehrendenkmale, welche die ALA I. SINGVLAR(ium). P(ia). F(idelis). C(ivium). R(omanorum). dem Kaiser Antoninus Pius widmete. (Steiner, Cod. inscript. nr. 2639 und 2646.)

[2]) „Singulares" — s. hierüber das folgende Kapitel.

[3]) Solche vorgeschobene Festungswerke lagen überhaupt im römischen Vertheidigungssystem, wie nicht nur die schon erwähnten linksseitigen Donau-Werke bei Kelheim, Dilingen und Lauingen, sondern auch mehrere von Valentinian 1, nachdem der Rhein wieder die Reichsgrenze bildete, auf dessen rechtes Ufer vorgeschobene Werke beweisen. (s. Mone, Urgesch. des bad. Landes I S. 293.)

früher als der Grenzwall errichtet, durch letzteren aber preisgegeben wurden, vielleicht auch zu denjenigen Festungen gehörten, welche Probus „auf Boden der Barbaren" anlegte.

Im Innern der Provinz Rätien weiss man nur von folgenden eigentlichen Kastellen.

1) **Augsburg**. Dass in der Hauptstadt, die unmittelbar nach der Eroberung ohne Zweifel auch Hauptwaffenplatz von Rätien wurde, ein Kastell oder eine Citadelle zum Schutz derselben sich befinden musste, versteht sich von selbst. Und in der That hat man Spuren, dass sich ein solches auf dem sog. Pfannenstiel, dem erhabensten Punkte der Stadt, befand.

2) **Epfach** (Avodiacum). Die Bauüberreste auf dem Lorenzberge, auf welchem auch mehrere römische Inschriften gefunden wurden, lassen keinen Zweifel darüber, dass hier ein Kastell war.

3) **Vilten** bei Innsbruck (Veldidena). Bei Nachgrabungen stösst man vielfach auf lange dicke römische Mauern, die einem römischen Festungswerk von erheblichem Umfang zugeschrieben werden müssen, somit zur Annahme berechtigen, dass Veldidena ebenfalls durch eine Burg befestigt war.

4) **Chur** (Curia). Die Burg in Chur bildete, zufolge der heute noch sehr augenfälligen Umrisse, der Oertlichkeit angepasst, ein Dreieck mit einem Flächenraum von 1012 ☐ Ruthen. Sie befand sich auf einem, augenscheinlich zu diesem Zwecke künstlich abgeplatteten Bergvorsprung und war gegen den Berg durch einen beträchtlichen Graben geschützt. Noch steht auf der nordöstlichen Ecke ein Thurm, dessen Quadersteine deutlich die römische Bauart zeigen. Derselbe bildete einen Bestandtheil der Kastellmauern, denn die Mauerdicke der beiden nach Aussen gekehrten Seiten beträgt $6^{1}/_{2}'$, diejenige der nach Innen gekehrten dagegen blos $2^{1}/_{2}'$. An der westlichen Spitze des Kastells standen zwei Thürme nahe bei einander[1]: wahrscheinlich den Haupteingang, so wie es die Abbildungen in der Notitia Dign. zeigen, bewachend. Ohne Zweifel stand ein Thurm auch an der südöstlichen Ecke an der Stelle der jetzigen Domkirche. Von der römischen Umfangsmauer, welche, dem Rande des Plateaus nachgehend, die Thürme verband, haben sich noch einige Spuren erhalten.

---

[1] Diese beiden Thürme wurden zerstört: doch ist von dem einen (Spinöl) noch ein Baurest sichtbar und auf der Grundlage des andern wurde ein neuer

Die Burg führte den Namen Martiola.[1]

Der strategische Zweck dieser drei zuletzt genannten Kastelle ist aus ihrer Lage leicht ersichtlich: Avodiacum, am Rande des bairischen Hochlandes das Lech-Thal und die beiden sich hier kreuzenden Strassen Vilten-Augsburg und Kempten-Rosenheim beherrschend; Veldidena, am Fusse des Brenner, in der Mitte des Innthales und an der Ausgabelung der von Verona und von Aquileia kommenden Brenner-Strasse nach Augsburg und nach Salzburg (Juvavia) und Lorch (Laureacum); Chur am Fusse von vier aus Italien führenden Pässen, im Ausmündungspunkt einer Reihe von Thälern und an der Ausgabelung der augsburger und der zürcher Strasse. Man darf daher mit Grund annehmen, dass diese drei sehr central gelegenen Burgen schon unmittelbar nach der Eroberung Rätiens zu dem doppelten Zwecke erbaut wurden, um das Land in Zaum zu halten und sich der Pässe, ganz besonders der wichtigsten Strasse nach Augsburg zu versichern.[2]) Nachdem freilich das Land vollständig gesichert und selbst romanisirt war, blieb ihnen muthmasslich keine andere Aufgabe als, aus ihrer Besatzungsmannschaft die zum Schutze der Strassen erforderlichen Wachtposten inner einem gewissen Rayon abzugeben.

Zufolge der Notitia Dignitatum gab es damals im Innern der Provinz noch Kastelle

5) in Teriolis und
6) in Foetibus.

Jenes sucht man wol mit Recht an der Stelle der heutigen Burg Tirol bei Meran, letzteres, weniger sicher, in Pfäten oder Branzoll unterhalb Bozen. Zur Zeit der Notitia Dignit. waren die Besatzungen dieser beiden Burgen mit der Ueberwachung der aus Italien kommenden, für die rätischen Grenztruppen bestimmten Zufuhren beauftragt. Da nun Teriolis an der zum Arl-Berg führen-

---

erbaut. Eine, der Merian'schen Chronik von 1642 beigegebene Abbildung der Stadt Chur zeigt sowol den letztgenannten als den noch stehenden Römerthurm mit Platform und Zinnen versehen.

[1]) Papst Gregor V. in seiner Zuschrift an die Abtei Pfäffers vom J. 998 nennt sie „castra Martiola" (Eichhorn, episcop. Cur., cod. prob. n. 29). Offenbar reproduzirte Gregor einen damals bekannten Namen, der aber nur aus römischer Zeit stammen konnte.

[2]) Mit Bezug auf das Churer Kastell wird diese Annahme dadurch unterstützt, dass man in demselben römische Münzen aus der Zeit der Republik und von Augustus fand.

den Vinstgauer Strasse lag, so lässt sich hieraus schliessen, dass diese Strasse im Beginn des V. Jahrh. wieder in Aufnahme gekommen war. Die Besatzung von Foetibus mag vorzugsweise den Brenner überwacht haben. Dass diesen beiden Besatzungen zugleich die polizeiliche Sicherung der beiden genannten Strassen oblag, versteht sich von selbst. Zu besondern strategischen Zwecken dürften aber diese beiden Burgen, zumal so nahe an der italienischen Grenze, kaum errichtet worden sein.

In Bozen deuten zwei auf entgegengesetzten Thalseiten stehende römische Thürme nebst Ruinen bedeutender Vorwerke auf eine starke Befestigung.[1]) Nicht ohne Grund wird ihr Ursprung in die Zeit der Eroberung Rätiens verlegt, und es hatte dieselbe, an dieser Scheide der beiden grossen Thäler der Eisak und der Etsch, ohne Zweifel anfänglich einen vorwiegend strategischen Zweck.

Da in der Nähe grösserer Kastelle und unter ihrem Schutze sich fast überall aus zahlreichen Niederlassungen grössere Ortschaften bildeten, wurden diese, wenigstens in den, feindlichen Einfällen ausgesetzteren Lagen, wie es scheint, regelmässig ebenfalls durch Ringmauern und Gräben befestigt, die sich meist an das Kastell anlehnten.

Spuren solcher Stadtmauern und theilweise auch begleitender Gräben hat man in Kösching, Pföring, Nassenfels und Augsburg gefunden, und dass Quintanis (der Ort, zu welchem das Kastell gleichen Namens gehörte) und Passau (Batava) von Stadtmauern umgeben waren, wird aus der letzten Zeit der römischen Herrschaft in Rätien ausdrücklich berichtet[2]), und da der nämliche Geschichtschreiber die Burgen (castella) und Städte (oppida) an der Donau so zu sagen als gleichbedeutend behandelt, so darf man daraus schliessen einerseits, dass, an der Donau wenigstens, regelmässig um jedes Kastell sich eine kleine Stadt gebildet hatte und anderseits, dass nicht nur jenes, sondern auch diese befestigt war.

---

[1]) In alten Handschriften heisst der eine Thurm turris Drusi und der andere praesidium Tiberii. Der Ort Bozen selbst heisst Pons Drusi. Es ist also wahrscheinlich, dass Drusus, bevor er in Rätien tiefer eindrang, in Bozen festen Fuss fasste und durch einen festen Platz sich den Rücken zu decken suchte.

[2]) Von Eugippius in der Lebensbeschreibung des h. Severin.

ZWEITER ABSCHNITT.

Wir finden aber in Rätien längs den römischen Heerstrassen auch Ueberreste und Spuren kleinerer Burgen und wol auch einzeln stehender Thürme.[1]) Es konnten diese nur den Zweck haben, jene Strassen gegen Raub und Gewaltthat zu schützen, und waren somit gewissermassen eine polizeiliche Massregel, welche einerseits den hohen Werth beweist, den die Römer auf die Sicherung ihrer militärischen Zufuhren, ihrer Staatsposten und des, die Bedürfnisse der verschiedenen Provinzen ausgleichenden Handels legten, anderseits aber auch Zeugniss geben von der grossen Unsicherheit, die damals im Lande herrschte — einer Unsicherheit, welche in der ersten Zeit hauptsächlich durch, ihres Eigenthums entsetzte Ureinwohner, später durch die vom Steuer- und Beamtendruck zur Verzweiflung getriebenen Bauern mag verursacht worden sein.

In Kemnaten (bei Kaufbeuren) hat sich noch ein Einzelthurm so weit erhalten, dass man dadurch ein Bild von diesen kleineren Strassenvesten erhält. Derselbe befand sich auf einer Anhöhe und war umzogen von einer, dem Rande des Höhenplateaus folgenden, ein Dreieck bildenden Ringmauer. Der 50′ hohe Thurm hatte zwei Stockwerke und zu oberst ohne Zweifel eine Plattform mit Brustwehr und Zinnen, theils für die freie Aussicht theils für die Vertheidigung durch Wurfgeschosse.[2])

Dass die rätischen Heerstrassen von einer fortlaufenden Kette solcher kleineren Burgen und Einzelthürme begleitet gewesen seien, erscheint indess darum unwahrscheinlich, weil sich in solchem Falle

---

[1]) Aventin (Chronik), Hefner (das römische Baiern), und Hundt (Alterthümer des Glon-Gebiets) führen eine Reihe von „Burgstätten" und „Einzelthürmen" auf, aber ohne den behaupteten römischen Ursprung derselben irgendwie zu belegen.

[2]) Krieg v. Hochfelden, der diese Burg (S. 101) beschreibt, bemerkt, die innere Einrichtung dieses Thurmes sei die nämliche gewesen wie diejenige der Iburg bei Baden-Baden und überhaupt der meisten römischen Wart- und Vertheidigungsthürme. Von dieser Iburg aber berichtet der Verfasser: der Thurm war 69½′ hoch gewesen, seine Grundfläche 28′ lang und breit; er hatte (ausser dem Erdgeschoss) zwei Stockwerke mit hölzernen Böden, die durch hölzerne Treppen oder Leitern mit einander verbunden waren; die Brustmauer der Plattform war 2′ dick und 3′ hoch mit 6′ hohen Zinnen versehen; der Thurm war (zufolge vorhandener Spuren) mit einem leichten hölzernen Dach bedeckt; nur das erste Stockwerk (in der Höhe von 28′ über dem Boden) hatte eine Pforte, übrigens hatte jedes Stockwerk nur eine Lichtöffnung; die Plattform war von einem Gewölbe getragen.

viel zahlreichere Spuren derselben vorfinden müssten. Ohne Zweifel richteten sich die Römer auch hierin, wie in allem Uebrigen, nach dem Bedürfniss.

Dagegen sprechen verschiedene Anzeichen dafür, dass die (im Kapitel über „die Strassen" besprochene) Handelsstrasse Chur-Zürich in der That mit einer solchen fortlaufenden Kette von Wartthürmen und Wachtposten versehen war; nämlich theils die römischen Mauerüberreste, die sich auf erhabenen Punkten in Vilters, Sargans, Bertschis, wahrscheinlich auch in Ragaz, Mels, auf der sog. Reisscheibe am Beginn des Wallen-Sees und auf dem Biberkopf bei Wesen, finden; theils die Ortsnamen Prümsch (Prima), Gons (Secunda), Terzen, Quarten, Quinten am Wallensee, welche, wenn auch nicht nothwendig auf Wartthürme (speculae), so doch auf Wachtposten (vigiliae, excubiae, stationes) hinzuweisen scheinen[1]); theils endlich der, offenbar von castrum (fester Platz) herrührende Name „Gaster," welchen die zwischen dem Wallen- und dem Zürcher-See liegende Gegend führt.

Aus dem sorgfältigen Schutze, welcher besonders in der gefährlichen Schlucht des Wallensees, diesem nach Vindonissa (dem Hauptwaffenplatz in Helvetien) und dem Oberrhein führenden Handelsweg zu Theil wurde, erhellt die Wichtigkeit, die letzterer hatte. Es ist aber wahrscheinlich, dass die starke Bewachung dieser Strasse nicht nur ihren Schutz bezweckte, sondern auch der Umgehung des in Zürich für die aus Rätien kommenden Waaren eingerichteten Zollamtes wehren sollte, und es wäre eine strenge Bewachung, und zwar schon von Chur aus, um so unerlässlicher gewesen, wenn den aus Italien über Chur kommenden und nach Gallien bestimmten Waaren der Weg nach Zürich vorgeschrieben gewesen wäre, was man daraus schliessen möchte, dass, so viel man weiss, an keinem anderen Punkte der westlichen rätischen Grenze eine ähnliche Zollstätte bestand.

Muthmasslich hatte die Burg in Chur, als die grösste auf der

---

[1]) Da Keller (die röm. Ansiedlungen in der Ostschweiz I. Abth., und Statistik der röm. Ansiedlungen in der Ostschweiz) an keinem dieser Orte römische Bauüberreste fand, so dürften ihre Namen am ehesten auf einfache Wachtposten zu beziehen sein, ähnlich denjenigen, die längs des Grenzwalls und wol auch längs anderer Vertheidigungslinien ausgestellt wurden. In solchem Fall dürften sie zunächst von der Warte auf der „Reisscheibe" aus versehen worden sein, indem die Zählung Prima, Secunda u. s. w. dem See nach von oben nach unten geht.

Strasse nach Zürich, auch die Bestimmung, die Postenkette bis zur helvetisch-gallischen Grenze, also ungefähr bis Schännis oder Kaltbrunn zu überwachen, beziehungsweise die Wartthürme mit Mannschaften zu versehen.

Diese Wartthürme waren übrigens so gestellt, dass sie durch Signale mit einander korrespondiren konnten.

Es ist auch wahrscheinlich, dass Ketten korrespondirender Wartthürme längs der ganzen rätischen Vertheidigungslinie (also nicht blos am Grenzwall) eingerichtet waren, und wirklich will man Spuren einer solchen längs der Donau gefunden haben.

Im Innern der Provinz scheinen die Stationen der Heerstrassen vorzugsweise mit festen Plätzen, grösseren oder kleineren Burgen, versehen worden zu sein — ohne Zweifel hauptsächlich zum Schutze der Herbergen (mansiones) und ihrer Vorräthe gegen räuberische Angriffe, beziehungsweise als Zufluchtsstätten in Nothfällen. Ja diese Herbergen selbst scheinen in der Regel burgartig gebaut gewesen zu sein, worauf nicht nur ihre Zeichnung auf der Peutingerschen Tafel, sondern auch die festungsartigen Grundmauern solcher Gebäude deuten, die man an verschiedenen Orten, z. B. in Schan, Arbon, Pfyn[1]), vielleicht auch in Bregenz[2]), gefunden haben will.

VII. MILITÄRWESEN.

Es wurde schon im vorigen Kapitel bemerkt, dass bis auf Marcus Aurelius (161—180) keine eigene römische Legion in Rätien stand (die reguläre stehende Armee der Römer — Linientruppen würden wir heute sagen — war nämlich in Legionen eingetheilt).

Wir wissen dies zunächst aus Dio Cassius, einem römischen Geschichtschreiber des II. Jahrh., der die 25 Legionen, welche die Römer unter Augustus hatten, mit Angabe ihres Standortes auf-

---

[1]) Keller, Statist. der röm. Ansied. i. d. O.-Schweiz, und röm. Ansiedl. i. d. O.-Schweiz I. Abth.

[2]) s. S. 90. Note 3. Wenn diese Gebäulichkeit eine mansio war, so würde sie vermöge der Dicke der Umfangsmauer (4') allerdings gewissermassen als befestigt gelten dürfen.

zählt, keine aber für Rätien nennt[1]), zugleich aber berichtet, dass Marc Aurel die sog. III. italienische Legion für Rätien bildete.[2]) Dass aber auch in der Zwischenzeit, von Augustus bis Marc Aurel, keine Legion in Rätien lag, lässt sich um so sicherer annehmen, als, wenn Augustus, welcher Rätien erst erobert hatte, eine solche für jene Provinz entbehren zu können glaubte, sie zu Beherrschung des Landes später, als dieses mehr und mehr romanisirt wurde, noch weniger nöthig war; somit zu dauernder Besetzung Rätiens durch römische Truppen erst dann eine Veranlassung eintreten konnte, als jenes von den Deutschen bedroht zu werden begann, was vor Marc Aurel nicht geschah, während unter diesem Kaiser die deutschen Völkerschaften des linken Donau-Ufers bis Gallien sich in dem sog. Markomannenbund vereinigten und in das römische Reich einbrachen.[3])

Zur Unterstützung dieser Annahme dienen sodann noch folgende Thatsachen: Unter Tiberius (14—37 n. C.) waren erwiesener Massen Zahl und Standort der Legionen noch die nämlichen, wie unter Augustus. Es befanden sich nämlich, zufolge des Geschichtschreibers Tacitus, im J. 23 n. C., wie früher, 8 Legionen am Rhein, 3 in Spanien, 4 in Afrika, 4 in Asien, 2 in Pannonien (Ungarn), 3 in Mösien (an der untern Donau bis zu ihrer Mündung) und 2 in Dalmatien (am adriatischen Meer).[4]) Der nämliche Schriftsteller erwähnt zwar bei Erzählung des Krieges der Kronbewerber Galba, Otho und Vitellius vom J. 68 n. C. der, an demselben sich

---

[1]) Dio Cassius LV, 24.
[2]) Dio Cassius LV, 24: „Ἀντωνῖνος ὁ Μάρκος τὸ δεύτερον τὸ ἐν Νωρικῷ καὶ τὸ τρίτον τὸ ἐν Ῥαιτίᾳ ἃ καὶ Ἰταλικὰ κέκλησθαι."
[3]) Capitolinus in Marc. Aurel. 22.
[4]) Tacitus Annal. IV, 5. Diese, auch in anderer Beziehung wichtige Stelle lautet: sed praecipuum robur Rhenum iuxta, commune in Germanos Gallosque subsidium, octo legiones erant. Hispaniae recens perdomitae tribus habebantur. Mauros Juba rex acceperat donum populi Romani, cetera Africae per duas legiones, parique numero Aegyptus. dehinc initio ab Syria usque ad flumen Euphraten . . . quatuor legionibus coercita . . . et Thraciam Rhoemetalces ac liberi Cotyis, ripamque Danubii legionum duae in Pannonia, duae in Moesia attinebant, totidem apud Dalmatiam locatis, quae pro situ regionis a tergo illis, ac si repentinum auxilium Italia posceret, haud procul accirentur, quamquam insideret urbem proprius miles, tres urbanae, novem praetoriae cohortes . . . . . at apud idonea provinciarum sociae triremes alaeque et auxilia cohortium, neque multo secus in iis virium, sed persequi incertum fuerit, cum ex usu temporis huc illuc mearent, gliscerent numero et aliquando minuerentur.

ebenfalls betheiligenden **rätischen Hülfstruppen** (von welchen sofort die Rede sein wird), nicht aber einer in Rätien befindlichen römischen Legion.[1]) Und dass auch noch unter **Hadrian** (117—138), obwol dieser schon 30 Legionen hatte[2]), keine Legion in Rätien war, scheint zum Ueberfluss die oben (im Kapitel über den Grenzwall) erwähnte Münze zu beweisen, die er zu Ehren „des rätischen Heers" prägen liess, indem zwar drei Träger von Kohortenzeichen (signiferi — Kohortenfähndriche würden wir sagen), aber kein Träger des Legionsadlers (aquilifer) auf derselben abgebildet sind.[3])

In Uebereinstimmung mit Obigem steht, dass sich in Rätien keine Inschriften finden, welche Zeugniss gäben, dass sich in dieser Provinz vor Marc Aurel eine Legion aufhielt.

In dem nämlichen Fall wie Rätien befand sich übrigens auch das gleichzeitig mit demselben eroberte **Noricum**, indem auch dieses erst durch Marc Aurel in der für dasselbe gebildeten II. ital. Legion eine bleibende römische Besatzung erhielt.[4])

Es schliesst dies selbstverständlich nicht aus, dass unmittelbar nach der Eroberung Rätiens, wie es wol auch in andern frisch eroberten Provinzen geschah, römische Legionstruppen das Land so lange besetzt hielten, bis die zu Sicherung der römischen Herrschaft zu treffenden Vorkehrungen ausgeführt, also namentlich die Residenz-Kolonie angelegt, vielleicht auch sonstige militärische Niederlassungen durch angesiedelte Veteranen geschaffen, die rätischen Hülfstruppen für den römischen Dienst organisirt und die Alpenpässe durch Befestigung der sie beherrschenden Punkte gesichert waren. Und wenn, wie nach römischem System wol anzunehmen ist, Augustus die rätischen Gebirgspässe durch Soldaten gangbar machen liess, so würde schon dieses einen längeren Aufenthalt römischer Truppen im Lande nöthig gemacht haben.[5])

---

[1]) **Tacitus**, historiae I. 67: Raeticae alae cohortesque et ipsorum Raetorum iuventus.

[2]) Das Verzeichniss derselben geben zwei in Rom befindliche Inschriften (**Orelli**, inscript. nr. 3368 und 3369).

[3]) **Welser**, opera S. 299.

[4]) **Dio Cassius**, a. a. O.

[5]) Dass die Römer ein frisch erobertes Land, je nach Bedürfniss, längere oder kürzere Zeit noch militärisch besetzt zu halten pflegten, erhellt aus der oben zitirten Stelle des **Tacitus** (Ann. IV, 5) mit Bezug auf **Spanien**, indem dieser Schriftsteller als Grund, wesshalb die pyrenäische Halbinsel von drei

Zwei Mittel waren es, wodurch die Römer bis zum Eintreffen der III. ital. Legion eine dauernde Besatzung Rätiens durch eigentliche **römische** Truppen (Legionen) sich zu ersparen wussten, nämlich die Organisirung **rätischer Hülfstruppen** und die **Ansiedelung von Veteranen als Militärkolonisten**.

Zur Aufklärung über die **Hülfstruppen** bedarf es einiger allgemeinen Vorbemerkungen.

In den guten Zeiten der römischen Republik galt der Kriegsdienst als eine Ehrenpflicht des römischen Bürgers. Daher bestanden die römischen Legionen ausschliesslich aus Bürgern des Stadtgebietes von Rom und solchen, die mit dem Bürgerrecht besonders beschenkt worden waren. Nachdem sodann im J. 89 v. C., in Folge des grossen italischen Bürgerkrieges (Bundesgenossenkrieg genannt) ganz Italien das römische Bürgerrecht erlangt hatte, waren sämmtliche Italiker zum Dienste in den Legionen berechtigt geworden.

Was die **Provinzen** betrifft (in solche war das ganze übrige Reich eingetheilt), so waren dieselben von dem Kriegsdienste zwar keineswegs befreit, aber die in den Provinzen ausgehobene Mannschaft bildete keinen Bestandtheil der römischen Legionen und wurde überhaupt nicht in Legionen, sondern nur in **Kohorten** (cohortes) und, was Reiterei war, in Reiterflügel (alae) eingetheilt.

Diese Truppen, welche **Hülfstruppen** (auxilia) hiessen, wurden zum Theil zur Verstärkung der Legionen verwendet, und zwar gewöhnlich so, dass einer Legion mindestens ebensoviele Hülfsmannschaft an Fussgängern und Reitern zugetheilt wurde; zum Theil aber dienten sie auch in Provinzen, in welchen keine Legionen waren, zur Besetzung fester Plätze, welche sei es die Grenze, wo diese an Feindes Land stiess, sei es die Strassen schützen sollten.[1]) Wie die Verwendung dieser Hülfstruppen sich nach dem Bedürfniss richtete[2]), so war auch ihre Zahl keine fixe.[3])

Legionen besetzt gewesen sei, angibt, es sei dieselbe erst unlängst bezwungen worden. Und doch war die Eroberung Spaniens schon im J. 19 n. C., also vier Jahre vor den von Tacitus in dieser Stelle beschriebenen Dingen, vollendet worden.

[1]) s. **Tacitus** in der angef. Stelle (Ann. IV, 5) . . at apud idonea provinciarum sociae triremes alaeque et auxilia cohortium.

[2]) . . cum ex usu temporis huc illuc mearent (**Tacitus** a. a. O.).

[3]) cum . . . gliscerent numero et aliquando minuerentur. (Ebendas.)

So waren denn auch in Rätien bis auf Marc Aurel keine Legionäre, wol aber Hülfstruppen, und zwar an Infanterie sowol als an Reiterei, stationirt. Von diesen erhalten wir einige Kunde aus dem erwähnten Berichte des Tacitus über die Ereignisse des J. 69 n. C., indem derselbe erzählt, dass, als die Helvetier gegen den von den germanischen Legionen zum Kaiser ausgerufenen Vitellius sich aufgelehnt, dessen von Gallien herkommender Feldherr Caecina die rätischen Hülfstruppen (auxilia) herbeirief, um die Helvetier im Rücken anzugreifen. Diese Hülfstruppen bezeichnet Tacitus sodann näher als „rätische Reiterflügel und Kohorten" (Raeticae alae cohortesque) und als „rätische Jugend (iuventus), der Waffen gewohnt und militärisch eingeübt."[1])

Es bestanden demnach die rätischen Hülfstruppen theils aus regulärem Militär, nämlich aus Reiterflügeln und Kohorten, theils aus irregulärer, immerhin aber waffengeübter Volkswehr, auf deren Unterschied ich unten näher zu sprechen komme.

Diese Hülfstruppen konnten, so lange die Donau nicht ernstlich bedroht war, in Rätien um so mehr genügen, als vier Legionen in dem benachbarten Obergermanien (am Oberrhein) standen, von welchen im Nothfall leicht Hülfe erhältlich war, indem ja, wie wir oben (im Kap. über den Grenzwall) gesehen, der Durchmarsch vom Oberrhein an die Donau, auch vor Einverleibung des Neckargebietes in die Provinz Obergermanien, stets frei gewesen sein muss, und wir kennen aus Tacitus sogar einen Fall, in welchem (ohne Zweifel durch das Neckargebiet) obergermanische Truppen nach Rätien gesandt wurden, angeblich um es gegen die drohenden Sueven zu vertheidigen.[2]) Bei seiner Mittheilung über Zahl und Standorte der Legionen sagt zudem Tacitus ausdrücklich, dass die acht Rheinlegionen gegen die Deutschen sowol als für Gallien (wo

---

[1]) Diese wichtige Stelle, so weit sie hier in Betracht kommt, lautet: ... missi (a Caecina) ad Raetica auxilia nuntii, ut versos in legionem Helvetios a tergo adgrederentur ... hinc (von der einen Seite) Caecina cum valido exercitu, inde (von der andern) Raeticae alae cohortesque et ipsorum Raetorum iuventus, sueta armis et more militiae exercita ... Ipsi (Helvetii) ... consectantibus Germanis Raetisque ... trucidati (Tacitus, hist. I, 67).

[2]) Tacitus Annal. I, 44: Veterani (der Rheinlegionen) Raetiam mittuntur, specie defendendae provinciae ob imminentes Suevos. (Es geschah dies im J. 14 n. C.)

sonst keine Legionen waren) dienen sollten[1]), woraus erhellt, dass dieses grosse Heerlager auch dazu bestimmt war, um in alle benachbarten Provinzen, somit auch nach Rätien, nöthig werdende Hülfe zu senden.

Wie **zahlreich** diese regulären Hülfstruppen (von diesen allein werde ich vorläufig sprechen) in Rätien waren, wird uns freilich eben so wenig berichtet, als, ob dieselben ausschliesslich aus **rätischen Provinzialen** bestanden oder nicht. Sehr gering an Zahl können sie aber nicht gewesen sein, da sie auf der mehrerwähnten Hadrian'schen Münze als „rätisches Heer" (exercitus rhaeticus) bezeichnet werden. Auch ist es nicht wahrscheinlich, dass sie ausschliesslich aus Rätiern bestanden[2]), denn es würde dies der römischen Politik widersprochen haben, welche es liebte, für Besetzung eines Landes möglichst Truppen aus andern Provinzen und Völkerschaften zu verwenden.[3]) In der That finden wir z. B. unter Vespasian rätische Kohorten in Germanien (am Rhein) und in Pannonien, andere unter Traian in Helvetien, später einzelne in Palästina, Aegypten, Armenien u. s. w., wobei freilich zu bemerken ist, dass die Provinz Rätien, wie wir sofort sehen werden, jedenfalls **über** den eigenen Bedarf Truppen lieferte. Wir wissen demnach über den Etat der in Rätien vor dem Eintreffen der III. ital. Legion stationirten regulären Hülfstruppen weiter nichts, als was Tacitus berichtet, wonach dieselben theils aus Infanteriekohorten (cohortes) theils aus Reiterflügeln (alae) bestanden, und was zwei an der Donau entdeckte Inschriften (der Jahre 141 und 142) beurkunden, dass nämlich unter der Reiterei sich auch ein Ordonanzkorps römischer Freiwilliger befand[4]), was auf eine wohlorganisirte und nicht wenig zahlreiche Besatzung schliessen lässt.

---

[1]) Rhenum iuxta, commune in Germanos Gallosque subsidium, octo legiones erant (Tacitus, Ann. IV, 5).

[2]) Tacitus (hist. I, 67) bezeichnet zwar die von Caecina aus Rätien herbeigerufenen Hülfstruppen als **rätisch** (Raeticae alae cohortesque), es ist aber dieses Beiwort zunächst wol nur auf ihren Standort zu beziehen. So spricht der nämliche auch von germanicae legiones (z. B. An. I, 31), Pannonicae legiones (hist. I, 67) u. s. w., während doch diese Legionen weder aus Germanen noch aus Pannoniern, sondern aus Italikern bestanden.

[3]) cum ex usu temporis huc illuc mearent (Tacit. An. IV. 5).

[4]) Es ist dies die Ala I. singularium pia fidelis civium Romanorum. (s. S. 152 Note 1 und 2.)

Eher sind wir im Falle, annähernd die Truppen, welche die Provinz Rätien stellen musste, zu ermitteln.

Wir haben nämlich aus Inschriften Kenntniss von einer I.[1]), II.[2]), IV.[3]), V.[4]), VI.[5]), VII.[6]) und VIII.[7]) rätischen Infanterie-Kohorte (cohors Raetorum), ferner von einer VII. rätischen berittenen Kohorte[8]) (cohors Raetorum equitata), sodann von einer I. und IV. vindelicischen Kohorte[9]) (cohors Vindelicorum) und von einer rätisch-vindelicischen Kohorte[10]) (cohors Raetorum et Vindelicorum) und endlich von einer VIII. rätischen Kohorte römischer Bürger[11]) (cohors Raetorum civium Romanorum). Auch führt der oft genannte römische Staatskalender unter den in Rätien stationirten Truppen einen I. Flavischen Reiterflügel der Rätier[12]) (ala prima Flavia Raetorum) und unter den Truppen des Orients einen V. rätischen Reiterflügel[13]) (ala quinta Raetorum) auf.

Die Provinz Rätien lieferte daher mindestens: 8 rätische Infanterie-Kohorten, 4 vindelicische Infanterie-Kohorten, 1 rätisch-vindelicische Infanterie-Kohorte, 7 berittene Kohorten und 5 Reiterflügel, somit im Ganzen 20 Kohorten und 5 Reiterflügel oder, (die Kohorte zu 500 Mann[14]), die I. vindelicische Kohorte aber als

---

[1]) Orelli, inscript. nr. 3570, unter Traian. Ihr Befehlshaber (praefectus) hiess Marius Mommius Sabinus.

[2]) Orelli, ibid. nr. 6948 und Museum Veron. S. 120. Als ihr Befehlshaber (praefectus) wird Visulanius Clemens genannt.

[3]) Diese befand sich im Beginn des V. Jahrh. in Armenien (Not. Dignit. für den Orient cap. 35).

[4]) Orelli, ibid. nr. 6924, unter Hadrian. Praefectus war Sex. Cornelius.

[5]) Orelli, ibid. nr. 486 und 785 (unter Traian); Mommsen, inscript. Helv. nr. 344 (Inschriften auf Ziegeln in Vindonissa); Museum Veron. S. 240. Praefectus war: Moder. Iunianus Iuncinus.

[6]) Orelli, ibid. nr. 5418. Diese befand sich unter Vespasian in Germanien. Praefectus: Pinarius Cornelius Clemens. Auch diese ist auf Ziegeln, die in Vindonissa vorkommen, verzeichnet (Mommsen a. a. O. nr. 344).

[7]) Orelli, ibid. nr. 5428 und 5430, unter Vespasian in Pannonien. Als Praefecti werden genannt: Attilius Rufus und Funisulanus Vettonianus.

[8]) Orelli, ibid. nr. 516.

[9]) Orelli, ibid. nr. 6858 und 5418.

[10]) Orelli, ibid. nr. 483; Museum. Veron. S. 451.

[11]) Orelli, ibid. nr. 5443.

[12]) Notitia Dignit. für das Abendland cap. 34.

[13]) Notitia Dignit. für das Morgenland cap. 25. Diese ala befand sich dannzumal in Scenas Veteranorum, einer Stadt unweit Babylon.

[14]) Die Kohorte bildete die taktische Einheit des römischen Heers. Ihrer 10 bildeten eine Legion. Ihre Stärke anlangend, so ist zwischen den Legionsko-

MILITÄRWESEN. 133

doppelte, zu 1000 M.[1]) und den Reiterflügel zu 480 M.[2]) gerechnet) 12,900 M.

Was die berittenen Kohorten betrifft, so ist zu bemerken, dass dieselben nicht ausschliesslich aus Reitern bestanden, sondern nebst 120 Reitern, 380 Infanteristen zählten[3]), so dass von jenen 12,900 M. 9660 M. Fussvolk und 3240 M. Reiter waren, wobei freilich nicht ausser Acht zu lassen ist, dass die Notizen, die dieser Berechnung zu Grunde liegen, sich ihrem Datum nach auf den langen Zeitraum von Vespasian bis Honorius d. h. von der zweiten Hälfte des I. bis zum Beginne des V. Jahrh. vertheilen, daher wol anzunehmen ist, dass im Laufe dieser Zeit mehrfache Veränderungen in diesem Etat eintraten.

Die Reiterei anlangend mag hier bemerkt werden, dass, nachdem die verweichlichten römischen „Ritter" sich schon im Beginne der Kaiserzeit von dem Reiterdienst in den Legionen zurückgezogen hatten[4]), die Legionsreiterei in den Provinzen ausgehoben (in der späteren Kaiserzeit freilich auch, wie die Legionen selbst, unter den Barbaren angeworben) wurde, und es ist daher anzunehmen, dass die zahlreichen Reiterflügel, welche Rätien stellte, vorzugsweise Legionsreiterei d. h. dazu bestimmt waren, Legionen beigegeben zu werden und denselben in die verschiedenen Gegenden des Reichs zu folgen.

Schwierig ist es zu ermitteln, wie es sich mit der, oben unter den von Rätien gestellten Truppen ebenfalls erwähnten „VIII.

---

horten und den Auxiliarkohorten zu unterscheiden: erstere zählten in republikanischer Zeit in der Regel 360 M., unter den Kaisern in der Regel 600 M. Die Auxiliarkohorten dagegen scheinen in ihrer Stärke mehr dem Wechsel oder den Umständen unterworfen gewesen zu sein. Doch pflegt man sie (die cohors quinquenaria) im Allgemeinen zu ca. 500 M. zu berechnen. Es gab aber auch solche von doppelter Stärke (cohors milliaria) also von ca. 1000 M. (Becker und Marquardt, Handb. der röm. Alterth. I S. 370.) Die Legionskohorte war ursprünglich in 3 Manipel (Kompagnieen), jede Manipel in 2 Centurien (Züge) eingetheilt.

[1]) Diese war eine cohors milliaria (Orelli, inscript. nr. 6858 a.).
[2]) Die ala war in 16 turmae von je 30 Reitern, die turma in decuriae von je 10 Reitern abgetheilt, zählte somit 480 M. Es gab aber auch alae milliariae, welche 960 M. zählten. (Becker und Marq. a. a. O. S. 372.)
[3]) So wenigstens nach Becker und Marq. a. a. O. S. 370. Die cohortes equitatae milliariae zählten das Doppelte, nämlich 240 Reiter und 760 Fussgänger.
[4]) Ursprünglich versahen nämlich die römischen Ritter (equites) den Reiterdienst bei den Legionen, und zwar waren ihrer je 300 jeder Legion beigegeben; seit Caesar wurde aber die Legionsreiterei vermehrt.

rätischen Kohorte römischer Bürger" (Coh. VIII. Raetorum Civium Romanorum) verhielt.[1]) Die natürlichste Erklärung wäre unstreitig die, dass es eine Kohorte war, welcher das römische Bürgerrecht geschenkt worden war, wenn man nicht aus Inschriften wüsste, dass die Kaiser öfter auch an Ausgediente einer Kohorte oder Ala, welche bereits den Beinamen „römische Bürger (Civium Romanorum)" führte, das Bürgerrecht schenkten[2]), was die Voraussetzung auszuschliessen scheint, dass die Korps, denen diese Ausgedienten angehörten, das Bürgerrecht schon besassen. Indess lässt sich dieser anscheinende Widerspruch durch die Annahme lösen, dass die Soldaten des Truppenkorps, welches ursprünglich, durch Geburt oder kaiserliche Verleihung, wirklich aus römischen Bürgern bestand, allmälig theilweise oder ganz durch Nichtbürger ersetzt wurden, während dem Korps, als solchem, die Bezeichnung „Civium Romanorum" gleichsam als Ehrentitel geblieben.[3]) Es wird uns demnach nichts hindern, in jener VIII. rätischen Kohorte römischer Bürger ein wirklich mit dem römischen Bürgerrecht beschenktes Truppenkorps zu erkennen.

Eine weitere Schwierigkeit bietet sodann die Nr. VIII dieser nämlichen Kohorte, indem dieselbe noch weitere sieben, mit dem Bürgerrecht beschenkte rätische Kohorten vorauszusetzen scheint. Eine solche Annahme dürfte aber kaum zulässig sein, indem die Verleihung des römischen Bürgerrechts an Hülfskorps doch nur ausnahmsweise als besondere Belohnung erfolgte. Anderseits ist es eben so wenig zulässig, diese VIII. rät. Kohorte römischer Bürger (Cohors Raetorum Civium Romanorum) für identisch zu halten mit der, früher schon berücksichtigten, einfach als VIII. rätische Kohorte (Cohors Raetorum) bezeichneten. Demzufolge dürfte die Sache wol am ehesten so zu deuten sein, dass, als die VIII. rät. Kohorte mit dem Bürgerrecht beschenkt wurde, dieselbe durch eine

---

[1]) Solche Kohorten oder Alae, die nebst dem betreffenden Volksnamen den Beisatz „Civium Romanorum" führen, kommen öfter vor. Wenn sie ohne Volksnamen nur „Civium Romanorum" hiessen, so sind es freiwillig dienende Italiker.

[2]) So z. B. Vespasian an die Stipendiaten (Ausgedienten) der Coh. I. Civ. Rom. (Orelli inscript. nr. 3428) und Domitian ebenfalls an die Stipendiaten der Coh. I Civ. Rom. (Orelli inscript. nr. 5430.)

[3]) Man muss dies um so mehr annehmen, als, wie aus obiger Note ersichtlich, sowol Vespasian als Domitian den Stipendiaten der nämlichen Coh. I. Civ. Rom. das Bürgerrecht verliehen.

andere VIII. aus nicht bürgerlichen Provinzialen ersetzt wurde, ihre Nr. VIII aber mit dem Beisatz Civium Romanorum fortbehielt. Mit Hinzurechnung dieser VIII. rät. Koh. Civ. Roman. steigert sich somit die von der Provinz Rätien gestellte reguläre Kriegsmannschaft auf mindestens 13,400 M. — eine Truppenzahl, die, im Verhältniss zur Bevölkerung, wol kaum von einer andern römischen Provinz gestellt wurde. Dies so wie auch die Thatsachen, dass den Ausgedienten rätischer Kohorten (wie freilich auch solchen anderer guter Hülfstruppen) zur Belohnung vielfach das römische Bürgerrecht ertheilt wurde[1]) und dass die Rätier zu denjenigen Truppen gehörten, aus welchen das Elitenkorps der sog. Singulares (einer Art Ordonanzen oder Guiden) am liebsten gezogen wurde[2]) — sind sprechende Beweise dafür, wie sehr die Rätier als Soldaten geschätzt waren.

Wie die römischen Namen der bekannt gewordenen Befehlshaber rätischer Kohorten zeigen[3]), standen diese rätischen Hülfstruppen unter dem Befehle römischer Offiziere.

Noch ist ein bemerkenswerther Umstand zu berühren, nämlich die Unterscheidung zwischen rätischen und vindelicischen Truppen, aus welcher hervorgeht, dass trotz der politischen Verschmelzung der Vindelicier und eines Theiles der Rätier in der neugebildeten Provinz Rätien beide Völkerschaften auseinander gehalten wurden. Da indess zufolge dieser ethnographischen Unterscheidung eine unverhältnissmässig starke Truppenzahl auf das eigentliche Rätien käme und anzunehmen ist, dass die Reiterei, obwol diese sämmtlich als rätisch (Raetorum) bezeichnet wird, doch vorzugsweise von dem Flachlande, also von Vindelicien, geliefert wurde, so ist es wahrscheinlich, dass die Bezeichnung einiger

---

[1]) So von Vespasian an die Ausgedienten der VII. und VIII. rät. Koh. (Orelli, inscr. nr. 5418 und 5428), von Domitian ebenfalls an die Stipendiaten der VIII. rät. Koh. (Orelii, ibid. nr. 5430), von Hadrian an diejenigen der V. rät. Koh. (Orelli, ibid. nr. 6929). Die Kaiser ertheilten in diesen Diplomen Denjenigen, die „quina et vicena stipendia aut plura meruerunt . . . ipsis liberis posterisque eorum civitatem et connubium cum uxoribus quas tunc habuissent cum est civitas eis data, aut si qui caelibes essent cum eis quas postea duxissent.

[2]) Becker und Marq., Handb. der röm. Alterth. III. S. 387. Zu den geschätzteren Truppen gehörten auch die Noriker, Dacier, Thraker, Pannonier.

[3]) s. namentlich die auf S. 132 Noten 1—7 zitierten Nrn. 3570, 6948, 6924, 486, 5418, 5428, 5430 aus Orelli's Inscript.

ZWEITER ABSCHNITT.

Kohorten als **vindelicisch** aus der ersten Zeit nach Bildung der Provinz herrührte, dass dagegen später alle in derselben ausgehobene Mannschaft, gleichviel ob sie rätisch oder vindelicisch war, einfach den Namen der Provinz führte.

Tacitus meldet aber, wie wir gesehen, dass nicht blos reguläre rätische Infanterie und Reiterei (Raeticae alae cohortesque), sondern auch „waffengeübte und militärisch organisirte junge Mannschaft[1]" dem Caecina zu Hülfe kam. Somit war in Rätien, neben den zum regulären Kriegsdienst ausgehobenen Truppen, auch eine Art **Volkswehr** organisirt, bestehend ohne Zweifel aus Freiwilligen, die nur im Nothfall aufgeboten wurden; und zwar geht aus jenem Berichte des Tacitus, wonach diese Volkswehr mit der regulären rätischen Besatzung in Helvetien einbrechen sollte, hervor, dass dieselbe auch **ausser** der Provinz verwendet werden konnte. Da aber Tacitus bei einem andern Anlass eines ähnlichen ausserordentlichen Aufgebotes junger Mannschaft in **Noricum** erwähnt[2]), so darf man diese militärische Einrichtung nicht als eine auf die Provinz Rätien beschränkte betrachten, vielmehr bestand dieselbe wahrscheinlich überall wo sich ein kriegstüchtiges Volk vorfand und die Umstände sie erheischten. Es leuchtet auch ein, dass durch Zuzug dieser **ausserordentlichen** Hülfstruppen (so darf man sie wol nennen) das römische Heer im Nothfall sehr erheblich verstärkt werden konnte.[3])

Die regulären Hülfstruppen wurden wol, wie die Legionen, in

---

[1] „et ipsorum Raetorum iuventus sueta armis et more militiae exercita" (Tacitus in der öfter angeführten Stelle hist. I, 67.)

[2] Tacitus, hist. III, 5: Sextilius Felix cum ala Auriana et octo cohortibus ac Noricorum iuventute ad occupandam ripam Aeni fluminis missus.

[3] So wurde es ohne Zweifel nur mit Zuzug ausserordentlicher Hülfstruppen aus den beiden Rheinprovinzen (Ober- und Untergermanien) dem Vitellius, nachdem er am Rhein zum Kaiser ausgerufen worden, möglich, dem einen seiner beiden Feldherrn, Valens, 40,000 M. und dem andern, Caecina, 30,000 M. zu Bekämpfung des Gegenkaisers, Otho, zur Verfügung zu stellen und selbst noch wahrscheinlich den Haupttheil des Heeres zu behalten. Denn ausser den Hülfstruppen der beiden germanischen Provinzen gab er dem Valens nur die „Auserwählten der V. Legion" und dem Caecina ebenfalls nur die XXI. Legion (welche beide in Obergermanien standen) und überdies ergänzte er aus jenen Hülfstruppen auch das ihm selbst bleibende Heer (addita utrique Germanorum auxilia, e quibus Vitellius suas quoque copias supplevit). So nach Tacitus, hist. I, 61.

Staatssold genommen, wogegen die Kosten der Volkswehr, wenigstens wenn sie nicht ausser der Provinz verwendet wurde, von der letzteren mögen getragen worden sein.[1]

Es ist übrigens zu bemerken, dass die Unterscheidung zwischen römischen Bürgertruppen, als solchen, und provinzialen oder Hülfs-Truppen nur bis auf Caracalla (211—217) dauern konnte, indem dieser das, bis dahin auf Italien beschränkt gewesene römische Bürgerrecht auch auf die Provinzen erstreckte, wodurch jener Unterschied ganz verwischt werden musste. Thatsächlich hatte er schon früher aufgehört durch das in Folge der Verweichlichung der Italiker mehr und mehr aufgekommene System, in die Legionen Söldner der verschiedensten Abkunft, besonders Deutsche, anzuwerben.

Ich gehe nun über zur Besprechung der andern Massregel, welche die Römer, ausser der Organisation provinzialer Hülfstruppen, zur Verstärkung der Vertheidigungskräfte und theilweise als Ersatz für stehende Besatzungen in Grenzprovinzen in Anwendung zu bringen pflegten, nämlich der **Ansiedelung ausgedienter Soldaten** (Veteranen), beziehungsweise der **Bildung von Militärkolonieen**.

Nachdem die ausgehobenen oder angeworbenen Soldaten ihre 25jährige Dienstzeit vollbracht hatten, stand es ihnen frei, fortzudienen, in welchem Falle sie eigene Veteranen-Korps gebildet zu haben scheinen[2], oder ihren Abschied zu nehmen. Im letzteren Fall pflegten sie mit Landanweisungen, besonders in denjenigen Provinzen, in welchen sie Kriegsdienst geleistet, belohnt zu werden[3]; und zwar in bedrohten Gegenden (zu denen namentlich die Donau- und Rheingegenden gehörten) in der Regel mit der auferlegten, öfter erblichen, Verpflichtung, für die Landesvertheidigung Kriegsdienst zu leisten.

---

[1] Man könnte dies aus Tacitus, hist. I. 67 schliessen, wo derselbe von der XXI. (germanischen) Legion erzählt: „rapuerant pecuniam missam in stipendium castelli, quod olim Helvetii suis militibus ac stipendiis tuebantur. Der Ausdruck „sui milites" scheint eher auf irreguläre als auf reguläre auxilia zu weisen.

[2] So berichtet Tacitus (hist. I, 67), dass die Helvetier in ihrem Kampf mit Caecina den Veteranen ein unglückliches Treffen lieferten (exitiosum adversus veteranos proelium), was natürlich ein eigenes Veteranen-Korps voraussetzt.

[3] Lucanus, Pharsalia I, v. 344: Quae sedes erit emeritis? quae rura dabuntur? quae noster veteranus aret? Siculus Flaccus de cond. agr.: captus ager ex hoste victori militi veteranoque est assignatus.

Mitunter wurden solche Militärkolonieen auch aus dienstthuenden Soldaten gebildet.

Was insbesondere die Provinz Rätien betrifft, so erfährt man, dass schon Tiberius nach der Eroberung Rätiens römische Soldaten in Vindelicien mit Land beschenkte.[1]) Ueberhaupt scheint er das System der Militärkolonieen an der Donau und am Rhein in ausgedehntem Massstab in Anwendung gebracht zu haben, denn auch in Pannonien und in den Rheingegenden (Germanien) siedelte er römische Soldaten[2]), ja in letzteren sogar 40,000 deutsche Kriegsgefangene an.[3])

Auch die Veteranen, welche Germanicus im J. 14 n. C. in Folge des Aufstandes der germanischen Legionen nach Rätien sandte, um sie aus dem meuterischen Lager zu entfernen[4]), werden wol grösstentheils dort bleibende Wohnsitze erhalten haben.

Mit Bezug auf die Provinz Rätien insbesondere vernimmt man von nun an urkundlich nichts weiter über Militärkolonieen.

Dagegen wird von Alex. Severus (222—235) im Allgemeinen berichtet, dass er das den Feinden abgenommene Land den Befehlshabern und Soldaten der Grenztruppen mit dem Beding überlassen habe, „dass ihre Erben Kriegsdienste leisten und dass die geschenkten Grundstücke niemals in Privateigenthum übergehen sollten, von der Ansicht ausgehend, dass die mit denselben Beliehenen den Kriegsdienst eifriger leisten würden, wenn sie dadurch zugleich ihre Felder vertheidigten. Mit dem Boden habe Severus, so wird weiter bemerkt, um dessen Bewirthschaftung den mittellosen Soldaten zu ermöglichen, auch Vieh und Sklaven geschenkt.[5])

---

[1]) In Velleius Paterculus (II, 104) rufen die Krieger des Tiberius letzterem zu: Ego tecum, imperator, in Armenia, ego in Raetia fui: ego a te in Vindeliciis, ego in Germania, ego in Pannonia donatus sum.

[2]) Velleius Paterculus a. a. O.

[3]) Suetonius im Tiberius c. 9: Germanico (bello) quadraginta millia dediticiorum traiecit in Galliam iuxtaque ripam Rheni sedibus adsignatis collocavit.

[4]) Tacitus, Annal. I, 44. Veterani in Raetiam mittuntur, specie defendendae provinciae ob imminentes Suevos, ceterum ut avellerentur castris.

[5]) Lampridius im Alex. Severus 33: Sola, quae de hostibus capta sunt, limitaneis ducibus et militibus donavit, ut eorum ita essent, si heredes eorum militarent, nec unquam ad privatos pertinerent, dicens, attentius eos militaturos, si etiam sua rura defenderent. Addidit sane his et animalia et servos, ut possent colere quod acceperant, ne per inopiam hominum desererentur rura vicina Barbariae.

Hieraus ist ersichtlich, dass Alex. Severus nicht blos mit Veteranen, sondern auch mit dienstthuenden Kriegern Militärkolonieen anlegte, und zwar so, dass die denselben überlassenen Grundstücke nicht in ihr volles Eigenthum, sondern blos in ein mit der erblichen Kriegsdienstpflicht verbundenes Nutzeigenthum übergehen sollten, wonach das hiedurch begründete Rechtsverhältniss eine Art Erblehen war. — Ob Alex. Severus auch in Rätien solche militärische Grenzkolonieen angelegt habe, wird nicht gesagt. Wahrscheinlich ist es nicht, da Severus seine Militärkolonieen auf frisch erobertem Boden gründete, Rätien aber damals schon fest abgegrenzt war und über den Wall hinaus keine Eroberungen mehr gemacht wurden.

Sodann wird von Probus (276—282) berichtet, dass er an den Isaurischen Engpässen (in Kleinasien) Veteranen Boden mit der Verpflichtung geschenkt habe, dass ihre Söhne vom 18. Jahre an Kriegsdienst leisten sollten[1]), und ferner, dass er auf Feindes Boden feste Plätze errichtet und mit Soldaten besetzt, auch allen auf dem rechten Rheinufer Wache haltenden Soldaten Felder gegeben, Häuser gebaut, Speicher angelegt und mit Getreidevorräthen versehen habe.[2]) — Die Vermuthung liegt hier nahe, dass Probus zu Gunsten der Wächter des rätischen linkseitigen Donau-Ufers, beziehungsweise des rätischen Grenzwalles, dessen Verhältnisse denjenigen des rheinischen ganz analog waren, ähnliche Grundsätze in Anwendung gebracht haben möchte. Uebrigens beweist eine Stelle im Gesetzbuch des Kaisers Justinian, dass zur Zeit des Sept. u. Alex. Severus auch Veteranen-Kolonieen auf dem rechten Rheinufer bestanden.[3])

Wie sehr überhaupt die Errichtung von Militärkolonieen an den

---

[1]) Vopiscus im Probus 17: Veteranis omnia illa, quae augusta adeunt Isauricae loca privatis donavit. addens, ut eorum filii ab anno octavo decimo mares duntaxat ad militiam mitterentur.

[2]) Vopiscus ibid. 16: Urbes Romanas et castra in solo barbarico posuit atque illic milites collocavit: agros et horrea et domos et annonam transrhenanis omnibus fecit, iis videlicet quos in excubiis collocavit.

[3]) Es erhellt dies aus folgendem, von dem römischen Juristen Paulus (der zur Zeit der genannten zwei Kaiser lebte) vorgeführten Rechtsfall: Lucius Titius praedia in Germania trans Rhenum emit, et partem pretii intulit; quum in residuam quantitatem heres emtoris conveniretur, quaestionem retulit dicens, has possessiones ex praecepto principali distractas, partim veteranis in praemia assignatas (l. 11 D. de eviction. XXI. 2).

bedrohten Reichsgrenzen (zu denen namentlich die rheinische und die rätische gehörten) stehender römischer Staatsgrundsatz war, zeigt sodann der Umstand, dass das nämliche Gesetzbuch eine eigene, aus der späteren Kaiserzeit herrührende Vorschrift über die den „Grenzsoldaten" überlassenen Grundstücke enthält, wonach denselben die Berechtigung ertheilt wurde, die ihnen verliehenen und von ihnen selbst bebauten Grundstücke, ohne Rücksicht auf die Ersitzungseinrede, aus den Händen Dritter zu entwehren.[1])

Aber nicht nur Soldaten der römischen Armee, sondern auch Barbaren (so hiessen alle Völkerschaften, die nicht römische Unterthanen waren) wurden vielfach (wie wir schon aus obigem Beispiele des Tiberius gesehen) im römischen Reiche militärisch angesiedelt, und zwar an der durch Wälle befestigten Reichsgrenze mit der auf den ihnen überlassenen Grundstücken ruhenden Reallast, Wall und Graben zu unterhalten[2]), daher wir wol annehmen dürfen, dass solche Ansiedlungen auch längs des rätischen Grenzwalles erfolgten.

Aus Obigem ersieht man, dass die Militärkolonieen, wenigstens ursprünglich, nicht durchwegs gleichartig waren, dass vielmehr die Römer in der Art ihrer Anlage und in der Bestimmung ihrer Rechtsverhältnisse sich durch die Umstände und das Bedürfniss bestimmen liessen.

Die Militärkolonieen pflegten übrigens, nach Analogie der Staatskolonieen, nur mit weniger Förmlichkeit, angelegt zu werden, und zwar, wie es scheint, so dass das zu vertheilende Revier vorerst in Bezirke von je 200 Juchart (welche nicht sowol auf Grundlage des Masses als des Schatzungswerthes ausgemittelt wurden) und letztere sodann unter eine, je nach Verdienst, bald

---

[1]) L. 3 Cod. Just. de fundis limitr. (XI, 59). Danach soll sich dieses Vindikationsrecht erstrecken auf „agros limitaneos universos cum paludibus omnique iure." Dieser Beisatz „cum paludibus" darf wol als Fingerzeig dafür gelten, dass man namentlich die Grenzkolonieen an Flüssen (wie Rhein und Donau) im Auge hatte.

[2]) L. 1 Cod. Theod. de terris limit. (VII, 15): Terrarum spatia quae gentilibus (so hiessen die angesiedelten Barbaren) propter curam munitionemque limitis atque fossati antiquorum provisione fuerunt concessa. (Die späteren Inhaber dieser Grundstücke — so wird hier verordnet — sollen die auf denselben haftenden Dienstleistungen erfüllen, widrigenfalls der Boden an die gentiles, wenn sie ausfindig gemacht werden können, zurückfallen, sonst aber an Veteranen übertragen werden solle.)

grössere, bald geringere Anzahl von Veteranen vertheilt wurden, derart, dass jeder einen zusammenhängenden Bauernhof erhielt.[1]

In späterer Zeit, als einerseits in den Grenzprovinzen die zunehmenden Angriffe der Barbaren eine Steigerung der Vertheidigungskräfte nöthig machten, anderseits aber der Grundbesitz theils durch jene Einfälle unsicher, theils im ganzen Reich durch die darauf gewälzten Lasten entwerthet wurde, mussten die Veteranen durch besondere Vergünstigungen, namentlich durch Befreiung von allen Abgaben und Dienstleistungen, zur Ansiedelung und zum Landbau gegen Uebernahme der militärischen Dienstpflicht „für sich und ihre Söhne" aufgemuntert werden.[2]

Was den Boden betrifft, welcher den anzusiedelnden Soldaten überlassen wurde oder überlassen werden konnte, so waren folgende Fälle möglich:

Es konnte erstlich Boden sein, der den Provinzialen Rätiens schon bei Eroberung des Landes abgenommen, damals aber noch nicht zur Austheilung gekommen, somit Staatseigenthum geblieben war.[3] Aber auch später, so lange die Provinzialen nicht das römische Bürgerrecht und mit demselben den Schutz der römischen Gesetze erlangt hatten, konnten sie, wie früher schon bemerkt wurde, durch militärische Ansiedelungen aus ihrem Grundbesitz verdrängt werden, indem ihnen an demselben nach römischer Anschauung nur ein Besitzesrecht, aber kein Eigenthum zustand, letzteres vielmehr an erobertem Boden ausschliesslich dem römischen Volk oder Staat zukam.[4] Es ist aber anzunehmen, dass von diesem Expropriationsrecht vorzugsweise unmittelbar nach

---

[1] Siculus Flaccus, de cond. agr. p. 19 u. 21. Vgl. Mone, Urgesch. d. Bad. Landes II S. 42.

[2] Von diesen Privilegien der Veteranen handelt Cod. Theod. de veteranis (VII. 20). Lex 2 dieses Titels verzeichnet dieselben unter der Bedingung „ut ipsi et filii militent."

[3] Hygenus, de limit. const.: . . qui (sc. agri) . . ad populum Romanum pertinentes ex hoste capti partitique ac divisi sunt per centurias, ut adsignarentur militibus, quorum virtute capti erant, amplius quam destinatio modi quamve militum exigebat numerus: qui superfuerant agri vectigalibus subiecti sunt.; s. auch Siculus Flaccus auf S. 72. Note 2.

[4] Gaius II, 7: Sed in provinciali solo placet plerisque, solum religiosum non fieri, quia in eo solo dominium populi Romani est, vel Caesaris; nos autem possessionem tantum et usufructum habere videmur. Vgl. Savigny, über das ius italicum (in d. Zeitschr. für geschichtl. Rechtswissensch. Bd. V). Siehe Kap. III dieses Abschn.

der Eroberung, später aber selten Gebrauch gemacht wurde. — Nicht nur der Kolonie Augusta Vindelicorum, sondern auch den von Tiberius in Vindelicien mit Grundeigenthum bedachten Soldaten wurden ohne Zweifel grösstentheils von den Provinzialen schon angebaute Grundstücke überlassen.

Es konnte ferner öde liegendes Land sein, das den Militärkolonisten überlassen wurde, in welchem Falle dieselben zum Anbau dieses unbenutzten Bodens dienten.[1]) Im Donau-Thale mussten namentlich die „bojische Wüste" und der „hercynische Wald" weite unbebaute Strecken bieten. Auch wurde in der spätern Kaiserzeit, als das römische Reich seinem Verfall entgegenging, vielfach Boden von den durch Abgaben und Lasten zur Verzweiflung getriebenen Eigenthümern preisgegeben, zu dessen Anbau die Veteranen besonders aufgemuntert wurden.[2])

Endlich konnte es Boden sein, welcher durch Okkupation benachbarten nichtrömischen Völkerschaften abgenommen worden war, in welchem Fall die militärischen Ansiedelungen zu Erweiterung der Reichsgrenze dienten.[3]) So erfolgte wol die Erweiterung der Provinz Rätien über die Donau hinaus wesentlich durch solche militärische Ansiedelungen.

Wir können somit füglich annehmen, dass in Rätien durch alle drei Arten von Landanweisungen militärische Ansiedelungen und Militärkolonieen begründet wurden.

Gewiss wurden aber solche vorzugsweise der Donau entlang zum Grenzschutz, beziehungsweise auf dem linken Ufer vielleicht auch zum Zweck der Grenzerweiterung angelegt, und es ist nicht zu bezweifeln, dass die vielen römischen Niederlassungen, deren Spuren sich hier finden, hauptsächlich von Ansiedelungen aus-

---

[1]) Probus verwendete sogar geradezu die Soldaten zu Austrocknung von Sümpfen und Anlegung von Weinbergen. Dieses unbenutzte Staatsland war das sog. subsecivum. (s. Kap. III dies. Abschn.)

[2]) In l. 3 Cod. Theod. de veteranis (VII, 20) schreibt Constantin vor: Veterani vacantes terras accipiant easque perpetuo habeant immunes. Auch sollen sie „ad emenda ruri necessaria" 25000 follia, ferner ein paar Ochsen und an Früchten (frugum promiscuarum) 100 modios erhalten. Und in l. 11 cod. werden die Veteranen aufgemuntert, von den Eigenthümern verlassene Felder (neglecta a dominis loca) zu bebauen, mit der Zusicherung, dass der Ertrag ihnen, nicht den Eigenthümern, zukommen soll.

[3]) So verfuhr Probus: urbes romanas et castra in solo barbarico posuit atque illic milites collocavit.

MILITÄRWESEN.

gedienter Soldaten herrühren, wovon wirklich eine Reihe von Inschriften Zeugniss gibt[1]), obwol freilich Augsburg und dessen Umgebung, aus den vorhandenen Denkmalen zu schliessen, bei den Veteranen, die auf eigene Faust sich niederzulassen im Fall sein mochten oder sich dem Handel widmeten[2]), als Aufenthaltsort besonders beliebt gewesen zu sein scheint.[3])

Bemerkt mag noch werden, dass, da alle Veteranen, deren die bisher entdeckten Steindenkmale erwähnen, der in Rätien stationirten III. ital. Legion angehörten[4]), daraus geschlossen werden darf, dass nach dem Eintreffen dieser Legion nur Ausgediente derselben und nicht auch anderswo stationirter Truppen in Rätien Landanweisungen erhielten.

Durch die III. ital. Legion, welche von Marc Aurel nach Rätien verlegt wurde und hier so lange verblieb, bis die römische Herrschaft in dieser Provinz ein Ende nahm, wurde die bisherige rätische Besatzung, wenn auch ein Theil derselben vielleicht anderswohin verwendet wurde, jedenfalls erheblich verstärkt.

Die Stärke dieser seitherigen Besatzung lässt sich indess schon desshalb nicht sicher berechnen, weil die Mannschaftszahl der römischen Legion unter den Kaisern nicht genau ermittelt scheint. Gewöhnlich rechnet man die Legion, wenigstens seit Hadrian, zu 6100 M. Fussvolk (also die Kohorte zu 610 M.) und ihre Reiterei zu 720 M. (d. h. 24 turmae zu 30 M.).[5]) Ferner nimmt man an, dass jede Legion durch Zuzug von Hülfstruppen sich durchschnittlich nahezu verdoppelt habe, so dass nach diesem Massstab die

---

[1]) Solche fanden sich z. B. in Lauingen, Regensburg, Pföring, Kösching, Passau (Steiner, Cod. inscr. nr. 2562, 2600, 2603, 2610, 2645, 2647, 2734).

[2]) Auch zu Betreibung des Handels wurden nämlich die Veteranen aufgemuntert (l. 3 Cod. Theod. de veteranis).

[3]) Von Veteranen herrührend oder solchen gewidmet sind die Augsburger Inschriften nr. 2498, 2501, 2503, 2505 in Steiner, Cod. inscr.

[4]) Mit Ausnahme der in Passau gefundenen Grabschrift (Steiner Cod. inscr. nr. 2734), welche von einem Veteran der im angrenzenden Noricum stationirten II. ital. Legion herrührt.

[5]) So Becker u. Marq., röm. Alterth. III. 2. Abth. S. 77. 370, 454. Rettberg, Kirchengesch. Deutschlands I S. 165 nimmt die Legion zu 6831 M. und mit Einschluss der Hülfstruppen zu 12,500 M. an. — Andere dagegen berechnen die Legionskohorte auch unter den Kaisern blos zu durchschnittlich 360 M. (wie unter Caesar). So I. v. H. Anleitung zum Studium der Kriegsgesch. I. S. 248 und Rüstow, Gesch. der Infanterie I S. 45.

Gesammtstärke der rätischen Besatzung ungef. 13000 M. betragen haben würde.

Einigen Einblick in Zahl und Beschaffenheit der in der ersten Hälfte des V. Jahrh. in Rätien stationirten Truppenkorps gewährt uns das, aus der nämlichen Zeit rührende Verzeichniss der Staatsbeamtungen des röm. Reichs (die sog. Notitia Dignitatum).[1]

Zufolge dieses Staatskalenders standen dannzumal in Rätien unter dem Oberbefehl des „Herzogs von Rätien" (dux Raetiarum), ausser der III. ital. Legion noch folgende Korps:

1) Sogenannte Stablesianische Reiter (equites Stablesiani) in drei Abtheilungen.

2) Eine Ala der Reiter-Elite (sog. Singulares).

3) Sieben Kohorten Infanterie, wovon zwei aus Eingebornen (Rätiern), die übrigen aus Batavern, Briten, Phrygiern (?) und Pannoniern bestanden.

4) Zwei Reiterflügel (alae), wovon der eine aus Eingebornen (Rätiern), der andere aus Sequanern (Galliern) bestand.

5) Eine Abtheilung sog. Ursarische Soldaten (militum Ursariensium).

6) Ein Korps Schiffsmannschaft (in Bregenz).

7) Eine im Tirol ansässige Militärkolonie.

Ueber obige Korps mögen folgende Vorbemerkungen am Platz sein:

Nachdem durch Caracalla das allgemeine römische Bürgerrecht eingeführt worden, konnte ein Unterschied zwischen den Legions- und den ehemaligen Hülfstruppen nur in so weit noch fortbestehen, als einerseits die ersteren aus den verschiedensten Nationen, und in letzter Zeit besonders aus Deutschen geworben, letztere dagegen in den zu Lieferung von Kriegsmannschaft geeigneten Provinzen ausgehoben wurden, und anderseits die Provinzialtruppen, da sie nicht integrirende Bestandtheile der Legion bildeten, als selbständige, somit ganz besonders zu detachirter Verwendung geeignete Korps — meist als Kohorten oder Alae — erscheinen.

---

[1] Die Entstehung dieses Staatskalenders wird gewöhnlich in die Regierungszeit des Kais. Honorius (395—408) verlegt. Pancirolus (in seiner Vorrede zur Not. Dignit.) meint zwar, sie könne nicht vor 445 verfasst sein; seine Gründe sind aber nicht stichhaltig. Uebrigens scheinen von dieser Not. Dign., wie von dem Itinerar. Antonini, in der Kaiserzeit verschiedene Ausgaben verfasst worden zu sein. S. Beil. IV.

So sind die in der Notitia Dignit. besonders aufgeführten Kohorten der rätischen Besatzung[1]) sofort als Provinzialtruppen daran zu erkennen, dass sie ihren bezüglichen Volksnamen tragen, und wir sehen bei diesem Anlass auch, dass zwei dieser Kohorten aus „Rätiern" bestanden, somit in Rätien ausgehoben waren, während die übrigen Hülfstruppen aus andern, grösstentheils entfernten, Provinzen herrührten, — gemäss der römischen Politik, Provinzialtruppen möglichst in andere Gegenden zu verlegen.

Das Nämliche gilt auch von der Reiterei: Während die „Stablesischen Reiter" (equites), weil sie nicht als eigene Reiterkorps aufgeführt sind und keinen Volksnamen tragen, wol als angeworbene Legionsreiterei anzusehen sind[2]), erkennen wir in dem aus „Rätiern" und dem aus „Sequanern" bestehenden Reiterflügel ausgehobene Mannschaft der betreffenden Provinzen, wogegen das Elitenkorps aus den verschiedensten Nationen ausgewählte Reiterei war, deren Bestimmung ungefähr derjenigen unserer heutigen Schweizerguiden gleichgekommen zu sein scheint.[3])

In ihrem Mannschaftsbestand werden die Provinzialkohorten, nachdem sie der römischen Armee, abgesehen von den beiden erwähnten Eigenthümlichkeiten, vollständig einverleibt worden, demjenigen der Legionskohorten wol gleichgekommen, somit zu 600 M. (die Legion rund zu 6000 M. gerechnet) anzunehmen sein.

Was die in Guntia stationirten „Ursariensischen Soldaten" (milites Ursarienses) betrifft, so scheinen dieselben ebenfalls ein selbständiges, nicht der Legion einverleibtes Korps gewesen zu sein, dessen Mannschaftsbestand und Herkunft aber nicht sicher zu ermitteln sind.[4])

---

[1]) Beil. IV. C. 1—8.

[2]) Tacitus, Annal. IV. 73 unterscheidet zwischen „turmae sociales" und „equites legionum". So werden wol auch die „equites Stablesiani" die equites legionis III. ital. gewesen sein. Der Legionsreiterei mag der Name „equites" vorzugsweise von den ehemaligen römischen Rittern (equites), die in der Legion dienten, geblieben sein.

[3]) Hygenus, gromat..... Singulares sive Singularii tam in alas quam in cohortes ex omnibus cuiuscunque nationis numeris, ut certum quasi praetorianorum genus, eligebantur et civium Romanorum iure frui solebant. Da diese Elitenreiterei hiemit als eine Art Leibtruppen des Feldherrn (praetoriani) erklärt sind, so folgt, dass sie dem Oberfeldherrn zu Ausführung besonders schwieriger oder wichtiger Aufträge dienten, und wol auch den Ordonanzdienst versahen.

[4]) Ueber die verschiedenen Ableitungen des Namens „Ursarienses" s. Böcking. Not. Dignit. in part. Occid. p. 246.

Die Reiterei anlangend, so dürfte, in Ermangelung nachgewiesener späterer Abänderungen, der aus der früheren Kaiserzeit bekannte Bestand sowol der Legionsreiterei (720 M.) als der Reiterflügel (480 M.) als fortdauernd anzusehen sein.

Auf Grund dieser Voraussetzungen und die Legion zu 6100 M. angenommen[1]), würde der gesammte Mannschaftsbestand der rätischen Besatzung im Beginne des V. Jahrh. zu berechnen sein wie folgt: Die Legions-Infanterie (6100 M.) mit den sieben Hülfs- oder Zuzugskohorten von je 600 M., und die „Ursariensischen Soldaten", auch als Kohorte von 600 M. angenommen, geben 10,900 M. Hiezu die Legions-Reiterei (Stablesianische Reiter) mit 720 M. und die drei Reiterflügel von je 480 M., zusammen 2160 M., gibt im Ganzen einen Mannschaftsbestand von 13,060 oder rund 13,000 M., ungerechnet die Soldaten der Bodenseeflottille.

Einige Schwierigkeit bieten die ebenfalls unter dem Oberbefehl des Herzogs von Rätien gestandenen sog. „für Rätien bestimmten Leute" (gens per Raetias deputata).[2]) Reguläre Truppen können es nicht gewesen sein, denn sie werden nicht als ein taktisches Korps aufgeführt. Rätische Provinzialen waren sie auch nicht, denn als solche hätte man sie nicht als „für Rätien bestimmt oder nach Rätien abgeordnet" bezeichnen können. Selbst die Annahme, dass sie ausschliesslich Soldaten waren, ist gegenüber dem vagen Ausdruck „Leute" oder „Völkerschaft" (gens) kaum zulässig. Somit kann wol nur an Leute nicht rätischer Abkunft gedacht werden, die als Militärkolonisten längs der, damals hauptsächlich benutzten tiroler Heerstrasse, zunächst wol zu ihrem Schutz, vielleicht aber auch zu anderweitiger Verwendung[3]) angesiedelt worden waren, und zu diesem Zweck unter einem römischen Befehlshaber (tribunus) standen.[4]) Ohnehin war es, be-

---

[1]) Preuss. Kaiser Diocletian, nimmt zwar an, dass, weil zur Zeit der Notitia Dign. die Anzahl der Legionen 132 betragen habe, letztere erheblich verkleinert worden seien.

[2]) In l.: Cod. Theod. de cursu publico (VIII. 5) werden die Postthiere „animalia' cursui publico deputata" also: für den Postdienst bestimmte Thiere genannt. Aehnlich wird das „deputatae" wol auch in obiger Verbindung zu übersetzen sein.

[3]) Letzteres könnte man aus dem Ausdruck „per Raetias (also für beide rätische Provinzen) deputatae" schliessen.

[4]) Böcking, Notitia Dignitatum II S. 798 hält sie für Sarmaten, deren viele in Oberitalien angesiedelt waren, und die vielleicht von hier aus auch für Rätien verwendet wurden.

sonders in der spätern Kaiserzeit, als die Entvölkerung im römischen Reich unaufhaltsam fortschritt, römisches System, die vielen öden Gegenden desselben durch Ansiedelung kriegsgefangener[1] oder freiwillig eingewanderter[2] Barbaren zu bevölkern und zu bebauen und sie selbst an den Grenzen als Militärkolonisten zu verwenden.[3] Zu verwundern wäre es auch nicht, wenn gerade der durch die übermässigen Fuhrleistungen längs der grossen Militärstrassen schwer belastete Grundbesitz vielfach preisgegeben und dadurch neue Ansiedelungen nothwendig geworden wären.

Bemerkenswerth ist, dass unter den zufolge der Notitia Dignit. in Rätien gestandenen Besatzungstruppen keine „berittenen Kohorten" (cohortes equitatae) mehr erscheinen, sei es, dass sie anderweitig verwendet worden, sei es, dass sie überhaupt nicht mehr bestanden.

Den Standort obiger Truppenkörper gibt zwar [die Notitia Dignit. nicht unmittelbar an, wol aber verzeichnet sie die Befehlshaber derselben und die Burgen, in welchen sie ihr Hauptquartier hatten.

Danach ergibt sich, von Passau ausgehend, folgende Aufstellung längs der nördlichen und westlichen Grenze:

In Batavis (Passau) stand eine Kohorte, in Quintanis ein Reiterflügel, in Augustanis Legions-Reiterei, in Vallato Legions-Infanterie und die Eliten-Reiterei, in Abusina eine Kohorte, in Submuntorio und Ripa prima Legions-Infanterie und Legions-Reiterei, in Venaxamodurum eine Kohorte, in Parradunum ebenso, in Febianis Legions-Reiterei, in Pinianis eine Kohorte, in Guntia (Günzburg) eine Abtheilung Infanterie (Ursariensische Soldaten), in Caelio (Kellmünz) eine Kohorte, in Vimania ein Reiterflügel, in Kempten Legionstruppen, in Bre-

---

[1] So heisst es schon von Marc Aurel: „infinitos captivos ex gentibus in solo romano collocavit" (Capitolinus, im Marc. Aurel. 24).

[2] Diese freiwillig Eingewanderten scheinen vorzugsweise gentiles geheissen zu haben. Gothofredus, Komment. zu l. 1 Cod. Theod. de terris limit. (VII, 15) sagt, es seien unter gentiles Diejenigen verstanden worden „qui e barbaris ultro ad Romanos transiebant atque operam suam militiae, laribus suis relictis, praestabant." Solche gentiles waren in verschiedenen Grenzländern zerstreut.

[3] So heisst es in l. 1 Cod. Theod., de terris limit. (VII, 15): Terrarum spatia, quae gentilibus propter curam munitionemque limitis atque fossati antiquorum provisione fuerant concessa.

genz eine Kriegsflottille, in Arbon eine Kohorte. Und zwar wurden die Legionstruppen von Praefecti (entsprechend unsern Brigade-Obersten), die Kohorten von Tribuni (entsprechend unsern Bataillons-Kommandanten) und die Reiterflügel ebenfalls von Praefecti befehligt.[1]

Man ersieht aus obiger Aufstellung:

1) dass die ganze Grenz- und Vertheidigungslinie in Sektionen eingetheilt war, deren jede zunächst einem der erwähnten Truppenkörper zur Bewachung übertragen war;

2) dass jedes dieser Korps ein Hauptquartier hatte, von welchem aus die Befehle ergingen;

3) dass in der Vertheilung der Streitkräfte möglichst zwischen Infanterie und Kavallerie abgewechselt wurde;

4) dass die drei Legionskorps als Kerntruppen an den am meisten ausgesetzten Stellen und in angemessenen Entfernungen aufgestellt waren; nämlich eines an der Laber und ein zweites an der Abens, somit an den beiden Endpunkten der Vertheidigungslinie, welche das bereits von den Deutschen besetzte Regensburger Gebiet umzog, und das dritte in der Nähe des Bodensees, wo der Einbruch der Alemannen am meisten zu besorgen war, wie schon die Züge des Kaisers Constantius (350—361) gegen dieselben genugsam bewiesen hatten[2];

5) dass das Hauptquartier des Oberbefehlshabers (dux Raetiarum) sich in der Centralstellung an der Laber (Vallato) befunden haben muss, indem hier, nebst einer Abtheilung der Legionstruppen, auch die dem Feldherrn unmittelbar untergebene Ordonanzreiterei (die Singulares) stationirt war.[3]

Ausser den genannten Landtruppen treffen wir sodann zur Vertheidigung der rätischen Bodensee-Ufer und zur Unterstützung

---

[1] Es fällt auf, dass in der Notitia Dign. die Legionskommandanten (jede Legion hatte ihrer ursprünglich 6) praefecti, die Befehlshaber der Kohorten dagegen tribuni hiessen, während ehemals umgekehrt die Legionskommandanten tribuni, die Befehlshaber der Kohorten dagegen praefecti genannt wurden. Es deutet dies auf eine veränderte Militärorganisation.

[2] Ammianus Marcellinus XV, 4 u. XVII, 6.

[3] Der Umstand, dass im Amtsschild des rätischen Kriegsobersten Augustanis obenan steht, so wie der Name selbst (Kaiserlager) dürfte freilich der Vermuthung Raum geben, dass ursprünglich (nach Verlust des linken Donau-Ufers) hier das Hauptquartier war.

der Besatzungen von Arbon, Bregenz und Lindau[1]) eine Kriegsflottille[2]), die in Bregenz und (wahrscheinlich) Rheineck[3]) lag.

Im Innern der Provinz befanden sich zwei Legionskorps im Tirol und zwar ausschliesslich zur Beförderung und Beschützung der für die rätischen Grenztruppen bestimmten, aus Italien kommenden Zufuhren (transvectioni specierum deputatae). Der Befehlshaber des einen dieser beiden Kommissariatskörper war in der Burg Tirol, derjenige des andern wahrscheinlich in Pfäten oder Branzoll[4]) bei Bozen stationirt. — Ohne Zweifel war es Aufgabe dieser zahlreichen Kommissariatsmannschaft, die Zufuhren von der italienischen Grenze bis in die Standlager zu eskortiren und zwar, wie es scheint, nicht nur über den Brenner, sondern auch (für die am Bodensee und an der Iller liegenden Besatzungen) über den Arlberg — wenigstens ist hierauf aus dem Umstande zu schliessen, dass der Befehlshaber des einen jener beiden Korps in der Burg Tirol, somit an der Arlbergstrasse, sein Hauptquartier hatte.

Wie zahlreich jedes der fünf erwähnten Legionskorps (in Vallato, Submuntorio, Campeduno, Teriolis und Foetibus) gewesen sei, lässt sich natürlich nicht ermitteln. Bei gleicher Stärke würde jedes zwei Kohorten, somit etwa 1200 M., gezählt haben. Doch darf angenommen werden, dass die beiden an die tiroler Strassen beorderten Korps, da sie hauptsächlich nur Polizeidienst zu verrichten hatten, weniger zahlreich als die an der Grenze aufgestellten waren.

Aus Demjenigen, was wir über die römischen Befestigungen wissen, und aus den Aufzeichnungen der Notitia Dignitatum lässt sich nun Folgendes kombiniren:

Jede Sektion der Vertheidigungslinie hatte als Hauptquartier für den betreffenden Truppenkörper ein Kastell, d. h. einen be-

---

[1]) Die Ueberreste römischer Vesten in Bregenz und Lindau so wie ein Steindenkmal in ersterem lassen annehmen, dass an beiden Orten Besatzungen — wahrscheinlich Detachements der Kemptner Legionsabtheilung – sich befanden.

[2]) Als ein Korps von Schiffsoldaten ist nämlich der „numerus barbaricariorum" (recte: barcariorum) anzusehen; s. Du Cange ad v. barca.

[3]) Nach der Notitia befand sich diese Flottille in „Confluentibus sive Brecantiae." Jenes hält man gewöhnlich für Rheineck (s. Böcking. Not. Dign. II S. 800).

[4]) An einem dieser beiden Orte sucht man nämlich gewöhnlich das Foetibus der Notitia.

festigten Platz, im Flächeninhalt von 4 bis 8 Juchart¹), in welchem
ein besonderes Gebäude (das sog. Praetorium) mit Wohnungen für
den Befehlshaber und seinen Stab und wol auch mit solchen für die
Ordonanz- und Wachtmannschaft sich befanden.²) Ein Theil der
diesem Befehlshaber untergeordneten Truppen war in die zu seiner
Sektion gehörigen kleineren Burgen, Wachtthürme und Wachtposten an Strassen, Flussübergängen und Feldschanzen detachirt.
Was die übrige Mannschaft betrifft, so machen es theils der Umstand, dass man in den Kastellen keine Spur von Kasernen entdeckte, theils die Thatsache, dass sich längs des Grenzwalles, sowie auch an der Donau eine Reihe verschanzter Lager (Standlager), besonders in der Nähe von Kastellen, befanden, wahrscheinlich, dass jene Mannschaft nicht im Kastell des Hauptquartiers, sondern in einem benachbarten Standlager untergebracht oder auch in
mehreren, längs der Vertheidigungslinie errichteten verschanzten
Lagern vertheilt war. Obwol nun die römischen Soldaten in der
Regel unter (ledernen) Zelten kampirten, so ist doch nicht zu bezweifeln, dass der nördliche Winter sie genöthigt habe, sich gegen
denselben, wenn auch nur in Blockhäusern, ein besseres Obdach
zu verschaffen, zumal wir wissen, dass die Römer selbst in Italien
in ihren Winterlagern Hütten errichteten.³) In der That will man
längs des Grenzwalles an verschiedenen Stellen, in Standlagern
(z. B. auf dem Michelsberg) oder in der Nähe von Wallthürmen,
Spuren grösserer, wahrscheinlich grösstentheils hölzerner Gebäulichkeiten gefunden haben, die freilich auch Ställe oder Magazine
sein konnten. Aus diesen Standlagern ohne Zweifel wurde sodann
die Wachtmannschaft in die Wartthürme längs der Vertheidigungslinie abgeordnet. Ein sehr ausgebildetes Bewachungssystem be-

---

¹) Das Kastell in Vallato war, wie wir sahen, 312 Schritte lang und 250
Schr. breit, dasjenige in Stettberg 400 bis 500 Schr. lang und die Hälfte breit,
dasjenige in Pfünz ca. 220 Schr. lang und 170 Schr. breit, dasjenige von Wischelburg 400 Schr. lang und breit, dasjenige in Chur ein Dreieck, dessen Seiten je
ungefähr 500 Schr. lang sind.
²) Die aufgedeckten Baureste des (700′ langen und 450′ breiten) Kastells
bei Homburg zeigen deutlich die Einrichtung des Prätoriums und die Spuren
zweier von demselben getrennter Gebäude, die vielleicht der Ordonanz- und
Wachtmannschaft als Herberge dienten. (Krieg, Gesch. der Militärarchitektur
S. 58.)
³) Livius V, 2. berichtet über die Belagerung von Veji, die sich bis in
den Winter verzog: hibernacula etiam, res nova militi romano, aedificari coepta.

urkundet namentlich die Thatsache, dass sich längs des Grenzwalles an vielen Stellen deutliche Spuren des Standortes römischer Wachtzelte zeigen; und es ist anzunehmen, dass solche Wachtposten nicht blos am Grenzwall, sondern auch an andern exponirten Stellen, somit später besonders an der Illerlinie im Gebrauch waren; wesshalb ich hier einige Bemerkungen über die Bewachung des Grenzwalles einflechte. Jene Wachtzelte, die sich ohne Zweifel in gleichen Distanzen folgten, waren auf der Linie des Grenzwalles aufgeschlagen, so dass sie nach beiden Seiten über diesen hervorragten. Sie waren von einem Graben und wahrscheinlich auch noch von Pallisaden umzogen. Der Umkreis des Grabens betrug regelmässig 50—60 Schritte. Da ein Zelt für 10 Mann nebst einem Unteroffizier (decanus) berechnet war, so konnten diese Wachtposten jedenfalls nicht stärker sein. Es ist auch wahrscheinlich, dass letztere von je den nächsten Wachtthürmen aus abgelöst, die Thurmmannschaft aber von dem nächsten Standlager aus detachirt wurde.[1]) Danach wäre anzunehmen, dass sich die Truppen nur im Nothfall aus dem Standlager in die Kastelle zurückzogen.[2])

Um die Zeit dieses römischen Staatskalenders dürften übrigens auch Einquartierungen in benachbarten Ortschaften und Städten stattgefunden haben. Wenigstens wurde dem Kaiser Constantin (324—337) zum Vorwurf gemacht, dass er das Militär aus den Grenzfestungen, in welchen Diocletian ihm den Wohnsitz angewiesen, in die Städte verlegt und dadurch verweichlicht habe.[3])

Erhalten wir hiemit, wenigstens in Umrissen, ein Bild von dem Stand des römischen Kriegswesens in Rätien im Beginne des V. Jahrh., so müssen wir dagegen, aus Mangel an bezüglichen Nachrichten, auf ein solches aus früherer Zeit verzichten.

Indess geben uns doch die erhaltenen Steindenkmale in Bezug sowol auf die Truppenkörper als auf ihre Aufstellung einige Andeutungen, die wir nicht übergehen wollen.

---

[1]) Dass schon Tiberius ein sehr ausgebildetes Bewachungssystem anwendete, sagt die schon angeführte Stelle des Florus IV. 12 „praesidia atque custodias ubique disposuit."

[2]) „Exercitus qui pro ripa Rheni Danubiique excubantes" deutet in der That darauf, dass die Truppen meistens in Feldlagern kampirten und in Wachtposten vertheilt waren.

[3]) Zosimus II. 34.

Denselben entnehmen wir nämlich vorerst, dass in Bezug auf die Truppenkörper im Lauf der Zeit einige Veränderungen vorgegangen waren.

So berichtet eine Inschrift vom J. 141 von einem I. Flügel der Eliten-Reiterei römischer (italischer) Freiwilliger[1]) und eben so eine Inschrift vom J. 142 von einer I. Kohorte römischer Freiwilliger[2]), woraus wir schliessen können, dass damals, als schon der obligatorische Kriegsdienst für die Römer nicht mehr bestand und die Legionstruppen angeworben wurden, dennoch nicht blos Eliten-Reiterei, sondern auch Legions-Infanterie theilweise aus römischen (italischen) Freiwilligen bestand. Auch treffen wir auf eine prätorianische, d. h. dem Feldherrn als Leibwache dienende und ihm unmittelbar untergebene, somit der Eliten-Reiterei ebenbürtige Infanterie-Kohorte[3]), die sich später nicht mehr findet. Ferner erscheint, nebst den „Reiterflügeln" (Alae), auch Legions-Reiterei (equites legionis III. ital.)[4]), an deren Stelle später, wie wir gesehen, die Stablesianischen Reiter traten. Endlich tragen die Korps, deren die Inschriften gedenken, zum Theil Namen, die in der Notitia Dignit. nicht mehr vorkommen, als: augusteischer, flavischer, aurelischer Reiterflügel oder Kohorte (ala Augustana[5]), Flavia[6]), Aurelia[7]), cohors Flavia)[8]); doch rühren diese Namen augenscheinlich von den verschiedenen Kaisern her, denen die betreffenden Truppenkörper ihre Entstehung zu verdanken hatten. Auch ist erwähnenswerth, dass in diesen Inschriften die Legions-Komman-

---

[1]) Diese, in Pföring am Eingangsthor des Kastells entdeckte Inschrift lautet: IMP(eratori). CAESARI. DIVI. | HADRIANI. FIL.(io). DIV(i). TR(aiani) | NEP(oti). TITO. AEL(io). HADRI | ANO. ANTONINO. AVG(usto) | PIO. PONTIF(ici). MAXIMO. | P(atri). P(atriae) CONSVL(i). III. TRIBVN(icia). POT (estate). III. ALA. I. SINGVLAR(ium) | P(ia). F(idelis). C(ivium). R(omanorum). (Steiner, Cod. nr. 2639.)

[2]) C(ohors). I. F(lavia) C(ivium). R(omanorum) in einer, in Kösching gefundenen Inschrift, welche übrigens mit der obigen von Pföring gleichlautend ist — nur dass sie nicht aus dem III., sondern aus dem IV. Jahre der Tribunicia Potestas Hadrians rührt (Steiner, Cod. nr. 2645). Beide Inschriften erwähnte ich schon auf S. 120.

[3]) Steiner Cod. nr. 2584: (cohors praeto) RIAN(a) — vorausgesetzt, dass Steiner richtig ergänzt.

[4]) So in nr. 2594, 2597, 2615, 2622 von Steiner's Cod. inscr.

[5]) Steiner, Cod. nr. 2511.

[6]) Steiner, Cod. nr. 2530.

[7]) Steiner, Cod. nr. 2573 u. 2580.

[8]) Steiner, Cod. nr. 2645 (s. Note 2).

danten noch „tribuni" und die Befehlshaber der Kohorten „praefecti" heissen¹), während sie in der Notitia Dign. umgekehrte Titel führen.

Was sodann die frühere Truppenaufstellung betrifft, so überzeugen uns die Inschriften, dass in Regensburg eine Besatzung, vorwiegend aus Legions-Reiterei bestehend, gewesen sein muss²), dass ferner in Eining (am Beginn der Teufelsmauer) im J. 211 die auch zur Zeit der Notitia in dieser Gegend wieder vorkommende III. britische Kohorte sich befand³); dass in Pföring im J. 141 Eliten-Reiterei⁴) und in Kösching im J. 142 Eliten-Infanterie⁵); sodann in Nassenfels (wahrscheinlich zur Zeit Marc Aurel's) Reiterei der Ala Aurelia⁶), in Pappenheim Eliten-Infanterie⁷), in Weissenburg zur Zeit Marc Aurel's (161—180) wieder Reiterei der Ala Aurelia⁸) stand.

Ausserdem lassen in Augsburg entdeckte Inschriften dienstthuender Militärs verschiedener Grade, wovon zwei von Legions-Kommandanten (tribunis leg. III. ital.) herrühren⁹), kaum einen Zweifel darüber, dass auch hier eine Legions-Abtheilung lag.

---

¹) s. Steiner, Cod. nr. 2491, 2515, 2642, 2559.
²) Es beweist dies namentlich die nr. 2594 von Steiner's Cod., wonach ein Legionsreiter eine Kapelle dem Jupiter stiftet, was einen dauernden Aufenthalt an diesem Ort vermuthen lässt. Ein anderer Legionsreiter setzt hier seiner Frau und seinem Kind ein Denkmal (Steiner, Cod. 2597). Zwei andere Grabschriften (nr. 2615 und 2622) erwähnen ausgediente Legionsreiter (exequites).
³) Es erhellt dies aus folgender Inschrift: (In honorem domus divinae Juliae Domnae) AVG(ustae) | AVGG(Augustorum) MATRI. ET. KAST(rorum). I(ovi). O(ptimo): M(aximo). | ET. IVN(oni). RE(ginae). ET. MINER(vae). SAC(rum). GENIO. | COH(ortis). III. BRIT(onum). ARAM. T(itus). FL(avius). FELIX. | PRAEF(ectus). EX. VOTO. POSVIT. L(ibenter). M(erito). | DEDICAVIT. KAL. DEC. | GENTIANO. ET. BASSO. COS(consulibus). (Steiner, Cod. nr. 2725.)
⁴) s. die Inschrift auf S. 152 Note 1.
⁵) s. die Note 2 auf S. 152.
⁶) In Nassenfels stiftet ein DVPLARIVS. ALAE. AVRELIAE. einen Votivstein dem Mercur (Steiner, Cod. nr. 2573). Da wir aus einer (in der zweitnächsten Note folgenden) Inschrift ersehen, dass Reiterei der Ala Aurelia sich unter Marc Aurel in Weissenburg befand, so ist es wahrscheinlich, dass in Nassenfels die Reiterei der nämlichen Ala Aurelia sich ebenfalls zur Zeit M. Aurel's befand.
⁷) Nach einem Denkstein des Befehlshabers der cohors praetoriana (s. Note 3 auf S. 152).
⁸) Darauf deutet ein bei Weissenburg (in Emezheim) gefundener, für die Wohlfahrt des Kaisers M. Aurelius—PRO. SAL(ute). (M. Aurelii. An)TONINI. IMP(cratoris) — dem Mercur gestifteter Votivstein eines EQ(ues). AL(ae). AVR(eliae). (Steiner Cod. nr. 2580.)
⁹) Steiner Cod. nr. 2491, 2492, 2496, 2502, 2511, 2515.

Obwol nun obige Inschriften und die von denselben bezeugte Truppenaufstellung nicht der nämlichen Zeit angehören, so reicht doch keine Inschrift, deren Datum wir kennen (mit Ausnahme der unten in Note 2 zu erwähnenden Bregenzer) über den Beginn des III. Jahrh. herab und dürfen wir auch von den übrigen annehmen, dass sie nicht über die Mitte des nämlichen Jahrh. herabreichen, indem spätere Inschriften äusserst selten sind. Demzufolge vermögen die erwähnten Steindenkmale dennoch, uns eine gewisse Anschauung der Truppenaufstellung in Rätien vor der Besitznahme des Neckargebietes durch die Alemannen und vor dem Verlust des Grenzwalles zu geben.[1]) Wir erfahren hiedurch namentlich, dass die römische Vertheidigungs- und Besatzungslinie sich von Passau weg am rechten Donau-Ufer über Regensburg bis Eining und von hier auf das linke Ufer längs der Teufelsmauer zog, und zwar belehrt uns der Umstand, dass in verschiedenen dieser linkseitigen Kastelle Eliten- und Ordonanztruppen lagen, dass hier, zwischen Eining und Weissenburg, der Schwerpunkt der Grenzvertheidigung und auch das Hauptquartier war, und wenn wir unsere Kenntniss der römischen Festungswerke dieser Gegend zu Hülfe nehmen, so rechtfertigt der Umfang derjenigen bei Pfünz sowol als ihre zentrale Lage im Weitern die Vermuthung, dass die genannte Festung der Sitz des Hauptquartiers gewesen sei. Auch ist es selbstverständlich, dass, so lange noch das Schwabenland römisch war, die westliche Grenze Rätiens militärisch nicht besetzt war.[2])

Noch sei eines bemerkenswerthen Umstandes, der sich aus den Grabschriften ergibt, gedacht, dass nämlich nicht blos Veteranen,

---

[1]) In Lauingen fand sich zwar ein Denkstein eines Legionskommandanten zu Ehren des Apollo Grannus (Steiner Cod. nr. 2559). Es beweist dies aber nicht, dass hier eine Besatzung lag, indem in Lauingen ein römisches Bad war, welchem Apollo Grannus als der Heilbringende vorgesetzt gewesen zu sein scheint. Jener Votivstein sollte daher ein Denkmal der erfolgten Heilung sein.

[2]) In Bregenz fand sich eine Inschrift, die (nach Steiner) folgendermassen lautet: IN. HONOREM. D(omus). D(ivinae) | DEO. MERCVRIO. | ARCECIO. EX. VO | TO. ARAM. POSVIT. | SEVERVS SEVE | RIANVS. EXB(eneficiarius). COS(consulis) | LEG(ionis). III. ITALicae). P(iae). (fidelis) | GORDIAN(o). | (au)G(usto). E(t). (Aviola). COS(consulibus). | (v). S(olvit) L(ibenter). (Steiner, Cod. nr. 3636.) — Diese Inschrift (die übrigens nicht von Allen gleich gelesen wird) beweist desshalb nichts für die militärische Besetzung von Bregenz, weil sie nicht von einem dienstthuenden, sondern von einem ausgedienten Soldaten herrührt.

sondern auch dienstthuende Krieger in Rätien Familie hatten¹), und zwar erhellt aus den Namen der Frauen, dass es meist Eingeborene waren, die von den Soldaten geehlicht wurden. Diese Verehelichung und damit ohne Zweifel verbundene hausbäbliche Niederlassung scheint vorauszusetzen, dass die Besatzungen so ziemlich bleibend am nämlichen Ort sich aufhielten, und es mag sich hieraus ein, demjenigen einer Militärkolonie sich annäherndes Verhältniss gebildet haben. Man begreift hiedurch auch, dass Landanweisungen nicht blos an Veteranen, sondern selbst an dienstthuende Soldaten und Offiziere erfolgen konnten.²)

Es erübrigen noch einige Bemerkungen über die **Verproviantirung** der rätischen Besatzungstruppen.

Die **Naturalleistungen** für dieselben lagen zwar zunächst den Provinzialen ob, wie wir später näher erörtern werden. Da aber die Provinz Rätien, zumal ihr gebirgiger Theil (beziehungsweise die spätere Raetia I) wol kaum die eigene Bevölkerung ernährte, eine solche Last nicht allein zu tragen vermochte, auch bei Weitem nicht Alles, was ein römisches Heer bedurfte, erzeugte; so musste, nebst vielen zur Ausrüstung dienenden Gegenständen, auch ein grosser Theil des Mundvorrathes aus Italien geliefert werden. Diese Lieferungen an die rätische Grenzarmee (für den Raeticus limes) waren unter dem Namen der **rätischen Naturallieferung** (annona Raetica)³) bekannt und bildeten sogar einen besonderen Gegenstand der römischen Gesetzgebung. Sie mussten von Bedeutung sein, da sie sowol für die italischen Gegenden, welchen die Lieferungen oblagen, als für die rätischen, welche die Transportmittel zu beschaffen hatten, als sehr beschwerlich galten⁴), und, wie wir sahen, zwei Legions-Kommandos im Tirol zu deren Beförderung stationirt (transvectioni specierum deputatae) waren.⁵)

---

¹) s. z. B. in Steiner Cod. inscr. die Grabschriften eines signifer leg. III. auf seine Gattin Flavia Florina (nr. 2596), eines eques leg. III. und seiner Frau Pedania Profutura auf ihr Kind (nr. 2597), auf einen miles leg. III. stipend. XXIII von seiner Gattin Julia Ursa (nr. 2591), auf einen miles leg. III. von seiner Gattin (nr. 2601) u. s. w.

²) „Sola, quae de hostibus capta sunt, limitaneis ducibus et militibus donavit" (Lamprid. im Alex. Severus 33).

³) Der h. Augustin (de civitate Dei XVIII, 18) träumt: caballum se scilicet factum annonam inter alia iumenta baiulasse militibus, quae dicitur Raetica, quoniam ad Raetias deportatur.

⁴) Man nannte sie daher wol auch kurzweg onera Raetica (l. 4 Cod. Theod. de conlat. fundor XI, 17).

⁵) Notitia Dignit. II. 34 . . . . Eine zwischen Bozen und Trient gefundene

Darüber, welche Gegenstände vorzugsweise für die rätische Armee aus Italien bezogen wurden und in welchem Masse dies geschah, lassen sich natürlich nur Muthmassungen aufstellen.

Wir wissen indess, dass zur Verproviantirung eines römischen Soldaten folgende Gegenstände gehörten: Getreide, insbesondere Weizen und Gerste, Schweinefleisch, Speck, Wein, Essig, Oel, Salz, Wachs, Spreu; sodann für die Kavallerie Heu.[1]) Gegenstand militärischer Lieferungen waren ferner: Kleidung, Leder (für Zelte), Pferde oder Maulesel.[2])

Da nun das Donau-Thal, das schon damals als fruchtbar galt[3]), mit Getreide und Heu die Armee sicher genugsam versehen konnte, so werden die Zufuhren aus Italien hauptsächlich Wein, Essig (der dem römischen Soldaten, besonders auf Märschen, als Durststiller unentbehrlich war), Schweinefleisch und Speck (in Ober-Italien wurde schon in gallischer Zeit viel Schweinezucht getrieben), Oel und etwa italienischen Weizen, wol auch, besonders für die Offiziere, Früchte befasst haben. Dass überdies Kleidungsstoffe und Zierrathen fast ausschliesslich ebenfalls aus Italien bezogen werden mussten, versteht sich von selbst. Diese Lieferungen, deren Beförderung über die Alpenpässe hauptsächlich den beiden Legions-Kommandos im Tirol oblag, wurden vorzugsweise den benachbarten italischen Provinzen als eine Art Grundsteuer auferlegt, die, so weit möglich, in natura erhoben wurde, aber auch in eine Geldleistung verwandelt werden konnte.

Der Transport dieser militärischen Zufuhren über die Alpen scheint vorzugsweise durch Saumpferde bewerkstelligt worden zu sein und als sehr beschwerlich gegolten zu haben.[4])

Den hohen Werth, den die römische Regierung auf die militärischen Leistungen an die rätischen Grenztruppen legte, beweist

---

Inschrift gedenkt eines C. Valerius, welcher dem Kommissariat der III. ital. Legion angehört habe: C. VALERIO . . . . ANNON(ario). III. LEG(ionis). ITAL(icae). (Welser, monum. peregr. nr. XXI.)

[1]) l. 1 und l. 6 Cod. Theod. de erogat. milit. ann. (VII, 3). Gothofredus, Comment. ad tit. I de annona et tributis (XI). Capitolinus im Gordianus III, 28. Vegetius III, 3.

[2]) Trebellius Pollio im Claudius XIV, 15. L. un. — Cod. Theod. de equorum conl. (XI. 17).

[3]) S. Ambrosius, ep. ad Valentinian. XVIII, 31 . . . . et secunda (Andere lesen freilich faecunda) Raetia fertilitatis suae novit invidiam.

[4]) Beides erhellt aus obiger Stelle des h. Augustin.

der Umstand, dass in verschiedenen kaiserlichen Edikten aus dem letzten Viertel des IV. Jahrh., wodurch höhere Beamtete von der, den Provinzialen obliegenden Verpflichtung zu Lieferung von Pferden für den öffentlichen Dienst befreit werden, die Zufuhren für die rätische Grenzbesatzung ausdrücklich vorbehalten wurden.[1])

VIII. PROVINZIALEINRICHTUNGEN.

Bis auf Augustus wurden sämmtliche römische Provinzen, als Eigenthum des römischen Volkes, von dem römischen Senat, beziehungsweise von dessen erwählten Regierungs-Statthaltern verwaltet, als welche in der Regel die nach ihrem zweijährigen Amte abtretenden Konsuln und Prätoren (Bürgermeister und Stadtrichter von Rom) unter dem Titel proconsules und propraetores (Stellvertreter der Konsuln und Prätoren) amteten. Augustus dagegen führte, sobald er Kaiser wurde (nämlich im J. 27 v. C.) einen Unterschied zwischen kaiserlichen und Senats-Provinzen ein, indem er die, sei es wegen ihrer Grenzlage, sei es, weil ihre Bevölkerung noch nicht ganz gebändigt war, einer militärischen Besatzung bedürftigen Provinzen für sich behielt, d. h. sie seiner unmittelbaren Verwaltung unterstellte und selbstgewählte Statthalter in dieselben abordnete, diejenigen Provinzen dagegen, die einer solchen militärischen Besatzung nicht bedurften, dem Senat zur Verwaltung überliess[2]), der fortan seine Statthalter aus seiner Mitte durch's Loos bezeichnete.

Durch diese Theilung erhielt der Kaiser zwölf, der Senat zehn Provinzen. Da aber, wie ausdrücklich berichtet wird, alle später neu erworbenen Provinzen in die erste Klasse fielen[3]), so wurde

---

[1]) L. 15. Cod. Theod. de extraordin. sive sordidis (XI, 16): ne paraveredorum huiusmodi viris aut parangariarum praebitio mandetur, exceptis his, quibus ex more Raeticus limes includitur. Aehnlich l. 18 ibid.
[2]) Strabo XVII, 3: . . δίχα δεῖλε πᾶσαν τὴν χώραν καὶ τὴν μὲν ἀπέδειξεν ἑαυτῷ, τὴν δὲ τῷ δήμῳ. ἑαυτῷ μὲν, ὅση στρατιωτικῆς φρουρᾶς ἔχει χρείαν . . . . τῷ δήμῳ δὲ τὴν ἄλλην. Ebenso Dio Cassius LIII. 12.
[3]) Dio Cassius LIII, 12: „καὶ αὐτῶν ὅσα μετὰ τοῦτο ἐς τὴν τῶν Ῥωμαίων ἀρχὴν ἀφίκετο, τῷ ἀεὶ κρατοῦντι προσεθέτη."

auch das, erst zwölf Jahre später eroberte Rätien eine **kaiserliche** Provinz.

Abgesehen von der Art, wie ihre Verwaltung bestellt wurde, unterschieden sich ursprünglich die **kaiserlichen** Provinzen von den **senatorischen** auch noch dadurch, dass die Einkünfte der ersteren nicht in das, der Aufsicht des Senats unterstellte Staats-Aerar (aerarium), sondern in die, zwar auch für öffentliche Zwecke bestimmte, aber der ausschliesslichen Verfügung des Kaisers zustehende **kaiserliche Kasse** (fiscus) fielen. Da aber die kaiserliche Gewalt bald (schon unter Tiberius) die senatorische verschlang und die Kaiser mehr und mehr selbstherrlich über die Staatsmittel verfügten, so verlor jene Eintheilung der Provinzen allmälig ihre **praktische**, und im Beginne des III. Jahrh. durch Verschmelzung des „Fiskus" mit dem „Aerar" auch die letzte **formelle** Bedeutung.[1]

Unter Augustus führten die Statthalter der kaiserlichen Provinzen den Titel **Proprätor** oder **Legat** im Gegensatz zu den durch **Prokonsuln** regierten senatorischen Provinzen. Aber den nach Augustus erworbenen kaiserlichen Provinzen (deren Zahl sich bis auf Traian verdreifachte) scheinen schon vom ersten Anfang an theils ebenfalls „**Prokonsuln**", theils „**Proprätoren**" und theils „**Prokuratoren**" (procuratores, Bevollmächtigte) als Statthalter vorgesetzt worden zu sein. Diese drei Arten kaiserlicher Statthalter unterscheiden sich aber keineswegs sachlich, sondern nur dem **Range** nach, indem die prokonsularischen (die den grösseren Provinzen vorgesetzt zu werden pflegten) die oberste, die prokuratorischen dagegen die unterste Stufe einnahmen.

Was **Rätien** insbesondere betrifft, so scheinen dessen Statthalter bis in die zweite Hälfte des II. Jahrh. procuratores, von dort bis gegen Ende des III. Jahrh. propraetores (oder auch legati Augusti pro praetore — wörtlich: vom Kaiser statt des Prätors Abgeordnete) und endlich praesides (Vorsteher) geheissen zu haben. Denn dass Rätien um das Ende des I. Jahrh. noch von **Prokuratoren** regiert wurde, wird ausdrücklich gemeldet[2] und dass unter Traian noch immer 11 Provinzen, unter welchen auch Rätien

---

[1] Immerhin wurde auch später noch zwischen **Krongut** (wozu namentlich das kaiserliche Grundeigenthum in den verschiedenen Provinzen gehörte) und **Staatsgut** unterschieden.

[2] **Tacitus**, hist. I, 11: Duae Mauritaniae, Raetia, Noricum, Thracia et quae aliae (sc. provinciae) procuratoribus cohibentur.

sich befand, prokuratorische waren, ist uns bekannt.[1] Dagegen tritt schon in einer aus dem Ende des II. Jahrh. herrührenden Inschrift ein **Proprätor** als Statthalter Rätiens auf und es werden auch in mehreren anderen rätischen Steindenkmalen, deren Datum wir freilich nur theilweise kennen, Proprätoren in der nämlichen Eigenschaft genannt. Endlich erscheint im Jahre 291 ein **Präses** und werden auch noch in der Notitia Dignitatum (aus dem Beginne des V. Jahrh.) die rätischen Statthalter unter dem Titel „Praesides" aufgeführt.[2] Wahrscheinlich war die zunehmende Wichtigkeit der Provinz Rätien ein Grund, wesshalb später meist Statthalter höheren Ranges dahin abgeordnet wurden.

Dem **Namen** und zum Theil auch der Zeit ihrer Amtsführung nach sind uns folgende rätische Statthalter bekannt:

1) der Procurator **Porcius Septiminus**, der als Anhänger des Vitellius im Jahre 68—69 sich bemerkbar machte[3];

2) der Procurator **Q. Caecilius Cisiacus Septicius Pica Caecilianus**, zufolge eines im Jahre 1748 in Verona entdeckten Denksteines.[4] Wahrscheinlich lebte dieser unter M. Aurelius Antoninus Philosoph. und L. Verus, somit zwischen 161 u. 168 n. C.[5]

---

[1] Becker und Marquart I. 1. S. 296.

[2] Not. Dign. II, 1.

[3] Tacitus, hist. III, 5: infesta Raetia, cui Porcius Septiminus procurator erat, incorruptae erga Vitellium fidei.

[4] Diese Inschrift lautet nach dem Mus. Veron. S. 113: Q. CAICILIO. | CISIACO. SEPTICIO. | PICAI. CAICILIANO. | PROCVR(atori) AVGVSTORVM. ET. | PROLEG. PROVINCIAI. | RAITIAI. ET. VINDELIC. | ET. VALLIS. POENIN(ae). AVGVRI. | FLAMINI. DIVI. AVG(usti). ET. ROMAI. | C. LIGVRIVS. I. F. VOL. ASPER. | COH(ortes). I. C(ivium). R(omanorum). INGENVORVM.

Nach Sprecher, Chronik, S. 35 war diese Inschrift noch in der St. Florians-Kirche zu Verona zu sehen.

Bemerkenswerth ist in dieser Inschrift die Bezeichnung von Rätien als „Provinz Rätien und Vindelicien;" sie beweist dass, trotz ihrer politischen Vereinigung, die beiden Länder noch immer unterschieden wurden.

Aus der Inschrift erhellt sodann, dass Q. Caecilius Cisiacus auch (aber gewiss nicht gleichzeitig) kaiserlicher Statthalter im Wallis (vallis Poenina) gewesen war — wahrscheinlich nur zu einem vorübergehenden Zweck, indem die vallis Poenina keine eigene Provinz war (zur Zeit der Not. Dign. II, c. XXI bildeten die Alpes Poeninae mit den Alpes Graiae eine Provinz), wesshalb in der Inschrift auch nur die Einzahl, „provinciae" (sc. Raetiae) und nicht die Mehrzahl, „provinciarum," gebraucht wird. Mommsen (die Schweiz in römischer Zeit) schliesst daher wol irrig aus dieser Stelle, dass die Vallis Poenina eine eigene, von dem Statthalter Rätiens mitverwaltete Provinz gewesen.

[5] So urtheilen Sprecher, Chronik, S. 35 und Welser, Opera, S. 297,

3) der Procurator T. **Varius Clemens**, welchem an verschiedenen Orten Denkmale errichtet wurden[1]); und

4) der Procurator **Claudius Paternus Clementianus**, der einen, ihn nennenden Denkstein in Epfach (dem alten Abodiacum) errichtete.[2])

Die Zeit ihrer Amtsführung kennt man bei diesen beiden nicht. Da indess schon unter M. Aurel (169—180) ein propraetor als Statthalter Rätiens auftritt, darf angenommen werden, dass beide früher lebten.

---

weil zuerst M. Aurel. Antonin. und L. Verus (welchen jener bekanntlich von 161 bis 169 als Mitregent angenommen hatte) „Augusti" genannt wurden und hinwieder dieser in der Mehrzahl gebrauchte Titel (Augustorum) auf jene zu deuten scheint.

[1]) Drei diesem Statthalter gewidmete Denkmale sind auf uns gekommen: das eine wurde ihm gewidmet von Römern in Rätien, das andere von der Stadt Trier und das dritte von Reiteroffizieren. Sie finden sich abgedruckt im Mus. Veron. S. 241 u. 242. Die Inschrift des erstgenannten lautet: T. VARIO. CLEMENTI.' PROCVR(atori). | PROVINCIARVM. BELGICAE. | GERMANICAE. SVPERIORIS. GERMANICAE. | INFERIORIS. RAETIAE. MAVRITANIAE. CAESARENS(is). | LVSITANIAE. CILICIAE. PR(aefecto). EQ(uitum). AL(ae) BRITTANIC(orum). MILIAR(iae). | PRAEF(ecto). AVXILIORVM. IN. MAVRETANIAM. TINGITANAM. EX. | HISPANIA. MISSORVM. PRAEF(ecto). EQ(uitum). AL(ae) II. PANNONIOR(um). TRIB(uno). MIL(itum). | LEG(ionis). XXX. V. V. PRAEF(ecto). COH(ortis) II. GALLORVM. MACEDONICAE. | CIVES. ROMANI. EX. ITALIA. ET. ALIIS. PROVINCIIS. | IN. RAETIA. CONSISTENTES.

Zufolge letzterer Worte „cives Romani in Raetia consistentes" muss das Denkmal jedenfalls bevor Caracalla (211—217) das römische Bürgerrecht den Provinzialen ertheilte, errichtet worden sein.

[2]) Diese, auf dem Lorenzberg bei Epfach, wo ein römisches Kastell stand, gefundene etwas defekte Inschrift liest Steiner, Cod. inscript. nr. 2655 wie folgt: CL(audius). PATER(nu)S. | CLEMENT(ianus). | PROC(urator). (au)G(usti). | PROVINCIAR(um). | IVDAEAE. SAR(diniae). AFRICAE. (R)ET(iae). PR(a)EF(ectus). EQ(uitum). (alae). SI(li)ANAE (torquatae Civium Romanorum) | (legionis) XI (Claudiac) | PR(aefectus) F(ieri) I(ussit) . . . . SS(sestertiis). — Verschieden lesen freilich Raiser und Hefner. Obige Lesung und Ergänzung rechtfertigt sich aber durch folgende zwei, ebenfalls in Epfach gefundene, auf den nämlichen Procurator sich beziehende Inschriften:

. . . TERNV | S. CLENE . . . | PROC. AVG. | PRAEF. EQ. AL | AE. SILIA . . | TORQVATAE. C. R. | TRIB. LEG. (Steiner, Cod. inscript., nr. 2656.), und

CL(audiae). INDVT(ae). CLEMENTI(anae). | CL(audius). PATERNV(s). CLEMENTIAN(us). | PROC(urator). AVG(usti). MATRI. (Steiner, a. a. O., nr. 2654).

Fälschlich ergänzt aber Steiner (Ra)ET(iae II), da Rätien zur Zeit, als es von Prokuratoren regiert wurde, noch nicht getheilt war. Ich habe desshalb die Zahl II weggelassen.

5) der Proprätor **Appius C. Lateranus**, der im J. 196, somit unter dem Kaiser Septimius Severus, in Augsburg dem Gott Merkur zu Ehren einen Gelübdestein setzte[1]);

6) der Proprätor **Dionysius**, der für das Wohl des Kaisers M. Aurelius Antoninus im Badeort Lauingen dem Gott Apollo eine Kapelle errichtete, also in der Zeit von 211 bis 217 lebte[2]);

7) der Proprätor **Olus Terentius Pudens**, dessen Name ein in Carlsburg gefundener Denkstein unbekannten Datums überliefert[3]);

8) der Präses **Septimius Valentio**, der dem Kaiser Diocletian im J. 291 ein Ehrendenkmal in Augsburg errichtete[4]);

Tschudi (Raetia prima) nennt auch den **Publius Stelvius Pertinax** als rätischen Statthalter unter Marc Aurel (161—180) und beruft sich hiefür auf Capitolinus, in welchem ich ihn jedoch nicht erwähnt finde.

[1]) Diese Inschrift lautet: MERCVRIO. | CVIVS. SEDES. A.* TERGO. | SVNT. | APPIVS. CL. LATERANVS. | XV. VIR. SACR(is). FAC(iundis). | COS.(consul). DESIGN(atus) | LEG(atus). AVG(usti). PR(o). PR(aetore) (legatus) LEG(ionis) III., ITAL(icae). | Votum). S(olvit). L(ubens). M(erito). (Steiner, Cod. inscript. nr. 2474). Das Denkmal ist desshalb in das Jahr 196 zu setzen, weil Lateranus nach den Fasten im J. 197 Konsul, hier aber als consul designatus bezeichnet wird.

[2]) Diese lückenhafte Inschrift lautet, mit den Ergänzungen Steiner's (Cod. inscript. nr. 2558) (Templum) (d)EI. APOLLINIS. GRANNI). (pro salute imp. M. Au.) REL(ii. Antonini. p. f. Aug. Germ. Trib. Pot. cos.) P(atri). P(atriae) . (posuit). . (Dio)NISIVS. LEG(atus). AVG(usti) PR(o). PR(aetore) | (Provinciae Raetiae dedicavit . . .) KAL(endas) IVNIAS. — Da unter dem Kaiser M. Aurel (Antoninus) wahrscheinlich Caracalla, und nicht der Philosophus gemeint ist, so ist das Denkmal wol in die Regierungszeit des ersteren (211—217) zu verlegen.

[3]) Die Inschrift lautet: CAELESTI. AVGVSTAE. | ET. AESCVLAPIO. AV | GVSTO. ET. GENIO. CARTHAGINIS. ET. GENIO. DACIARVM. | OLVS. TERENTIVS. PVDENS. VITEDIANVS. LEG. AVGG(Augustorum). LEG(ionis) XIII. GEM(inae). LEG. | AVGG. PROPRAET(or) PROVINCIAE. RETIAE. (Mus. Veron. S. 239; Orelli, inscript. nr. 1943). Da dieser Statthalter Rätiens sich Legatus Augustorum nennt, so dürfte seine Amtsführung am wahrscheinlichsten unter Diocletian fallen, der von 286 an den Maximinianus als Mitregenten und Augustus angenommen hatte.

Als Proprätor nennen rätische Schriftsteller auch noch einen **Gaius**, welchem Kaiser Diocletian im J. 288 gegen die Alemannen zu Hülfe kam. Ich finde aber in Mamertinus, auf welchen man sich beruft, keinen Beleg hiefür. Von diesem Gaius berichtet die Legende der heil. Afra, dass er unter Diocletian den Tod als Martyrer des christl. Glaubens erduldete.

[4]) Die Inschrift lautet: PROVIDENTISSIMO. | PRINCIPI. RECTORI. | ORBIS. AC. DOMINO. | FVNDATORI. PACIS. | AETERNAE. | DIOCLETIANO. P(io). F(elici). | INVICTO. AVG(usto). PONT(ifici). | MAX(imo). GER(manico). MAX(imo). PERS(ico). | MAX(imo). TRIB(unicia). POT(estate). VII. | COS.

9) der Präses **Valerius Venustus**, der in Erfüllung eines für den Fall seiner Genesung gethanen Gelübdes in Zwiefalten dem Sonnengott zu Ehren eine verfallene Kapelle neu aufbaute[1]);

10) der Präses **Aurelius Mutianus**, welcher in Augsburg dem Herkules zu Ehren eine Statue errichtete.[2])

Das Datum der beiden letztgenannten Monumente und somit auch die Zeit, als die beiden letztgenannten Präsides im Amt waren, sind zwar unbekannt. Da indess beide fragliche Statthalter noch schlechtweg „als Praeses Provinciae **Raetiae**" bezeichnet werden, nach der um das Jahr 300 erfolgten Theilung Rätiens aber nicht mehr einfach von der Prov. Rätien, sondern nur vom I. oder II. Rätien die Rede sein konnte, und da endlich Monumente aus dem IV. Jahrh. schon selten sind; so dürften Valerius Venustus und Aurelius Mutianus wol in den Zeitraum von 288 bis 300 verlegt werden.

In dem Gesetzbuche des Kais. Theodosius, welches kaiserliche Edikte aus dem IV. und der ersten Hälfte des V. Jahrh. enthält, werden indess die Provinzial-Statthalter meist unter dem Namen **Rektoren** (Rectores) zusammengefasst oder auch, da sie keine Militärgewalt mehr hatten, kurzweg **Richter** (Judices) geheissen.

Die Provinzial-Statthalter, und somit auch die rätischen, vereinigten ursprünglich in sich die ganze Regierungsgewalt über die betreffende Provinz, insbesondere: die **Militärgewalt**, die **Gerichtsbarkeit** und die **Verwaltung**.

IIII. PATRI. PAT(riae). | PROCOS.(proconsuli). SEPT(imius) | (vale(NTIO. V(ir). P(erfectissimus) P(raeses) P(rovinciae) R(aetiae) | D(omino) N(ostro) M(aiestati) Q(ue) EIVS D(at) D(edicat). (Mezger, die röm. Steindenkmäler nr. 6; Steiner, Cod. inscript. nr. 2455.) Die, wie ein Wort zusammengeschriebenen Buchstaben VPPPR (die sich auch in den zwei nachfolgenden Inschriften wiederholen) werden freilich verschieden gelesen. Indess ist die obige Lesung Steiner's diejenige, die am wenigsten beanstandet werden kann, zumal es nach der Notitia Dign. Thatsache ist, dass der Praeses den Titel „Vir Perfectissimus" führte.

[1]) **Die Inschrift lautet**: DEO INVICTO. | SOLI. TEMPLVM. | A. SOLO. RESTI | TVIT. VALERIVS. | VENVSTVS. VPPPR. SICVTI. VOTO. | AC. MENTE. CON | CEPERAT. RED | DITVS. SANITATI | V. S. L. L. M. (Steiner, Cod. inscript. nr. 2450.)

[2]) Die Inschrift lautet: (Her)CVLI. STATVAM. | CVM. BASE. AVRELIVS. MVTIANVS. VPPPR. | PRO. SALVTE. SVA. SVO | RVMQVE. OMNIVM. | . . . (po)SVIT. CVRANTE | . . . . . GERONTIO. (Raiser, römische Alterth. **Heft 1820 S. 30.**)

Für die Ausübung der Militärgewalt und der Jurisdiktion wurden den Statthaltern eine Anzahl Legate (Adjunkte) beigegeben. Auch hielten sich dieselben ein zahlreiches Büreau von Angestellten, bestehend aus Gehülfen, Notaren, Registratoren, Expeditoren und Schreibern, die alle einem Büreauchef untergeordnet waren.[1])

Die Statthalter wurden regelmässig auf Ein Jahr gewählt, doch lag es natürlich in der Macht des Kaisers, die von ihm abgeordneten länger zu behalten.

a. MILITÄRGEWALT.

Nachdem wir das rätische Militärwesen in einem besondern Kapitel erörtert haben, bleibt uns hier blos noch zu bemerken, dass schon um die Mitte des III. Jahrh. dem rätischen Statthalteramt die Militärgewalt durch Aufstellung eines eigenen Befehlshabers für die rätischen Grenztruppen grösstentheils scheint abgenommen worden zu sein. Denn im J. 261 tritt ein **Fulvius Bojus**[2]) und sodann wieder unter **Aurelianus** (270—275) ein **Bonosus**[3]) als „Herzog der rätischen Grenze" (dux Raetiae limitis) auf.

Es versteht sich wol, dass diesem Grenzherzog der militärische Oberbefehl nicht nur über die stehenden Grenztruppen, sondern auch über die angesiedelten Grenz - Militärkolonisten zukam.[4]) Endlich standen auch die militärischen Zufuhren aus Italien unter seiner Aufsicht und Leitung; denn zur Zeit der Notitia Dignit. waren zu Ueberwachung derselben zwei, ihm untergeordnete mili-

---

[1]) Zufolge der **Notitia Dignit**. enthielt (zur Zeit als die Civilgewalt von der Militärgewalt getrennt war) das Büreau des **Praeses** (sein „Officium") folgendes Personal: Principem (Büreauchef), Cornicularium (Assistent), Tabularios duos (zwei Notare), Commentariensem (Registrator?), Adiutorem (Gehülfe). Ab Actis (Ausfertiger?), Subadiuvam (Untergehülfe), Exceptores (Aktuare), et reliquos cohortalinos (und andere untergeordnete Angestellte).

[2]) **Vopiscus** im Aurel.: . . Cum consedisset Valerianus Augustus in thermis apud Byzantium . . . assidentibus (ausser Andern) **Fulvio Bojo** duce Raetici limitis. Es ereignete sich dies unter dem Konsulat des Memmius Fuscus d. h. im J. 261.

[3]) **Vopiscus** im Bonosus: „Bonosus dux limitis Raetici fuit."

[4]) Darauf deutet schon der, ihm laut der Not. Dign. (II c. 34) über die „gens per Raetias deputata" zugestandene Oberbefehl.

tärische Befehlshaber in Rätien stationirt.¹) Demzufolge wird wol das ganze militärische Verproviantirungswesen in den Kreis seiner Amtsbefugnisse gehört haben.

Da man nun weiss, dass um die nämliche Zeit, nämlich unter Kaiser Gallienus (259—268), auch für die Rheingrenze (limes transrhenanus) ein eigener militärischer Oberbefehl bestand²), so lässt sich annehmen, dass die Aufstellung eigener militärischer Befehlshaber für den rätischen und für den germanischen Grenzwall auf der nämlichen Massregel beruhte, die ohne Zweifel zum Zweck einer besseren Bewachung und Vertheidigung dieser immer bedrohteren Grenzen ergriffen worden war.

In Folge dessen behielt der rätische Statthalter wahrscheinlich nur noch einen militärischen Befehl über die wenigen, zu polizeilichen Zwecken, besonders zu Sicherung der Strassen, im Innern vertheilten Militärposten und konnte sich somit nicht mehr „Befehlshaber der III. ital. Legion" (legatus legionis III. ital.)³) nennen.

Die Trennung der Militär- von der Civilgewalt wurde endlich grundsätzlich für das ganze Reich festgestellt durch die, von Diocletian und Constantin (zu Ende des III. oder im Beginne des IV. Jahrh.) durchgeführte neue Reichsorganisation; durch dieselbe wurde die Militärgewalt in Rätien einem eigenen „rätischen Herzog" (dux Raetiarum) übertragen. Dieser hielt sich für die Militärverwaltung eine eigenes Beamtenbüreau (officium) nebst einem Generalstab.⁴)

---

¹) Nämlich die zufolge der Not. Dig. (a. a. O.) in Teriolis und Foetibus stationirten praefecti leg. III. ital. transvectioni specierum deputatae.

²) Trebellius Pollio, XXX tyranni, de Posthumo 2: Posthumus transrhenani limitis dux.

³) wie z. B. der Proprätor Lateranus auf seinem Devotionsmonument (s. S. 161. Note 1.)

⁴) Das „Officium" des „vir spectabilis dux Raetiae" enthielt zufolge der Notitia Dignitatum (c. XXXIV) folgende Angestellte: Principem ex officiis Magistrorum Militum Praesentalium alternis annis, numerarios (Rechnungsführer) duos ex utrisque officiis Praesentalibus singulos, Commentariensem, ex utrisque officiis alternis annis, Adiutorem, Subadiuvam, Regerendarium (Ausfertiger?), Exceptores, Singulares (Ordonanzen) et reliquos officiales.

Aus diesem Büreau des Militärgouverneurs und demjenigen des Civilgouverneurs lässt sich dasjenige des Statthalters zur Zeit, als er die Militär- und die Civilgewalt in sich vereinigte, annähernd konstruiren.

Aus dieser letzteren Periode sind uns zwei rätische Herzoge dem Namen nach bekannt, nämlich ein **Aurelius Senecio**, der in der Inschrift einer, unweit Rosenheim gefundenen Urne vom J. 312 als „Dux" (Herzog) genannt wird und wol als ein **rätischer** Herzog anzusehen ist, obwol er nicht ausdrücklich als solcher bezeichnet ist[1]; und **Generidus**, welcher unter Kaiser Honorius (395—409) Rätien nebst Noricum und Ober-Pannonien gegen die Einfälle der Barbaren vertheidigte.[2]

b. GERICHTSBARKEIT.

Ueber die Jurisdiktion des rätischen Statthalters berichten die Quellen nichts Besonderes. Es genüge daher, theils der Vollständigkeit wegen, theils als Grundlage für Späteres, in wenigen Umrissen den Umfang der richterlichen Befugnisse römischer Statthalter und die Art, wie sie ausgeübt wurden, darzustellen.

Wir besitzen zwar auch hierüber keine älteren Quellen von Belang als die, nicht über das IV. Jahrh. hinauf reichenden kaiserlichen Erlasse in der Gesetzsammlung des Kaisers Theodosius. Indess weiss man, dass die Stellung der Statthalter in Bezug auf ihre Gerichtsbarkeit im Allgemeinen wenige Veränderungen erlitt und lässt sich für die ältere Zeit Manches aus Schriftstellern und Inschriften ergänzen.

Die römischen Statthalter hatten grundsätzlich die ganze Straf- und Civilgerichtsbarkeit in ihrer Provinz. Um letztere auszuüben, wurde die Provinz gleich bei ihrer Einrichtung in eine Anzahl **Gerichtskreise** (conventus) eingetheilt[3], an deren Hauptort der

---

[1] Die Inschrift lautet: VICTORIAE. AVGVSTAE, | (sac)RVM. PRO. SALVTE | (pr)IN(cipum). MAXIMINI. ET. C(on)STANTINI. ET. LICINI. | (sem) PER. AVGG(augustorum). AVR(elius). SENECIO. | DVX. TEMPLVM. NVMINI. | (c)IVS. EX. VOTO. A. NOVO. FIERI. IVSSIT. | PER. INSTANTIAM. VAL(erii). SAM(ii). BARRAE. P(rae) P(ositi). EQQ(equitibus). DALM(atis). AQ | VENSIS. COMIT(atensibus). L. L. M. OB. VICTORIA. FACTA. V. K(alendas). IVLIAS | ADRONIO. ET. PROBO. COSS. (Das Konsulat der letzteren fällt ins J. 312.)

[2] Zosimus V, 46: Ἔταξε Γενέριδον τῶν ἐν Δαλματίᾳ πάντων ἡγεῖσθαι, ὄντα στρατηγὸν καὶ τῶν ἄλλων, ὅσοι Παννονίαν τε τὴν ἄνω καὶ Νωρικοὺς καὶ Ῥαιτοὺς ἐφύλαττον καὶ ὅσα αὐτῶν μέχρι τῶν Ἄλπεων.

[3] Man erfährt dies nicht aus dem **Cod. Theodos.**, sondern theils aus Schriftstellern (namentlich aus **Plinius**, hist. nat. III, 3 und V, 19) theils aus

Statthalter wenigstens Ein Mal im Jahr zu einer bestimmten, zum Voraus bekannt gemachten Zeit, in einem Rathhaus (praetorium), wenn ein solches bestand[1]), öffentlich zu Gericht sass[2]), die Klagen entgegennahm, die Parteien anhörte und entschied. Die römischen Honoratioren des Gerichtskreises und seine ihn begleitenden Beamteten umgaben ihn bei der Gerichtsverhandlung und unterstützten ihn mit ihrem Rath, hatten aber keine Stimme. Später musste der Statthalter einen rechtskundigen Konsulenten (assessor) aus einer andern Provinz beiziehen.[3]) Diese richterlichen Funktionen konnte der Statthalter aber auch seinen Legaten übertragen.

Bestanden in einer Provinz durch Anlage von Kolonieen oder zahlreiche Niederlassungen römische Gemeinden, so wurde ihren Vorstehern eine Entscheidungsbefugniss in Streitigkeiten geringeren Belanges überlassen. Das Theodosianische Gesetzbuch bestimmt überhaupt, dass der Statthalter für geringere Streitsachen Unterrichter (iudices pedaneos) bestellen könne[4]), und gewiss war dieses auch schon früher der Fall gewesen; ganz besonders waren Delegationen einer niedern Gerichtsbarkeit an die Munizipalmagistrate d. h. an die Vorsteher selbständiger Gemeinden von jeher in Uebung gewesen.[5]) Eben so dürfte die, von dem Theodosianischen Gesetzbuch ausdrücklich den Munizipalmagistraten (iudices mediocres) vorbehaltene Beurtheilung geringerer Frevel[6]) schon früher, wenn auch vielleicht in geringerem Umfang, denselben von dem Statthalter übertragen worden sein.

Inschriften und weiss z. B. dass in Cilicien acht, in Spanien sieben, in Illyrien drei, in Africa ebenfalls eine Anzahl solcher Conventus bestanden. Eine Inschrift (Orelli, inscr. nr. 310) erwähnt auch eines helvetischen Conventus, freilich zunächst nicht mit Rücksicht auf Jurisdiktion.

[1]) l. 2 Cod. Theod. ne quis in Palatio (VII, 10).
[2]) l. 2 Cod. Theod. de officio rector. (I, 7): Non in secessu domus sententiam referat, sed apertis Secretarii foribus, intro vocatis omnibus ... et civiles et criminales controversias audiat.
[3]) l. 1 Cod. Theod. de assessor. (I, 2).
[4]) l. 1 Cod. Theod. a. a. O. (vom J. 362): Quaedam sunt negotia, in quibus superfluum est, moderatorem expectari Provinciae ideoque Pedaneos iudices, hoc est, qui negotia humiliora disceptent, distituendi Praesidibus damus potestatem.
[5]) vgl. Puchta, über den Inhalt der lex Rubria (in d. Zeitschr. für geschichtl. Rechtswissensch. Bd. X) mit Bezug auf Gallia Cisalpina.
[6]) l. 8 Cod. Theod. de iurisd. (II, 1) vom J. 395. Hier werden die, ursprünglich nur mit Bussen bestraften sog. Privatdelikte, als: Diebstahl, Raub

Im Verhältniss zu Römern galt ausschliesslich römisches Recht; gegenüber Provinzialen sollte einheimisches Recht, so weit ein solches bestand, in Anwendung kommen; doch griff begreiflich ersteres immer mehr durch.

Gegen Urtheile des Statthalters gab es unter den Kaisern ursprünglich keine Appellation[1]); wol aber konnte sich Jedermann beschwerend an den Kaiser, als obersten Inhaber der Gerichtsbarkeit, wenden. Nachdem aber durch die neue Organisation des Reiches (zu Ende des III. oder im Beginne des IV. Jahrh.) die büreaukratische Hierarchie noch weiter entwickelt worden, war auch die Appellation an den höheren Richter zulässig.[2])

Da die Römer sich angelegen sein liessen, in den neu erworbenen Provinzen möglichst bald aus den sich in denselben ansiedelnden Italikern selbständige römische Gemeinden (Munizipien) mit selbstgewählten Obrigkeiten zu bilden, welchen die niedere Gerichtsbarkeit übertragen werden konnte, und da diesen Munizipal-Gemeinden sodann auch ein gewisses Gebiet, das von ihnen mitverwaltet wurde, zugeschieden zu werden pflegte, so wurde die ursprüngliche Eintheilung in Gerichtskreise (Conventus) allmälig durch die Eintheilung in Munizipal- oder Stadt-Bezirke (civitates) verdrängt, besonders, nachdem Caracalla das allgemeine römische Bürgerrecht einführte; wesshalb in den Gesetzbüchern der Kaiser Theodosius (488) und Justinianus (529) der Konvente keine Erwähnung mehr geschieht. Auch scheinen Provinzen, in denen sich schon bei der Eroberung viele und grosse Städte befanden (wie z. B. Syrien) schon von vorn herein nicht in Konvente, sondern in Stadt-Bezirke (civitates) eingetheilt worden zu sein.

Wir kommen in dem Kapitel über das Gemeindewesen auf diesen Gegenstand mit besonderer Bezugnahme auf Rätien zurück.

Als Hülfsmittel zu Ausübung der Strafgerichtsbarkeit gehörte auch die Landespolizei zu den Machtbefugnissen des Statthalters. Diese übte er zunächst durch das Mittel von Militärposten (stationarii) aus, die in der Provinz vertheilt waren und denen

---

nicht erheblichen Belanges und sonstige Vermögensschädigungen als solche aufgezählt, mit deren Beurtheilung sich der Statthalter nicht befassen soll.

[1]) Nur der römische Bürger hatte das (freilich bald illusorisch gewordene) alte verfassungsmässige Recht der Berufung an die römische Volksgemeinde in Fällen von Kapitalverbrechen.

[2]) Walter, Gesch. d. röm. Rechts I, 2. S. 279.

namentlich oblag, auf Strassenräuber zu fahnden und Verbrecher dem Statthalter zur Bestrafung zu überliefern, ihm auch die gegen dieselben sprechenden Inzichten zu offenbaren.[1]) Aber auch den Stadt-Magistraten, so wie den, die Provinz jährlich bereisenden Kurs-Inspektoren (curiosi)[2]) lag die Verpflichtung ob, Verbrecher festzunehmen und sie dem Statthalter zuzustellen.

c. VERWALTUNG.

In der Provinzial-Verwaltung spielte die Umlage und Erhebung der **Abgaben** eine Hauptrolle. Zwar war das Steuerwesen eigenen, vom Kaiser selbst ernannten Beamteten[3]), welche wol auch mehreren Provinzen vorgesetzt waren, übertragen. Doch sollte der Statthalter sie kontrolliren. Da wir aus dem schon öfter erwähnten römischen Schriftsteller **Strabo** erfahren, dass die Rätier schon zur Zeit, als er dies schrieb, nämlich 33 Jahre nachdem sie unterworfen worden, ihre Abgaben ordentlich bezahlten[4]), so mag es uns interessiren, zu wissen, worin dieselben bestanden.[5])

Die Hauptsteuer im römischen Reich war die **Grund-** und **Kopfsteuer**. Bis auf Augustus hatten die Provinzen nur Aversalsummen (die ursprünglich Kriegssteuern oder stipendia waren) oder Zehnten zu bezahlen. Augustus aber bahnte die Einführung einer

---

[1]) l. 2 Cod. Theod. de cursu publ. VIII, 5): Memorati Curiosi et Stationarii ... crimina iudicibus nuntianda meminerint et sibi necessitatem probationis incumbere. — vgl. Gothofredus. Komment. zu dieser Gesetzesstelle. — Tertullianus, Apologetic. 2: Latronibus vestigandis per universas provincias militaris statio sortitur. — l. 2 Cod. Theod. de cohortal. (VIII, 4): Stationariis primipilarium, quorum manifesta sunt loca, mandatum est, ut si extra modum aliquid extorserint, sciant se capite puniendos.

[2]) s. obige l. 2 C. Th. de cursu publ. — Sie wurden auch als Polizei gegen den Schmuggel verwendet (l. 10 Cod. Theod. de cursu publ.).

[3]) Diese hiessen unter Augustus procuratores, zur Zeit der Not. Dign. rationales summarum und praepositi thesaurorum.

[4]) Strabo IV, 6: πάντας δ' ἔπαυσε τῶν ἀνέδην καταδρομῶν Τιβέριος καὶ ὁ ἀδελφὸς αὐτοῦ Δροῦσος θερείᾳ μιᾷ, ὥστ' ἤδη τρίτον καὶ τριακοστὸν ἔτος ἐστίν, ἐξ οὗ καθ' ἡσυχίαν ὄντες ἀπευτακτοῦσι τοῖς φόροις. Freilich mag Strabo zunächst die von Rätien abgelösten und in Gallia Cisalpina einverleibten rätischen Landschaften im Auge gehabt haben.

[5]) Von dem römischen Steuerwesen handelt der Cod. Theod. in l. 1—28 de annona et tributis (VII, 1), enthaltend kaiserliche Edikte vom J. 315 an. — Vgl. über diesen Gegenstand Savigny, die römische Steuerverfassung (in d. Zeitschr. für geschichtl. Rechtswissensch. Bd. V und XI.)

Grund- und Kopfsteuer (capitatio) an und verordnete zu diesem Zwecke, nebst einer geographischen Vermessung des ganzen Reichs, auch eine Vermessung des gesammten Grundbesitzes, so wie eine allgemeine Volkszählung.[1]

Dass eine so weit aussehende Massregel nicht in kurzer Frist durchgeführt werden konnte, liegt auf der Hand, und man nimmt gewöhnlich an, dass die römische Grund- und Kopfsteuer erst unter Marc Aurel (161—180) so durchgeführt worden sei, wie man sie aus der späteren Kaiserzeit (vom Beginne des IV. Jahrh. an) kennt.

Die Hauptgrundsätze dieses Steuersystems waren folgende: Die Einheit der Grundsteuer war Ein vom Tausend, d. h. es bezahlte jeder Grundeigenthümer von je tausend Goldstücken (solidi) des Schatzungswerthes seines Grundbesitzes[2] Ein Goldstück.[3] Je nach Bedürfniss des Staates wurde diese Steuereinheit vervielfältigt, der Art, dass z. B. unter Kaiser Julian (361—363) die Grundsteuer in Gallien (freilich, wie es scheint, mehr durch Missbrauch der Beamteten) bis 25 $^0/_{00}$ erreichte.[4] — Die Steuer wurde in drei jährlichen Terminen bezahlt. Die einzelnen Grundstücke waren aber nicht vermessen, sondern, wie es scheint, nur die Stadt- oder Steuer-Bezirke. Die Steuerumlage erfolgte sodann in der Weise, dass, nach Ausmittelung des Staatsbedürfnisses, die zu erhebende Summe auf die Provinzen und in diesen auf die Steuer-Distrikte nach Massgabe ihres Flächen-Inhaltes und mit Berücksichtigung der grösseren oder geringeren Ertragsfähigkeit des Bodens, und in den Steuer- oder Stadt-Bezirken endlich auf die Grundbesitzer (possessores) vertheilt wurde.[5] Zu diesem Ende wurde vorausgehend der gesammte Grundbesitz einer Provinz und

---

[1] Cassiodorus, Var. III, 52 (Augusti temporibus Orbis Romanus agris divisus censuque descriptus est).

[2] Diese Wertheinheit von 1000 solidi Grundbesitzes nannte man caput.

[3] Ein röm. Goldstück (au*r*eus, solidus) betrug an Metallwerth unter Augustus fr. 25, 55, unter Constantin aber nur noch fr. 15. (Mommsen, Gesch. d. röm. Münzwes. S. 900.)

[4] Ammianus Marcell. XVI, 5.

[5] Ungleichheiten waren bei diesem Verfahren natürlich unvermeidlich. So klagte die Stadt Bibracte (Autun) in Gallien bei Kaiser Constantin, dass sie von der Grundsteuer, mit Rücksicht auf den geringen Ertrag ihres Bodens, viel härter betroffen werde als ihre Nachbaren, worauf Constantin die 32000 capita des Stadtbezirkes auf 25000 herabsetzte (Eumenius, Grat. 11 und 13).

eines Steuer-Bezirkes von der Steuer-Behörde nach Klassen gewerthet, in der Weise z. B., dass für die gesammte Provinz oder für den gesammten Steuer-Bezirk ein bestimmter Preis für die Juchart Acker, Wiese und Waldung erster sowol als zweiter Güte festgesetzt wurde.[1]) In jedem Stadt- oder Steuer-Bezirke wurde ein Kataster angelegt, in welchem der Name des Grundbesitzers, derjenige seiner Güter und der Anstösser, endlich die ihnen von ihm gegebene Werthung eingetragen wurden[2]); und zwar gründete sich die Werthung theils auf die Grösse des Gutes, theils auf seine Klassifikation. Die Angabe des Eigenthümers (professio) wurde von der Steuer-Behörde kontrollirt und je nach Umständen wurde eine amtliche Messung und Schätzung veranstaltet.[3]) Alle fünfzehn Jahre sollte gesetzlich eine Revision stattfinden.

Die Kopfsteuer wurde nur von Denjenigen, die keinen Grundbesitz versteuerten, entrichtet, also namentlich von freien Städtebewohnern ohne Grundeigenthum (besonders Handwerkern und Gewerbeleuten, die aber später von derselben befreit wurden), von den halbfreien Kolonen (an die Scholle gebundenen Bauern) und von den Sklaven. Die Kopfsteuer für die Kolonen wurde von dem Grundeigenthümer, diejenige für die Sklaven von ihrem Herrn bezahlt. Die Höhe dieser Steuer ist unbekannt.

Sowol von der Grund- als von der Kopfsteuer war Italien bis auf Diocletian (284—305) befreit, so dass sie nur auf den Provinzen lastete.

Die Vermessungen und Steuerlisten einer Provinz wurden in einem Centralbüreau (als dessen Sitz wir für Rätien Augsburg werden kennen lernen) aufbewahrt.

---

[1]) Hygenus, de limitib. constit. I: Certa pretia agris constituta sunt, ut in Pannonia arvi primi, arvi secundi, prati, silvae glandiferae, silvae vulgaris pascuae. His omnibus agris vectigal ad modum ubertatis per singula iugera constitutum. Horum aestimatio, ne qua usurpatio per falsas professiones fiat, adhibenda est mensoris diligentia.

[2]) Ein klares Bild dieses Verfahrens gibt die Tabula Placentiae (Mus. Veron. S. 381). Es ist dies eine in Piacenza gefundene eherne Tafel, auf welcher sich die Grundbesitzer verzeichnet finden, die an der von Traian gegründeten Stiftung für die Alimentation armer Kinder sich betheiligten und die ihren Grundbesitz als Sicherheit für die ihnen angewiesene Quote der kaiserlichen Subsidie dargaben.

[3]) Hygenus in der in Note 2 angeführten Stelle („adhibenda est mensoris deligentia").

Aus den Steuern einer Provinz wurden zunächst ihre Bedürfnisse (besonders für Truppen und Beamtete) bestritten, während der Ueberschuss an die kaiserliche oder Staats-Kasse abgeliefert wurde.

Wenn nun Strabo sagt, dass die Rätier ihre Steuer ordentlich bezahlten, so ist kaum anzunehmen, dass dieses Steuer-System damals in Rätien schon vollständig durchgeführt war. Darüber aber, dass diese Provinz so wenig als andere von der Grund- und Kopfsteuer verschont war, lässt vollends ein Bericht aus dem nämlichen Jahrhundert, auf welchen wir später zu sprechen kommen, keinen Zweifel.

Verschieden von der Grundsteuer waren die, ebenfalls auf dem Grundeigenthum lastenden Naturalleistungen (annona) an die Truppen, an die obersten Provinzial-Beamteten und an die Stationshäuser — Abgaben, von welchen der italienische Boden (mit Ausnahme des römischen Weichbildes) auch nicht befreit war. Diese Naturalleistungen, die in gewissen Fällen auch in Geld entrichtet werden konnten, wurden dem Grundbesitz nach Verhältniss der Grundsteuer und als Zuschlag zu letzterer auferlegt.[1]

Dass die Naturallieferungen an die rätische Besatzung, trotz der Zufuhren aus dem benachbarten Italien, mit Rücksicht auf die Hauptartikel (Getreide, Heu und Stroh) auf der Provinz Rätien selbst lasten mussten, haben wir oben (im Kapitel über das Militärwesen) schon bemerkt, und es ist dies um so sicherer, als das Theodosianische Gesetzbuch vorschreibt, dass hinsichtlich der an die Grenztruppen zu liefernden Naturalien die Nähe des Grundbesitzes vorzugsweise in Betracht zu kommen habe.[2]

Auch an der Pferdelieferung an die Armee, wofür aber nicht blos der Grundbesitz, sondern auch der Kaufmannstand in Anspruch genommen wurde[3], musste ohne Zweifel Rätien sich be-

---

[1] l. 15 Cod. Theod. de ann. et trib. (XI, 1): Unusquisque annonarias species pro modo capitationis et sortium (i. e. capitum d. h. des steuerbaren Grundbesitzes) praebiturus per quaternos menses anni curriculo distributo.

[2] l. 15 Cod. Theod. de ereg. milit. (VII, 4): sicut fieri per omnes limites praecipimus, species annonarias a viciunioribus limitibus provincialibus ordinabis ad castra conferri. Und l. 15 Cod. Theod. de annona et trib. (XI, 1): pro loco ac propinquitate possessionum annona ad limitem transvehatur. (Es betrifft letztere Verordnung zunächst freilich den limes Africanus.)

[3] Cod. Theod. de equor. conl. (XI, 1). Man konnte sich aber durch

theiligen; und die Lieferung der Zug- und Saumthiere, welche für die nicht durch die Post beförderten militärischen Zufuhren aus Italien erforderlich sein mochten, lastete wol ausschliesslich auf dem Grundbesitz.

Was die Naturalleistungen an die **Provinzial-Beamteten** (Civil- und Militär-Gouverneurs, Finanz- und andere Beamtete)[1] betrifft, so umfasste dieselbe Lebensmittel und Futter und wurde den dazu berechtigten Beamteten, welche sie als Theil ihres Gehaltes bezogen, von den Stadt-Magistraten abgeliefert.[2] Sie gab günstigen Anlass zu vielfachen missbräuchlichen Ueberforderungen, denen die Kaiser später, wol vergeblich, zu wehren suchten.[3] Auch mussten die Statthalter auf ihren Rundreisen von denjenigen Städten, in welchen sie sich aufhielten, verköstiget werden — eine Verpflichtung, die in der Folge wegen Missbrauchs auf drei Tage im Jahr eingeschränkt wurde.[4] Diese Leistung ruhte freilich nicht eigentlich auf dem Grundbesitz, sondern auf dem Stadt-Magistrat und dem Kaufmannsstand. — In christlicher Zeit kamen sodann auch noch Naturalleistungen an die **Bischöfe** hinzu.[5] Von denselben wurde Rätien natürlich auch betroffen, indem schon in römischer Zeit, sowol in **Augsburg** als in **Chur**, wahrscheinlich auch in **Seben** ein Bischof sass.

Endlich hatten die Provinzialen überall, und somit auch in Rätien, die **Stationen** der durch ihr Land führenden Poststrassen (auf welche ich sofort zu sprechen komme) mit den zum Postbetrieb erforderlichen Thieren[6], mit Futter für dieselben, wol auch

---

Bezahlung von 23 solidi von der Lieferung eines Pferdes befreien. Somit war dies dannzumal der durchschnittliche Preis eines Pferdes.

[1] l. 3 Cod. Theod. de cursu publ. (VIII,5): „Praesidibus et rationalibus ceterisque, quibus propterea et annonas et alimenta pecoribus subministrant."

[2] l. 32 Cod. Theod. de erog. milit. (VII, 3): „per primates Curiarum."

[3] l. 32 Cod. Theod. de erog. milit. (VII, 4) vom J. 412: In diesem Edikt werden Vorkehrungen gegen Missbrauch getroffen, indem früher diese Leistung blos 1 solid. auf 120 capita betragen habe, durch die Habsucht der Statthalter aber bis auf 1 solid. für je 13 capita gesteigert worden sei.

[4] Cod. Theod. Novella Maiorani 1 („ut Rectori Provinciae totius anni tempore non plus quam triduo una civitas alimonias subministret").

[5] Sulpicius Severus (der um 400 lebte). sacra historia II, 55: episcopi, quibus omnibus annonas et cellaria dare imperator praeceperat.

[6] l. 15 u. 16 Cod. Theod. de cursu publ. (VIII, 5).

mit Nahrungsmitteln nicht nur für die Fuhr- und Stallknechte, sondern auch für die Postreisenden zu versehen.[1)]

Aus Obigem ist bereits ersichtlich, dass mit den Naturalleistungen auch die, ohne Zweifel drückende Verpflichtung verbunden war, die Produkte an den Ort ihres Verbrauches, also besonders in die Grenzplätze[2)] und an die Stationen[3)] zu führen, und es wird namentlich berichtet, dass die Grenzplätze zu Aufnahme und Verwahrung derselben mit **Vorrathshäusern** (horrea), aus welchen die Soldaten ihre täglichen Rationen bezogen, und mit Vorräthen für kürzere oder längere Zeit versehen waren.[4)] Später wurden jedoch die Provinzialen von der Verpflichtung entbunden, das **Heu** in die Grenzplätze zu führen.[5)]

Ja sogar das Backen von Brod und Zwieback für die Truppen wurde auf die Provinzialen gewälzt.[6)]

Hierauf beschränkten sich aber die Frohnden der Provinzialen nicht; vielmehr hatten sie noch solche zu leisten: für Beförderung der mit der Post anlangenden Reisenden und Waaren durch eigene Fuhrwerke auf den in die Poststrasse einmündenden **Seitenwegen** (canalia)[7)], für den **Unterhalt** nicht nur der Seitenwege, sondern auch der **Reichsstrassen** und für andere **öffentliche Werke** und zwar nach Massgabe des Grundbesitzes.[8)]

[1)] So wenigstens nach **Gothofredus**, Komment. zu lib. XI, tit. 1 Cod. Theod. de annona et trib.

[2)] s. die oben (S. 171 Note 2) zitirten Stellen („species annonarias ad castra conferri").

[3)] l. 9 Cod. Theod. de ann. et trib. (XI, 1): pabula, quae ad mutationes mansionesque singulas, animalibus cursui publico deputatis, convehi solent.

[4)] **Capitolinus** im Gordian. III, 28 rühmt von diesem Kaiser: cuius viri tanta in republica dispositio fuit, ut nulla esset unquam civitas limitanea potior, quae non posset exercitum populi Romani . . . ferre, quae totius anni in aceto, frumento et larido atque hordeo et paleis condita non habeat. Minores vero urbes aliae triginta dierum, aliae quadraginta, nonnullae duarum mensium. quae minimum quindecim dierum. Und **Ammian. Marcell.** (XVIII, 2) berichtet von Julianus, nachdem dieser die gallischen Städte am Rhein wieder erlangt hatte: horrea quin etiam exstrueret pro incensis (sie waren somit wol aus Holz erbaut) ubi condi possit annona a Britannis sueta transferri.

[5)] l. 23 Cod. Theod. de erogat. milit. (VII, 4) vom J. 395: foenum militibus praestandum . . nectamen ad oppidum deferendum.

[6)] lib. VII. tit. 5 Cod. Theod. de excoctione.

[7)] Diese für Seitenwege beanspruchten Frohnleistungen hiessen, je nachdem die Bespannung aus Pferden (bez. Maulthieren) oder Ochsen bestand, paraveredae oder parangariae (l. 3 Cod. Theod. de cursu publ.).

[8)] l. 5 Cod. Theod. de itinere mun. (XV, 3): Possessores et reparationi

Nach der Natur der Sache sowol als weil zum Theil ausdrücklich vorgeschrieben war, es solle auf die Nähe des Grundbesitzes Rücksicht genommen werden[1]), ist nicht zu vermuthen, dass in Rätien, sei es die Naturallieferung, sei es die Frohnden gleichmässig vertheilt waren, sondern ist es vielmehr wahrscheinlich, dass das, der Grenze und den Poststrassen näher gelegene Grundeigenthum damit in höherem Grade belastet war.

Ueberhaupt scheint, so sehr auch die Kaiser durch Edikte dagegen einzuschreiten suchten, nicht nur in der Auflage von Steuern und Naturallieferungen, sondern auch in der Forderung von Frohnden grosse Willkür geherrscht zu haben. Namentlich wurden Fuhrleistungen nicht nur von den Beamteten rücksichtslos sogar für ihre Reisen auf Seitenstrassen und für öffentliche Bauten jeder Art, sondern selbst von reichen römischen Privaten für ihre Luxusgebäude in Anspruch genommen.[2])

Obwol wir nun das Mass der in Rätien erhobenen Steuern, so wie der dieser Provinz sonst obliegenden Leistungen an Naturalien und Frohnden nicht genauer kennen, so ergibt sich doch schon aus obiger Darstellung, dass die rätischen Provinzialen ausserordentlich belastet sein mussten, selbst wenn sie blos für ihre gesetzlichen Verpflichtungen in Anspruch genommen worden wären, was aber nirgends im römischen Reiche der Fall war. In der That wird Rätien schon unter **Vespasian** (69—79), als es noch nicht von den Deutschen bedroht und die Besatzung noch nicht so zahlreich wie seit Marc Aurel war, (mit Noricum) als Beispiel schwer belasteter Provinzen genannt[3]), und in der Folge verschlimmerte sich die Lage der Provinz immer mehr.

---

publici aggeris et ceteris huiusmodi muneribus pro iugerum numero vel capitum, quae possidere noscuntur, adstringantur; ferner **Siculus Flaccus** de condit. agror.

[1]) Mit Bezug auf die **Grenzplätze** s. oben die Belegstellen aus l. 15 **Cod. Theod.** de erogat. milit. und l. 11 eiusd. de annona et trib. Mit Bezug auf die **Stationen** verordnet l. 9 **Cod. Theod.** de an. et trib. (XI, 1), es solle das Futter in dieselben geführt werden „pro longinquitate vel molestia itinerum ab unoquoque oppido."

[2]) Es ergibt sich dies aus l. 3, 7, 15 **Cod. Theod.** de cursu publ.

[3]) Im J. 71 n. C. hält Civilis (zufolge **Tacitus**, hist. V, 25) den widerspenstigen Batavern vor: si Vespasiano bellum navaverint, Vespasianum rerum potiri; sin populum Romanum armis vocent, quotam partem generis humani Batavos esse? respicerent **Raetos** Noricosque et ceterorum **onera sociorum**: **sibi non tributa, sed virtutem et viros indici.**

Ausser diesen, die Bevölkerung direkt und mehr oder weniger allgemein beschwerenden Steuern und Leistungen gab es unter römischer Herrschaft noch eine Reihe indirekter und besonderer Abgaben, von welchen die Provinz Rätien, gleich andern Theilen des Reichs, ebenfalls betroffen wurde.

Vor Allem die Zölle, von welchen mit Bezug auf Rätien schon früher die Rede war.

Sodann die Erbschaftssteuer, welche Augustus zwar nur für die römischen Bürger, d. h. für die Italiker (die alle seit 89 v. C. das römische Bürgerrecht besassen) eingeführt hatte, die aber dadurch, dass Caracalla das Bürgerrecht auch den Provinzen ertheilte, eine allgemeine Reichsabgabe wurde.[1] Dieselbe drückte aber nicht schwer, indem sie blos die grösseren Erbschaften und Vermächtnisse traf[2] und die nächsten Verwandten von ihr befreit waren.

Endlich mögen noch erwähnt werden: die Abgabe von $1/20$ des Werthes jedes freigelassenen Sklaven und die Abgabe von allen zum öffentlichen Verkauf gebrachten Waaren.

Ueberdies besass aber der römische Staat oder in den kaiserlichen Provinzen, so lange diese von den senatorischen unterschieden wurden, der Kaiser Domänen (agri publici), d. h. Grundeigenthum, das er bei Eroberung der Provinz sich aneignete, zufolge des römischen Kriegsrechtes, wonach aller eroberte Boden grundsätzlich Staatseigenthum wurde und wonach die Provinzen ein Nutzungsgut des römischen Volkes[3] waren. Diese Domänen, meist Waldungen und Weiden[4], wurden gewöhnlich für Rechnung des Staates, beziehungsweise des Kaisers verpachtet.[5] Dieselben verminderten sich aber im Lauf der Zeit mehr und mehr: theils durch

---

[1] Dio Cassius, LXXVII, 9.
[2] nämlich solche im Betrag von 100,000 Sesterzen oder (nach dem Metallwerth) ungef. fr. 26,000.
[3] praedia populi Romani.
[4] Frontinus de contr. agr.: „... aut silvas, quas ad populum Romanum multis locis pertinere ex veteribus instrumentis cognoscimus." Unter silva scheint (wie unter saltus) gewöhnlich auch Weideland verstanden worden zu sein. (l. 30 § 5 D. de verbor. signif.: Pascua silva est, quae pastui pecudum destinata est u. l. 20 § 1 D., si servit. :. . saltum communem, ut ius compascendi haberent, mercati sunt).
[5] Hygenus de cond. agr. (. . „vectigalibus subiecti sunt") — s. Kap. II dieses Abschn.

spätere Austheilung theils durch Ueberlassung an Stadtgemeinden und theils durch schlechte Verwaltung und willkürliche Besitznahme durch Private. Was übrig blieb, wurde schliesslich eigentliches **Privateigenthum des Kaisers** (patrimonium Caesaris), das er auch durch besondere Beamtete (procuratores, actores) verwalten liess.[1]

Aus der tabula Clesiensis (S. 51) ersieht man, dass der römische Staat, bez. der Kaiser sich auch bei der Eroberung **Rätiens** namhafte Domänen (agri fiscales, wie sie später hiessen) aneignete, und ebenso bietet jenes Edikt des Kais. Claudius ein Beispiel dafür, wie bald und wie leicht solche Domänen — wahrscheinlich weil sie wegen ihrer Zahl und Ausdehnung unübersehbar geworden waren — durch Usurpation verloren gingen. Im Uebrigen lassen sich diese römischen Domänen auch in Rätien nicht mehr ausmitteln, es sei denn in so weit, als aus nachrömischer Zeit ein Rückschluss erlaubt ist.

Das Steuerwesen der Provinz Rätien stand, und zwar auch nachdem sie (unter Diocletian oder Constantin) getheilt worden war, unter einer Oberverwaltung, die in Augsburg ihren Sitz hatte; denn zur Zeit des Kaisers **Honorius** findet sich hier ein oberster **Schatzmeister** (praepositus thesaurorum) für beide rätische Provinzen.[2]

Ursprünglich wurden alle Abgaben der Provinzen, Naturalleistungen wie Steuern, an Uebernehmer (publicani) für eine Aversalsumme verpachtet, und zwar waren es meist Gesellschaften römischer Ritter, welche diese Pachten übernahmen.[3] Wahrscheinlich veranlasst durch die grossartigen Missbräuche und Bedrückungen, deren sich diese Pächter schuldig machten, wurden aber später die Grund- und Kopfsteuer durch eigene Einnehmer (susceptores) und durch die Munizipalbehörden eingetrieben und jenes Verpachtungssystem wahrscheinlich auf Domänen und Zölle beschränkt.

---

[1] Dem gesammten kaiserlichen Hausgut stand zur Zeit der Not. Dignit. der Comes Rei Privatae, dem eigentlichen Staatsärar dagegen der Comes Sacrarum Largitionum vor.

[2] Notitia Dign. II. c. 10. Dass diesem Schatzmeister beide rätische Provinzen unterstellt waren, schliesse ich daraus, dass für Raetia I kein eigenes Schatzmeisteramt vorkommt.

[3] Lex Thoria c. 34, 40 und 41. Tacitus, Ann. IV, 6 und XIII, 50. (Unter Nero bestand somit dieses System noch.)

www.ingramcontent.com/pod-product-compliance
Lightning Source LLC
Chambersburg PA
CBHW020849160426

43192CB00007B/854